resûlullah'ın (a.s.m.) sofrası
ÜLKÜ MENSURE SOLAK

resûlullah'ın (a.s.m.) sofrası
ÜLKÜ MENSURE SOLAK

Yayın Yönetmeni:	Ekrem Altıntepe
Editör:	Rahime Sönmez
Tashih:	Yusuf Yıldız
İç Tasarım:	Said Demirtaş
Kapak Tasarımı:	Nesil Grafik
ISBN:	978-605-162-642-0
Yayıncı Sertifika No:	12403
Matbaa Sertifika No:	12027
Baskı Tarihi:	Mayıs 2015
Baskı Cilt:	Pasifik Ofset
	Cihangir Mah. Güvercin Cad. No:3/1 Baha İş Merkezi A Blok 34310 Haramidere / İstanbul Tel: (0212) 412 17 00

Sanayi Cad., Bilge Sk., No: 2 Yenibosna
34196 Bahçelievler / İstanbul
Tel: (0212) 551 32 25 www.nesilyayinlari.com
Faks: (0212) 551 26 59 nesil@nesilyayinlari.com

Nesil olmasaydı bir şeyler hep eksik kalacaktı...

© Fikir ve Sanat Eserleri Yasası gereğince bu eserin yayın hakkı anlaşmalı olarak **Nesil Basım Yayın Gıda Tic. ve San. A.Ş.**'ye aittir. İzinsiz, kısmen ya da tamamen çoğaltılıp yayınlanamaz.

resûlullah'ın (a.s.m.) sofrası ÜLKÜ MENSURE SOLAK

ÜLKÜ MENSURE SOLAK

1977 yılında Çorum'da doğan yazar, ilk ve orta öğrenimini burada tamamladı. 1994-1998 yılları arasında Gazi Üniversitesi Mesleki Yaygın Eğitim Fakültesi Aile Ekonomisi ve Beslenme Öğretmenliği Bölümünde, beslenme eğitimiyle birlikte Türk ve dünya mutfakları hakkında eğitim aldı.
2000-2005 yılları arasında değişik zamanlarda dünya mutfakları hakkında eğitimlerini sürdürdü.
2006 yılında Hititlerin törenlerinde kullandıkları yiyecekleri araştırmaya başladı. Çoklu yazar ürünü olup Metro Kültür Yayınları'ndan çıkan *Deneysel Bir Arkeoloji Çalışması Olarak Hitit Mutfağı* kitabı yazıldı. 2008'de yayınlanan kitap Türkiye'nin ilk deneysel arkeoloji çalışması kitabıydı ve Hitit Mutfağı hakkında deneysel olarak çalışılan bir kitap olarak dünya için de ilk olma özelliği taşıyordu. Kitap, 2008 Gourmand Cookbook Awards ödüllerinde Türkiye birinciliği aldı. Ardından Türkiye'ye "Dünyanın En İyi Yemek Kültür Tarihi Kitabı" ödülünü de kazandırdı. İlgi gören kitap, 2009 yılında İngilizce olarak tekrar basıldı. Ve Gourmand Cookbook Awards'ta "Türkiye'nin En İyi Çeviri Kitabı" olarak bir kez daha ödüllendirildi.
2011 yılında Çorum Valiliği'nin düzenlemiş olduğu yöresel yemek yarışmasında organizasyon görevini yürüten yazar, 2011 yazında Metro Kültür Yayınları ve Çorum Valiliği işbirliği ile basılan *Çorum Mutfağına Güzelleme* kitabının yazımında görev aldı. 2012'de yayınlanan, çok yazarlı kitapta, "Çorum Mutfak Kültürü'nün Geleneksel Yapısı" başlığı altında Çorum ilinde yemeğin törensel yeri, sofra gelenekleri, besin saklama ve tüketimi hakkında yazdı. Bu kitap da, Gourmand Cookbook Awards'ın "Türkiye'nin En İyi Yemek Kitabı" ödülünü hak kazandı.
Halen mutfağın insanlık tarihini şekillendirmedeki rolü ve unutulmuş beslenme kültürleri üzerine araştırmalarına devam eden yazar, Çorum Hitit Mesleki ve Teknik Anadolu Lisesi'nde mutfak eğitimcisi olarak çalışmaktadır.

solokhulku@gmail.com

İçindekiler

Önsöz 11
Giriş 13

BİRİNCİ BÖLÜM:
MÜSLÜMANLARIN BESLENME BİÇİMİ

ARAP MUTFAK KÜLTÜRÜNÜN GENEL ÖZELLİKLERİ 19
   Resûlullah'ın (a.s.m.) Evi ve Mutfak Araçları 20
YAŞAM BİÇİMİ OLARAK YEMEK 23
   Rızık Kavramı Nedir? 24
   Yemeği Birlikte mi Yemeli? 29
   Yemeği Ne Kadar Yemek Gerekir? 30
      Yemek Yedirmek İyiliktir... 33
      Komşu Hakkı ve Yemek 34

İKİNCİ BÖLÜM:
BESLENMEDE İSLAMİYET ÖNCESİ VE SONRASI

YİYECEKLER VE YİYECEK YAPIMINDA KULLANILAN BİTKİ VE HAYVANLAR 39
   Hayvanlardan Faydalanmak 40
      Yenmesi Haram Olan Etler 41
      Hangi Hayvan Kesilebilir? 45
      Kesilecek Hayvanın Diğer Nitelikleri 46

Avlanma Usulü 47
Resûlullah'ın (a.s.m.) Kurbanları 49
Resûlullah'ın (a.s.m.) Eti Bıçak ile Kesmesine Dair 50
Resûlullah'ın (a.s.m.) Eti Paylaştırması 51
Etin Saklanma Süresi ve Usulleri 51
Resûlullah (a.s.m.) Hangi Etleri Nasıl Pişirip Yerdi? 53
    Güneşte Kurutulmuş Et (Kadid) 54
    Kurutulmuş Balık 55
Eti Yenebilen Hayvanlar Hakkında İlgili Ayet ve Hadisler 56
    Balık 56
    Deve 57
    İnek 58
    Koyun 59
Diğer Hayvan ve Etleri ile İlgili Ayet ve Hadisler 60
    Kuşlar 60
    Ceylan Eti 61
    Çekirge 61
    Tavşan 62
    At 62
    Keler 63
    Yaban Eşeği (Zebra) 64

İSLAM'DA ZİYAFETLER 65
    Hz. Ali ile Hz. Fâtıma'nın Düğün Yemekleri 68

Üçüncü Bölüm:
RESÛLULLAH EFENDİMİZ VE ADABLARI

RESÛLULLAH EFENDİMİZİN SOFRA ADABI 73
    Resûlullah'ın (a.s.m.) Rızık Konusundaki Tavrı 73
    Resûlullah'ın (a.s.m.) Sofraya Oturmadan Önceki Temizliği 74
    Resûlullah'ın Besmele Çekme Alışkanlığı 75
    Resûlullah'ın (a.s.m.) Sofrada Oturuşu 75
    Resûlullah'ın Herkesi Yemeğe Davet Edişi 76
Efendimizin Kullandığı Masa, Sofra ve Yemek Takımları 80
    Kaplar 80
    Resûlullah Üzeri Açık Kapları Örtmeyi Tavsiye Eder 82
    Resûlullah ve Sağdan Servis Etme Hassasiyeti 85

içindekiler

RESÛLULLAH EFENDİMİZİN YEMEK YEME ADABI 88
   Sağ Elle, Önünden Yemeği Yemek 89
   Yemeği Soğutarak Yemek 91
   Yemek ve İbadet Arasındaki Düzen 92
   Yemekten Sonra Temizlik 93

RESÛLULLAH EFENDİMİZİN SU İÇME ADABI 98
   Suyu Dinlendirmek 101
   Suyu Üç Yudumda İçmek 102
   Su Kabının İçine Nefes Vermemek 103

RESÛLULLAH EFENDİMİZ VE ORUÇ TUTMA HASSASİYETİ 105
   Resûlullah'ın Sahur ve İftar Zamanları 107

DÖRDÜNCÜ BÖLÜM:
AYET VE HADİSLERLERDE BAHSİ GEÇEN YİYECEKLER

RESÛLULLAH (A.S.M.) VE ET YEMEKLERİ 113
   Etin En Güzel Tarafı 114

RESÛLULLAH'IN (A.S.M.) YEDİĞİ ET YEMEKLERİ VE TARİFLER 116
   Haşlama Et Tarifi 116
   Tafeyşel 117
   Tharid (Tirit) 117
   Kebap 120
   Hazira 122

RESÛLULLAH'IN (A.S.M.) YEDİĞİ VE SÖZÜNÜ ETTİĞİ SEBZE VE MEYVELER 124
   Acur 126
   Ayva 127
   Çörek Otu 127
   Hardal 128
   Hurma 129
   Nebiz (Şıra) 132
   Üzüm ve Üzüm Suyu 134
   Sirke 135
   Soğan ve Sarımsak 136
   Zeytin 137
   Kabak 138
   Kur'ân-ı Kerîm'de Bahsedilen Diğer Meyveler 139

Nar 139
İncir 140
Kiraz(?) Ağaçları 140
Mercimek 140
Muz 141
Zencefil 141
Mantar 141

BAHSİ GEÇEN TAHILLAR 142
Buğday (Başak), Arpa 142

EKMEKTEN YAPILAN YEMEKLER VE EKMEK YERİNE GEÇEN YİYECEKLER.................145
Arpa Ekmeği 145
Ekmek Tiridi, Serid 146
Sevik 148
Beşi' 150
Kavut 150

YAPILAN ÇORBALAR 152
Arpa ve Arpa Unundan Yapılan Çorba 152
Telbine 153
Harira 154
Nasa 155
Keşk 156
Deşişe 158

ARPA VE ARPA ÜRÜNLERİNDEN YAPILAN YEMEKLER 160
Arpalı Pancar Yemeği 160
Arpalı Düğün Yemeği 163
Ümmü Süleym Yemeği 163

SÜTLER VE SÜT ÜRÜNLERİ 165
Anne Sütü 165
Hayvan Sütleri 165
Peynir, Yağ ve Yoğurt 168
Hays 169

ŞİFA KAYNAĞI OLARAK BAL 170
Fâlüzec (Bal Helvası) 171
Harira Tatlısı 172

Kaynakça 174

بِسْمِ اللهِ الرَّحْمٰنِ الرَّحِيمِ

Bismillâhirrahmânirrahîm
(Her hayrın başıdır)

Annem Ayşe Altunok Solak'ın aziz ruhuna duayla...

Önsöz

ELİNİZDE BULUNAN KİTAP, 2011'den bugüne, ciltler dolusu kaynak taranarak elde edilen bilgilerle yazıldı. Oldukça zorlu, dikkatle yapılan bu çalışmayla İslam Dünyası'nda eksik olan bir taşı yerine koyarak, hayatın akışında ümmete bir kolaylık sağlamayı daima düstur edinen Resûlullah (a.s.m.) yolundan gidilmeye gayret edilmiştir.

Günümüzde, Kur'ân-ı Kerim ve hadislerden faydalanarak besinlerle ilgili yazılan birçok kaynak var. Fakat bu kaynakların hepsi besinlerde bir şifa arıyor. Bu şifa arayışlarının insan sağlığını olumsuz etkileyecek yönde gelişmesi de hayli ürkütücüdür. Oysa beslenme bilimi uzmanları bilir ki, besinler kadar onların ne zaman ve nasıl yendiği de sağlık için önemli hususlardır. Bir ayrıntıyı da dile getirmek gerekirse, Resûlullah (a.s.m.) özel olarak herhangi bir bitki ya da hayvan hakkında şifa içerdiğini belirten çok az şey söylemiştir. Ben, 4 yıllık okumalarım sırasında, aktarılan şifalı besin hadislerinin çoğuna sahih kaynaklarda rastlamadım.

Bir beslenme uzmanı olarak, hangi besinin şifalı olduğunu aramaktan ziyade, herkesten çok Resûlullah (a.s.m.) ne yediğini merak ederek bu yola çıktım. "Allah (c.c.) yeme içme hakkında ne buyurdu?" "Resûlullah (a.s.m.) ne yedi ve nasıl yedi?" bu soruların cevaplarını aradım. Bulduğum bütün sahih cevapları da burada yazmaya gayret ettim.

Hadislerde kimi zaman hastalananlara tavsiye edildiği, kimi zamanda Resûlullah'ın (a.s.m.) yediği ve severek tükettiği belirtilen bazı yemeklerin adı geçiyor.

resûlullah'ın (a.s.m.) sofrası

Hadis aktarıcıları, bazen bu yemeklerin kabaca tariflerini de içeren birkaç söz de iletmişlerdir. Fakat kendisinin belki çok zengin sofralar kurmayışından, belki de hadis aktarıcılarının bu konuya çok da dikkatle bakmamalarından yemeklere dair anlatılar dar ve sınırlı kalmıştır.

Günümüzde de İslam ya da Asr-ı Saadet Dönemi Arap Mutfak Kültürü üzerine yazılı bir kaynak bulmak mümkün değil. Çalışmamız, bu açıdan da alanında bir ilk olarak gastronomi literatüründe yerini alacak. Bu kısıtlı verilerle, Resûlullah'ın (a.s.m.) sevdiği, yediği, yenmesini önerdiği yemeklerin o günkü birebir tariflerine ulaşılamasa da, hadislerin ve eski yemek kitaplarının ışığında deneysel pişirme çalışmaları ile bu yemek tariflerini yeniden yapabilmek mümkündür. Elbette deneysel çalışmalar sırasında, o günün koşullarına uygun olarak hareket etmek gerekir. Ben de mümkün olan en yakın, en benzer koşullarla yemek tariflerini yeniden aslına en yakın hâli ile yapmaya gayret ettim.

Kitabın içerisinde, bu yemeklerin tariflerini, yemeklerden bahsedilen hadislerle birlikte, eski yemek kitaplarından yaptığım alıntılarla destekleyerek aktarmaya çalışacağım. Resûlullah'ın (a.s.m.) yediği ya da tavsiye ettiği yemeklerin tarifeleri oluşturulurken öncelik kendisinden aktarılan ifadelere, ardından hadis aktarıcılarının sözlerine ve anılarına, daha sonra hadis yazıcısı imamların eklediği bilgi ve açıklamalara, en son ise *Kitâbü't-Tabih* gibi eski yemek kitaplarından elde edilen verilere yer verdim.

Çalışmam sırasında dualarıyla daima bana destek olan rahmetli anneme, bütün malzemelerin temininde daima yardımcı olan babam Muzaffer Solak'a, çalışmamın önemini görerek Resûlullah'ın (a.s.m.) değerli ümmeti ile paylaşmamda vesile olan Nesil Yayınları'na ve okuyucuya teşekkür ederim.

Eksik ve hata, elbette yalnızca yazıcıdandır...

ÜLKÜ MENŞURE SOLAK
10 Şubat 2015

Giriş

"Bütün hastalıkların kaynağı, birbiri üstüne yemek yemektir."[1]

BİR SOFRAYI ŞEKİLLENDİREN ONLARCA faktör vardır. Kültür, bu faktörlerin en önemlisidir. Kültürü şekillendiren ise tarihtir, coğrafyadır. Her halkın kendi coğrafyası ve binlerce yıllık yaşanmışlığı sonucu beslenme alışkanlıkları oluşur. Deniz kenarında ya da kurak ovalarda yaşamak, göçebe ya da yerleşik olmak, uzun yıllar savaşmış ya da hiç savaş görmeden yaşamış olmak gibi birçok unsura göre sofralar şekillenir.

İnsanlar toplu hâlde yaşamaya başladıklarından beri birtakım kurallar geliştirmişlerdir. Bölgelerinde yetişen bitki ve hayvanları birtakım inanışlara göre sofraya getirirler. Her halkın kendi sosyokültürel yapısına göre yenmesini normal bulduğu ya da kesinlikle reddettiği kimi yiyecekler vardır. Örneğin; verimsiz topraklarda uzun süren kıtlıkla mücadeleleri Çinlileri çekirge gibi böcekleri yemeye iterken, bu Anadolu insanı için oldukça sıra dışı, istenmeyen bir sofradır.

Dolayısıyla tarih ve coğrafya sofrayı, sofralar ise tarihi şekillendirir. Toplumlar tüm gelenek ve görenekleri aktardıkları gibi beslenme biçimlerini de yeni nesillere aktarırlar. Yaşam şeklimiz yediklerimizi, yediklerimiz yaşam şeklimizi belirler. Rabbimiz, Abese sûresi 24. ayette, "İnsan yediğine bir baksın" diyor. Yediğimiz her şey aslında bir mucizedir. Besinler biyolojik olarak bizi etkilediği gibi, ruhsal ve

---

[1] İmam Suyuti, *Camiu's-Sağir Muhtasarı Tercüme ve Şerhi*, c. 1:532, hadis no: 1087.

kültürel olarak da etkiler. Bu yüzden, tebliğ edildiği ilk günden bu yana mevcut siyasal ve sosyolojik sistemlere her anlamda alternatif olarak var olan, bir toplumun yaşamını tümden revize eden İslam, beslenme biçimimizi de şekillendirmektedir.

Yeme içmenin bir bütün hâlinde insanı etkilediğini, bu konuyla ilgili yapılmış tüm araştırmaları bir kenara bırakarak sadece dine baktığımızda da anlamamız mümkündür. Çünkü din, dünya üzerindeki ilk andan beri yaşamın çok önemli bir parçası olmuş, bu önemi tarihin hiçbir döneminde yitirmemiştir. İnsan yaşamının en önemli dönemeçlerini şekillendiren dinler, yasakları ve kutlu olanları belirlerler. Yenecek ve yenmeyecek şeyi, bir hayvanın nasıl kesileceğini, bir yemeğin hangi elle yeneceğini dahi belirleyen İslam ise bütün dinler arasında bambaşka bir özellik taşır.

İslam'ın temel yola çıkış noktası Kur'ân-ı Kerîm'dir. Bir beslenme uzmanı gözüyle Kur'ân-ı Kerîm'i, okuduğunuzda gözünüze beslenme ile ilgili birçok anlatı takılır. Hz. Salih'in (a.s.) bütün bir kavmi doyuracak kadar süt veren devesini kesenler yüzünden kavminin Allah'ın gazabına uğraması, Mısır'da Hz. Yusuf'un (a.s.) aziz mertebesine yükselmesini sağlayan kıtlık ve bolluk yılları, Hz. Yusuf'un (a.s.) bu yıllarda besinlerle imtihanı, Hz. Musa'nın (a.s.) kavmine gökten inen sofra ve daha niceleri...

Allah'a (c.c.) sunulan tüm kurbanlar da Habil ve Kabil'den bu yana hep yiyeceklerdir. Ve Allah (c.c.) müstesna kullarına vadettiği cenneti tasvir ederken yine besinlerden bahsetmektedir:

"Kötülükten sakınanlara vaad edilen cennetin durumu şöyledir: Orada bozulmayan temiz sudan ırmaklar, tadı değişmeyen sütten ırmaklar, içenlere lezzet veren şaraptan ırmaklar ve süzme baldan ırmaklar vardır. Onlar için cennette her çeşit meyve ve Rablerinden bir bağışlanma vardır. Bunların durumu, ateşte ebedî olarak kalacak olan ve bağırsaklarını parçalayacak kaynar su içirilen kimsenin durumu gibi olur mu?"[2]

Ve yine cehennemden de aynı şekilde korkunç ve tiksindirici yiyecekleri tasvir ederek sakındırılmaktadır:

"Pek hararetli kaynaktan suvarılacaktır. Onlar için dikenli bir ağaçtan başka bir yiyecek yoktur. Ne semizletir, ne de açlıktan kurtarır."[3]

Allah'ın ayetlerle tasvir ettiği cennete gidebilmenin yolu, elbette Müslüman sıfatını taşımaktan geçiyor. Müslüman, daha net tanımıyla mümin olabilmenin gereklerini de Kur'ân-ı Kerîm'den öğreniyoruz. Genel anlamda iyi ahlaklı, dürüst, çalışkan, mütevazı ve Rabbine kesin bir inanma ile inanmış, Resûlullah'a (a.s.m.)

---

[2] Muhammed sûresi, 47:15.
[3] Ğâşiye sûresi, 88:5-7.

giriş

uymuş ve onun yolunda dosdoğru, Allah'tan korkarak yürümekte olan kimse olarak tanımlayabileceğimiz müminin, hemen hemen her sûrede bir vasfı bildirilmekte ve bu niteliklere Rabbimizin verdiği önem pekiştirilmektedir.

Müslüman olan her kişi, Rabbinin rızasını gözeterek kurduğu yaşamda, hayatını sürdürebilmek için yeryüzünde rızkını arar, dosdoğru bir yolla helal kazanmak ve geçinmek için de uğraşır. *"Yeri sizin için yerleşim alanı, göğü de bir bina kılan, size şekil verip de şeklinizi güzel yapan ve sizi temiz besinlerle rızıklandıran Allah'tır. İşte Allah, sizin Rabbiniz'dir. Âlemlerin Rabbi Allah, yücelerden yücedir"*[4] ayetiyle rızkın kendinden olduğunu söyleyen Rabbimiz, *"Size rızk ettiklerimizin iyilerinden yiyin"*[5] diyerek müminleri kötü olandan sakındırmakta, iyiye yöneltmektedir.

Müminûn sûresi'nde, müminlerin vasıflarıyla beraber, iyi olanı da açıklayan Rabbimiz şöyle buyurmuştur: *"... size helal kıldığımız rızıklardan yiyin. Eğer Allah'ın emrine boyun eğiyor, O'na itaat ederek O'nu dinliyorsanız size verdiği rızıklar için O'na şükredin."*[6] Ve yine bir ayetle Peygamberlere hitap ederek *"Ey peygamberler! Temiz yiyecekler yiyin; iyi iş işleyin"*[7] emrini vermiştir.

Bu ayetlerle Resûlullah'ın (a.s.m.) müminlerin öncüsü olarak temiz ve helal olanı arayıp, bununla geçim sağlamakta ümmete önderlik edeceği bilgisini bize ulaştıran Rabbimiz, Resûlullah'ın (a.s.m.) yaşamına bakarak kendimize bir yol çizmemiz gerektiğini böylece bize bildirmiştir. Ayrıca, bize verilen rızıkla yalnızca geçinmeyeceğimizi, onu Allah (c.c.) yolunda harcamamızı da emretmiştir: *"Ey Allah'ı ve Resûlü'nü tasdik edenler, ticaretten kazanmış olduğunuz mallarınızdan, elinizde bulunanların en iyi ve en güzellerinden Allah yolunda harcayın."*[8]

Rızkımızı aramakla sorumlu olan bizler, bize geçimimizi sağlayacak bütün hayat şartlarını temin edenin Rabbimiz olduğunu unutmadan, şükrederek mümin olmanın gereğini de yerine getireceğiz. Ayetlerde şükretmemiz gerektiği de Allah tarafından belirtilmiştir.[9] Şüphesiz şükür, İslam dininin temel unsurlarından biri ve yaşamın kopmaz dayanağıdır.

---

[4] Mü'min sûresi, 40:64.

[5] Bakara sûresi, 2:57.

[6] Bakara sûresi, 2:172.

[7] Mü'minûn sûresi, 23:51.

[8] Bakara sûresi, 2:267.
Ayetin tamamı şöyledir: "Ey iman sahipleri! Kazandıklarınızın ve yerden sizin için çıkarmış olduklarımızın temiz ve güzellerinden infak edin. Kendinizin göz yummadan alıcısı olmadığınız pis/bayağı şeyleri vermeye kalkmayın. Bilin ki Allah *Ganî*'dir, cömertliğine sınır yoktur; *Hamîd*'dir, bütün övgülerin sahibidir/övgüye layık olanları gereğince över."

[9] "O Rab ki, yeri sizin için bir döşek, göğü de (kubbemsi) bir tavan yaptı. Gökten su indirerek onunla, size besin olsun diye (yerden) çeşitli ürünler çıkardı. Artık bunu bile bile Allah'a şirk koşmayın." *(Bakara sûresi, 2:22.)*; "Artık, Allah'ın size verdiği rızıktan helal ve temiz olarak yiyin, eğer (gerçekten) yalnız Allah'a ibadet ediyorsanız, O'nun nimetine şükredin." *(Nahl sûresi, 16:114.)*

resûlullah'ın (a.s.m.) sofrası

İnsanlara rızık verilmesinin başlı başına bir ayet oluşunu, şeytanın rızık aramalarımıza yönelip bizi doğru yoldan çıkarmak isteyeceğini ifade eden, mallarımızı iyi bir biçimde Allah (c.c.) yolunda harcamamızı emreden nice ayetler bulunmaktadır.[10] Resûlullah (a.s.m.), Allah'ın bu konudaki uyarılarını pekiştirecek hadislerinde şöyle buyurmuştur:

Abdullah bin Amr bin As'dan (r.a.), "Müslüman olan, kendisine yeteri kadar rızık verilen, Allah'ın kendisine verdiği nimete kanaat eden kimse şüphesiz kurtuluşa ermiştir"[11] şeklinde rivayet olunur.

Ebu Muhammed Fadale İbni Ubeyd el-Ensârî'den ise, "İslam'ın dosdoğru yoluna ulaştırılan ve geçimi yeterli olup da buna kanaat eden kimse, ne kadar mutludur"[12] şeklinde rivayet edilir.

---

[10] "Hayvanlardan yük taşıyan ve (yünlerinden, tüylerinden) döşek yapılanları da (yaratan O'dur). Allah'ın size rızık olarak verdiklerinden yiyin ve şeytanın adımlarına uymayın. Çünkü o, sizin için apaçık bir düşmandır." *(En'âm sûresi, 6:142.)*; "Ey İman edenler! Allah'ın size helal kıldığı iyi ve temiz şeyleri (siz kendinize) haram kılmayın ve sınırı aşmayın. Allah sınırı aşanları sevmez." *(Mâide sûresi, 5:87.)*; (Allah size kendi nefislerinizden eşler yarattı, eşlerinizden de sizin için oğullar ve torunlar yarattı ve sizi temiz gıdalarla rızıklandırdı. Onlar hâlâ batıla inanıp Allah'ın nimetine nankörlük mü ediyorlar?" *(Nahl sûresi, 16:72.)*; "Yiyiniz; hayvanlarınızı otlatınız. Şüphesiz bunda akıl sahipleri için (Allah'ın kudretine) işaretler vardır." *(Tâhâ sûresi, 20:54.)*

[11] İmam Nevevî, *Riyazu's-Et'ime*, cilt 3, Erkam Yayınları, İstanbul, 2011, s. 284.

[12] A.g.e., 3/285.

Birinci Bölüm

Müslümanların Beslenme Biçimi

Arap mutfak kültürünün genel özellikleri

İNSANLIĞIN, TOPLULUKLAR OLARAK yaşamaya başladığına dair ilk verileri Ortadoğu'dan elde ediyoruz. Arap Yarımadası, Mezopotamya insanlık tarihinin ilk yerleşim yerleri olarak karşımızda duruyorlar. Bütün bilim adamları bu konuda muhakkak hemfikirdirler. Çanak çömlek yapımı, hayvancılık, metal işlemeciliği gibi birçok alandaki öncülüğünü yapan Eski Çağ Mezopotamya Kültürleri bütün bu gelişmelere paralel olarak mutfak kültüründe de diğer coğrafyalara öncülük etmişlerdir. Tarımın başladığı bu topraklarda Ur-Uruk, Tel Halaf Kültürlerine dair verilerde, Resûlullah'ın sofrasında da hâkimiyeti gözden kaçmayan arpanın yaygın kullanıldığını görürüz. Elde edilen arkeolojik verilere göre M.Ö. 2000'li yıllarda tahıl ihtiyacının %80'inin arpadan, %20'sinin buğday ve çatal siyez buğdayından karşılanmaktadır.[13]

Ayrıca bu bölgede ticaret ağlarının geniş ve güçlü olduğunu, bu sebeple birçok yiyecek, kap kacak, içecekler ve baharatın da taşınmış olduğunu bilmekteyiz. Aynı dönemde susam ve hurmanın da yetiştiriciliğinin yapıldığı bilinmektedir. Hurma yalnızca yiyecek olarak değil, aynı zamanda dokuma, hasır malzemesi ve çatı örme işlerinde de kullanılmaktaydı. Sümerce'de, sulumb (hurma), uhin (yaş hurma) ve nukarib (hurma bahçıvanı) gibi kelimelerin varlığı da önemini isbat eden veri-

---

[13] Ord. Prof. Dr. Benno Landsberger, "Mezopotamya'da Medeniyyetin Doğuşu," *Ankara Üniv. Dil Tarih Coğr. Fak. Dergisi*, c. 2, sayı: 3.

resûlullah'ın (a.s.m.) sofrası

ler arasındadır. Yine bu dönemde tahıl öğütüldüğü, hatta bu işle uğraşan öğütücü işçilerin olduğu da kayıtlarda geçtiği görülmektedir.

Yeme içme faaliyetleri, toplumdaki iş bölümü ve sosyal hayatı ciddi biçimde şekillendiren yegâne unsur olarak hep karşımızda durmaktadır. Gastronomi arkeolojisi geliştikçe, sosyal hayat yapıları ve yaşam felsefesine dair birçok ipucunu da sağlayarak, geçmişi anlamamıza yardımcı olacaktır. Teknik anlamda, Arap Yarımadası arkeolojisi, eski çağ kültürleri yeterince araştırılamıyor olsa da Resûlullah'ın (a.s.m.) yaşadığı döneme ilişkin daha detaylı anlatılar, bugünün insanlarına da kılavuzluk edecek nice eşsiz bilgiyi bağrında saklamaktadır.

Arap Yarımadası mutfak kültürlerine Mezopotamya üzerinden bakmaya gayret etmemizin sebebi de bu sosyokültürel verilerin yalnızca hadislerle günümüze ulaşmış olduğu gerçeğidir.

RESÛLULLAH'IN (A.S.M.) EVİ VE MUTFAK ARAÇLARI

Hadislerde ve Resûlullah'ın (a.s.m.) hayatına dair anlatılarda, Efendimizin yaşadığı evin Suudi Arabistan'ın Cidde kentinde yapılmış olan replikasında, mutfak ve pişirme araç gereçleriyle ilgili kimi ipuçları vardır. Kerpiçten, çamurla sıvanıp üzerine hurma dalları atılarak tamamlanan yapılarda kimi zaman, düz çatının üzerinde teras benzeri bir yapı bulunur.

Resûlullah'ın (a.s.m.) evinde de böyle bir yapı olduğunu ve burada dinlendiğini Prof. Celal Yeniçeri'den öğreniyoruz.

Resûlullah'ın (a.s.m.) yaşamına dair anlatılarda geçen yiyecek hazırlama ve pişirme işleri çoğunlukla açık alanda yapılmaktadır. Bu alan, evin önünde yine kerpiç duvarlarla çevrilmiş bir toprak bahçedir. Hanımların, un eleme, un öğütme, hamur yapma gibi işleri de bu alanda yaptığına dair anlatılar vardır. Hadislerde muhtemelen hurma liflerinden örülmüş eleklerin; tahtadan, kısa ayaklı hamur açma zeminlerinin, yer örtüleri ve yine tahtadan yapılma hamur teknelerinin kullanıldığı ifadeleri de görülmektedir.

Genel olarak tek bir cümlede ifade etmek gerekirse; hurma kütüğü, toprak testi ve küpler, su kabağı, ince ve kalın hayvan derilerinden yapılmış küçük ve küp büyüklüğünde kaplar, 'sini' olarak bahsedilen metalden yapılmış kaplar; hatta cam, altın ve gümüş kaplar Resûlullah'ın (a.s.m.) döneminde kullanılmıştır.[14] Kendisi,

---

[14] Ebu Dâvûd, 13/312-313. "İbni Ömer ile İbni Abbas'tan rivayet olunmuştur; dediler ki: 'Resûlullah'ın (a.s.m.); kabağı, yeşil küpü, ziftli kabı, iyice kabuğu soyulup içi oyulan hurma kütüğünü (şıra kabı olarak kullanmayı) yasakladığına şahitlik ederiz.' (Ebu Dâvûd, 13/319-32)

Abdülkays (heyetin)den olup da Avf'ın, isminin Kays bin Nu'man olduğunu zannettiği bir adamın rivayetine göre Peygamber (a.s.m.) şöyle buyurmuştur: "Hurma kütüğünden yapılmış olan kapta, ziftli kapta, kabaktan

arap mutfak kültürünün genel özellikleri

mütevazı yapısıyla tamı tamına örtüşen İslami kurallar gereği gümüş ve altın kapları hiçbir zaman tercih etmemiştir.

Ortadoğu ve Arap Yarımadası'nda pişirme araçları hakkında edindiğimiz bilgi, tandır, ocak ve fırınların kullanıldığını göstermektedir. Tandırlar, yere kazılan çukurların üzerine mayalanmış killi topraktan yapılan küpe benzer yapıların oturtulmasıyla ya da baca biçimli geniş ağızlı örüntülerin yine killi toprakla sıvanmasıyla elde edilirler. Fırın ve ocakların da bu teknikle, taştan örüldükten sonra yapıldığını, Eski Çağlara dair arkeolojik kazılardan öğrenmek mümkündür.

Resûlullah'ın (a.s.m.) beslenme alışkanlıklarına bakıldığında, çok az yediğini, tek çeşit yemekle yetindiğini, öğünlerinde daha çok ekmeğin ve hurmanın bulunduğunu görmek mümkündür. Sık sık sevdiği ve her yemeğe çoğaltmak maksadıyla da ilave ettirdiği kabağın çeşidi hakkında da ne yazık ki net bir bilgi mevcut değildir. Kimi yerlerde su kabağından bahsedilmekte, yendiği gibi kap olarak da kullanıldığı bilinmektedir. Resûlullah'ın (a.s.m.) çorba, et vb. tüm yemeklere kabak eklettiğine dair aktarımlar mevcuttur.[15]

Zengin bir mutfak kültürü olduğunu bildiğimiz Mekke'de her ne kadar çöl koşulları gereği meyve ve sebzeler sınırlı miktarda yetişiyor olsa da, Hz. İbrahim'den (a.s.) bu yana geniş bir ticaret ağının en önemli noktası olan Hicaz Bölgesi'nde hemen her şeyi bulmak mümkündür. Bu nedenle, Arap Mutfak Kültürü'ne de çağın hemen bütün yiyecekleri girmiş olmalıdır. Örneğin; Türk Mutfağı'na, Osmanlı Devleti'nin son yüzyılında girmiş olan pirincin, Arap Yarımadası'nda çok daha önceleri kullanılmaya başlandığını görmek pek de şaşırtıcı değildir.

Mutfağın gelişmiş ve geniş oluşunun bir başka kanıtı da Resûlullah'ın (a.s.m.) "Sofranızı yeşilliklerle süsleyiniz" deyişidir.

Bedevi Mutfağı ise süte dayalı bir mutfak olduğundan Arap Mutfak Kültürü'nde

---

yapılmış kapta ve kalın derilerden yapılmış küp büyüklüğündeki kapta (şıraları saklayarak) içmeyiniz. (ancak) şıralarınızı, üzerinden bağlanarak ağızları kapatıl)an, ince deriden yapılmış su kaplarında (saklayarak) içiniz. Eğer (şıranız bu kaplar içerisinde de) kükre(yip sarhoşluk verecek bir hale geli)rse onu(n bu şiddetini içerisine dökeceğiniz) su ile kırınız. Eğer (onun şiddeti su ile kırmaktan) sizi âciz bırakırsa onu dökünüz." "Ne ipek ne ibrişim giyiniz, altın ve gümüş bardaktan birşey içmeyiniz. Altın ve gümüş kaplardan da bir şey yemeyiniz. Çünkü tüm bunlar dünyada kâfirlerin, ahirette de bizimdir."

[15] İshak b. Abdullah b. Ebi Talha'dan rivayet olunduğuna göre; Enes bin Mâlik'i şöyle derken işitmiştir: "Bir terzi Resûlullah'ı (a.s.m.) hazırlamış olduğu bir yemeğe çağırmıştı. Bu yemeğe Resûlullah (a.s.m.) ile birlikte ben de gittim. Resûlullah (a.s.m.) bir arpa ekmeğiyle içinde kabak ve pastırma 'kurutulmuş et' bulunan bir çorbayı benim önüme yaklaştırdı. Ben (yemek esnasında) Resûlullah'ın (a.s.m.), (yemek içerisinde bulunan) kabakları araştırmakta olduğunu gördüm. O günden itibaren kabağa olan sevgim devam etmektedir." *(Buhârî, 8/437-462, 470, 472, 473; Tirmizî, 2/269; Ebu Dâvûd, 13/410.)*
Câbir (İbnu Târik) anlatıyor: "Resûlullah'ın (a.s.m.) evinde huzurlarına çıktım. Yanında şu kabak vardı. 'Bu nedir?' diye sordum. 'Bu kabaktır, biz bununla yemeğimizi artırıyoruz' buyurdular."
"Peygamberimiz kabağı çok severdi." *(Ebu Dâvûd, 13/410.)*

sütten yapılan birçok ürünü görmek mümkündür.[16] Yine tarhana ile bağlantılı olan 'kaşk' Bedevi Arapların arpa ile yaptığı, kurutulmuş bir yoğurt ürününü ifade eder.

Hadislerde adı geçmemekle beraber, Resûlullah'ın (a.s.m.) yaşadığı döneme ait anlatılardan; besise, atriye, lemze, akke, sahira, azira, akise, rağıde, rehiye, velika, hazife adı verilen yemeklerin de olduğu öğrenilmektedir. Besise; un ya da kavutun hiç ateşe konmaksızın yağ ya da kaymakla karıştırılması ya da seviğin ekit ile karıştırılıp, üzerine zeytinyağı dökülmesiyle yapılırdı. Atriye adı verilen yemeğin, iplik iplik hamur olarak anlatılmasından bir çeşit makarna olduğu düşünülmektedir. Lemze; kızdırılmış yağa ekmek doğranmasıyla yapılırdı. Yine yağ ile unun yoğrulup kızartılması ile yapılan bir yemeğe de 'akke' adı verilirdi. Sahira, süt ve unla yapılan bir bulamaç; azira ise bunun daha koyu kıvamlı olanına verilen addır. Akise; süt üzerine erimiş iç yağı dökülerek yapılan bir yemektir. Rağıde; taze sağılmış sütün kaynar derecedeki sıcaklıkta iken üzerine un serpilerek karıştırılması ile elde edilirdi. İrice öğütülmüş buğdayın üzerine süt dökülmesi ile yapılan yemeğe 'rehiye' denilirdi. Velika ise yine un ve süt ile yapılan bir muhallebi çeşididir, fakat içerisine yağ eklenir. Hazife denilen yemekte ise su ile yapılan un bulamacına eritilmiş iç yağı eklenerek yapılırdı.[17]

---

[16] Arman Kırım, *Hürriyet* gazetesi, 16 Ekim 2005.
[17] Sevim Demir Akgün, "Hazreti Peygamber Döneminde Yemek Kültürü," Sakarya Üniversitesi, İslam Tarihi ve Sanatları Anabilim Dalı Yüksek Lisans Tezi, Ekim 2007, Sakarya.

Yaşam biçimi olarak yemek

İSLAM'IN DOSDOĞRU YOLUNA ULAŞTIRILAN ve geçimini helal yolla kazanmış, yeterli olan geçimine de razı olmuş kimsenin mutluluğu, toplumdaki denge ve toplum huzuru adına da çok mühim bir konudur. Eğer insan, kendini ve ailesini doyurabilecek yeterlilikte rızka erişmesine rağmen kanaat etmiyorsa, daha fazlasını kazandırdığı hâlde paylaşmak yerine cimrilik etmeyi tercih ediyorsa; başkalarının rızkına haset ediyorsa ya da toplumdaki bir kısım insanların kazancı, diğerlerinden çok fazla ve aradaki uçurum da bir hayli açılmışsa bu toplumsal huzursuzluğu da beraberinde getirir. İslam, bütün bu saydıklarımızın gerçekleşmemesi için önemli kurallarını da koyar. Paylaşmayı emreder, kibri yasaklar ve iyilik için infak etmenin hayrını defahatle vurgular.

İslami yaşam biçimine riayet edilmediği zaman birey ve toplum bazında görülen bütün bu aksaklıklarda, insanı adım adım takip eden şeytan için fırsatlar saymakla bitmeyecek kadar çoktur.

Artık yemek sofralarının fotoğraflarının paylaşıldığı bir çağda yaşıyoruz. Sosyal uçurum artıp dayanışma kültürü zayıfladıkça, yaşamda ibadet etmek için araç olan yemek, bir amaç hâline dönüşüyor. Acaba gittiğimiz davetlerde, misafir ağırlarken kurduğumuz sofralarda, birbiriyle yarışırcasına zengin düzenlenmiş mönülerde ve doysa dahi yedirmekte ısrarcı olduğumuz misafir etme anlayışlarımızda şeytanın izleri var mı?

Eski çağlarda, yüksek sınıflar tarafından kurulan sofraların 'yemekten haz alma' ve 'yeni ve farklı lezzetler peşinde koşma' amaçlı kurulmaya başladığında, günde dört bin altını aşan maliyet ve bülbül dili dâhil sıra dışı yiyecekler sofraya geldiğinde toplum huzuru ve refahı da bozulmaya başlamıştı. Bizden öncekilerin sınandığı gibi biz de bugün böyle bir sınavın içinde miyiz?

Gün gün haber programlarında bile karşımıza çıkan çeşit çeşit yemek tarifleri, nasıl besleneceğimizi, neyi yeyip, neyi yemeyeceğimizi söyleyen birçok uzman kişinin görüşleri, günlük beslenme alışkanlıklarımızın şekillenmesine yol açan kapitalizm kültürü, daha çok kâr elde edebilmek için genetiğiyle oynanan besinler, sofralarımızın ahengini bozdu.

"Tereyağı mı daha sağlıklı yoksa zeytinyağı mı? Et mi yemeliyiz yoksa sebze mi?" karmaşasına eklenen hastalıkları besinlerle yenme çabasının dayattığı kürler toplum sağlığını bozmaya başlar hâle geldi.

Oysa Allah (c.c.) açık bir biçimde bize doğru yeme içme biçimini anlatmış ve Resûlullah (a.s.m.) da yaşantısı ile bunu örneklemişti. Namazı nasıl kılacağımızı, nasıl giyineceğimizi, hatta nasıl uyuyacağımızı ayet ve hadislere bakarak öğrenmeye çalışan bizler; elbette sofralarımızı kurarken, yerken içerken de herkesten önce Rabbimize ve O'nun Resûlüne (a.s.m.) danışmalıydık.

Bugüne dek Kur'ân ve hadislerde adı geçen besinlerin şifalarını anlatan kaynakların bunca çok oluşu, hâlâ ne yememiz gerektiği konusunda kafa karışıklığı yaşadığımızın bir delili olarak karşımızda duruyor. Ayrıca ne yemek gerektiği hakkındaki merakımızın sürüyor, ama nasıl yiyeceğimizi ise pek merak etmiyor oluşumuz, tam anlamıyla İslami kültürü yaşama geçirmediğimizin de göstergesidir.

Eksik kalmış bu parça ise sadece Müslümanlar için değil, dünya için toplumsal huzuru sağlayacak en önemli unsurdur.

RIZIK KAVRAMI NEDİR?

İslam mutfak kültürü sosyal yapının önemli bir parçası olarak doğumdan ölüme, savaştan alışverişe her yerde karşımıza çıkar. Müslüman'ın beslenme biçimini anlamak için ise belli başlı birtakım kavramların anlamlarını bilmek gerekir. Bunlardan ilki 'rızık' kavramıdır.

Rızık, Kur'ân-ı Kerîm'de "Allah tarafından kula verilen yiyecek, içecek şeyler" anlamında kullanılmıştır. Kehf sûresi 19. ayette, rızık kelimesinin yiyecek içecek şeyleri işaret ettiğine dair bir ifade bulunmaktadır: "... *Artık sizden birisini, sizin bu gümüş paranızla şehre gönderin. Böylece en temiz yiyecek hangisi, baksın (da) ondan size bir rızık getirsin...*"

yaşam biçimi olarak yemek

Yer yer yağmur, evlat, ruhu besleyen manevi gıdalar da rızık olarak nitelendirilmiştir. Bütün bu bilgilere dayanarak, insanın dünya üzerinde yaşamını sürdürmesini sağlayan, maddi ve manevi, helal ya da haram, bir şekilde bedene ve ruha katılarak insanın parçası olan tüm maddelerin rızık olduğu söylenebilir. Allah (c.c.) rızıkla ilgili olarak, her şeyden önce bize helal olanı aramamızı ve haramdan uzak kalmamızı emretmiştir:

"Ey İnsanlar! Yeryüzünde temiz ve helal şeylerden yiyin, şeytana ayak uydurmayın, zira o, sizin için apaçık bir düşmandır."[18]

"Bugün size iyi ve temiz şeyler helal kılındı. Ve kendilerine kitap verilenlerin yemeği, size helal, sizin yemeğiniz de onlara helâldir."[19]

"Allah'ın size helal ve temiz olarak verdiği rızıklardan yiyin ve kendisine iman etmiş olduğunuz Allah'a karşı takva sahibi olun."[20]

Peki, temiz ve helal olan nedir?

Bu, ayetlerde şöyle yer alır:

"Eğer siz Allah'ın ayetlerine inanıyorsanız, o zaman üzerine Allah'ın ismi anılan şeylerden yiyin."[21]

"Sana kendileri için nelerin helal kılındığını soruyorlar. De ki; 'Sizin için temiz ve iyi şeyler helâl kılındı. Allah'ın size öğrettiğini onlara öğreterek yetiştirdiğiniz avcı hayvanların sizin için tuttuklarını artık yiyin ve üzerine de Allah'ın adını anın. Ve Allah'a karşı takva sahibi olun. Muhakkak ki Allah hesabı çabuk görendir'"[22]

Ayrıca bunu ayetlerden hareketle ve Kur'ân-ı Kerim'in tümüne bakarak "dinen ya da geleneklere göre yasaklanmamış, uygun olan şey" olarak da açıklayabiliriz.

Dine uygun olan helal gıdanın ise birtakım özellikleri vardır. Bunlardan bazıları, başka bir insana ait, izinsiz alınmış; başkasının üzüntüsü, gözyaşı, kanı, zararı pahasına alınmış; evrensel ahlak ve din kurallarına göre yasaklanmış bir yolla kazanılmış para ile alınmış, kişinin kendi ve/veya başkasının beden ya da ruhuna zararlı olmamasıdır. Bir yiyeceğin temiz olma koşulu ise kitap bütünlüğünde konu konu açıklanacağı üzere, üzerine Allah (c.c.) adı anılmış, bozulmamış, kirlenmemiş ve mikrop barındırmayan yiyecekler olmasıdır.

Allah (c.c.), bizi helal ve temiz olanı aramak ve mallarımızı bu şekilde harcamakla yükümlü tuttuktan sonra *"Ey iman edenler, mallarınızı aranızda batıl sebep-*

---

[18] Bakara sûresi, 2:168.
[19] Mâide sûresi, 5:5.
[20] Mâide sûresi, 5:88.
[21] En'âm sûresi, 6:118.
[22] Mâide sûresi, 5:4.

lerle yemeyin (ve daha sonra da) kendinizi öldürmeyin"[23] diyerek birtakım 'batıl' sebeplerden sakınmamızı da emretmektedir. Batıl kelimesi İslam âlimlerince "Allah'ın Kitabı'nda uyardığı ve nehyettiği aykırı ve tutarsız yolların tamamı" olarak tanımlanmaktadır.

Batıl olanın ne olduğunu anlamak için Kur'ân'ın ölçülerine ve Resûlullah'ın (a.s.m.) yaşam biçimine bakmamız gerekmektedir. Ayet ve hadislerle çizilen 'hak' olarak tanımlanan dosdoğru yola aykırı her şey bizim için batıl olarak kabul edilmelidir.

Harama ulaştıran tüm yollar ve İslam'ın doğru çizgisinin dışında kalanlar batıl ise, aşırılığa kaçmak, kibir, cimrilik ve savurganlık, Allah'ın (c.c.) rızasından başka birşeyi amaç edinerek yapılan her iş batıl olarak tanımlanabilir. Peygamberler, korunmakta olmalarına rağmen Allah'ın rızasını aramaktan kısa bir an için bile olsa ayrılmak konusunda daima korktular. Bu yüzden, yaşamlarını steril ve tam anlamıyla Rablerinin rızası doğrultusunda şekillendirmekte titiz davrandılar. Bu titizlikleri yeme içmelerine de yansımıştır.

Hazreti Ali (r.a.), yaptığı bir konuşmasında insanlara ibret olsun diye Peygamberlerin yaşamlarından bahsederken şöyle demiştir:

> "Dilersen ikinci olarak Kelimullah Musa'nın 'Rabbim! Doğrusu bana indireceğin her hayra muhtacım'[24] dediğini anlatayım. Allah'a yemin olsun ki O'ndan yemek için ekmekten başka bir şey istemedi. Çünkü yerin otundan yiyordu; zayıflığından ve etinin parçalanmasından dolayı otun yeşilliği karnının alt derisinin şeffaflığından görünüyordu.
>
> Dilersen üçüncü olarak—Mezmurların sahibi ve cennet ehlinin okuyucusu—Davud'u anlatayım. O, hurma yapraklarını eliyle örüyor, dostlarına 'Hanginiz bunu benim için satacak?' diye soruyor ve onun parasıyla arpa ekmeği yiyordu.
>
> Dilersen Meryem oğlu İsa'yı anlatayım. O kendisine taşı yastık yapıyor, kaba şeyler giyiyor, kuru ve katıksız ekmek yiyordu. Katığı açlık, geceleri lambası ay, kışın sığınağı yeryüzünün doğusu ve batısıydı. Meyvesi ve ıtırlı bitkileri, yeryüzünün hayvanlar için çıkardıklarıydı.
>
> O (a.s.m.) dünyayı dişlerinin kenarıyla kemirdi, ona gözünün kenarıyla bile bakmadı, böğrü dünya ehlinin en zayıfı, karnı dünya ehlinin en boş olanıydı... O (a.s.m.) yemeği yerde yer; kölenin oturduğu gibi oturur; ayakkabısını eliyle tamir eder; elbisesini eliyle yamar; semersiz eşeğe biner ve başkasını terkisine alırdı."[25]

---

[23] Nisâ sûresi, 4:29.
[24] Kasas sûresi, 28:24.
[25] Eş-Şerif Er-Radi, *Hz. Ali Nehcü'l Belâğa (Hz. Ali'nin Konuşmaları, Mektupları ve Hikmetli Sözleri)*, Beyan Yayınları, İstanbul, 2009, ss. 165-166.

yaşam biçimi olarak yemek

Hazreti Ali'nin (r.a.) Peygamberleri anlatışında dünyaya ve onun nimetlerine değer vermediklerini, emekleriyle helal kazanç sağlayıp bununla geçindiklerini ve dönemlerinde insanların en üstünü olmalarına rağmen asla kibre kapılmadan, daima mütevazı kimseler olmaya gayret ettiklerini anlıyoruz. Hz. Âdem'den (a.s.) Resûlullah'a (a.s.m.) İslam'ın, hiç değişmeden koruduğu özü takva, tevazu ve terbiye ekseninde gizlidir. Gerek Peygamber (a.s.m.), gerekse ilk dört halifenin yaşamlarına dair okumalarda herkesin bu sade yaşam tarzına dair belirgin hatlar görebileceği gerçektir.

Bu durumun sofraya yansıması da elbette o çağa hâkim iktidar anlayışının dışındadır. İslam, sofrada paylaşma ve gösteriş amaçlı yeme içme işlerinin egemenliğini kaldırarak Cahiliye Dönemi'ne dair en hayati konuda da bir devrim yapmıştır. Böylece, halk dayanışma ve paylaşma ruhunu kavramış, zengin ve fakir halk tabakaları arasındaki uçurum azalmıştır. Üstünlüğün takvada olduğu fikri, 'zengin ve soylu' olmanın o güne kadar sürdürdüğü egemenliği yerle bir etmiştir.

Yeme içmede aşırılığa gitmemeyi emreden ayetler ve tavsiye eden hadislerden sonra, yine imdada yetişen Kur'ân-ı Kerîm, insanların bu konudaki titizlikte de aşırıya kaçmalarını önleyecek netlikle ve çeşitli ifadelerle durumu belli bir ölçüyle insanileştirmektedir:

"Onlar verdikleri zaman israf etmezler; cimrilik de etmezler; ikisi ortası bir yol tutarlar."[26] *"Eli boynuna bağlıymış gibi cimri olma! Elini büsbütün açıp israfa da kaçma!"*[27] *"Yiyiniz, içiniz fakat israf etmeyiniz."*[28]

Resûlullah (a.s.m.) ise şöyle buyurmuştur:

"İsraftan son derece sakın. Her gün iki defa yemek israf, her iki günde bir yemek cimrilik, her gün bir defa yemek itidaldir. Allahu Teâlâ'nın kitabında övülen de budur."[29]

Yine de İslam büyükleri, belki de insanın zaaflarının farkında oldukları için daima bu konuda hassas davranmışlardır. Konuklar onuruna verilen büyük maliyetli ziyafetler, süslü iktidar sofraları, gösterişli kabul salonları, sınırları çok büyüdüğü zamanda dahi ihtişamlı kıyafetleriyle sofraların başköşesinde oturan Emîrler İslam'ın ilk yıllarında asla olmamıştır.

Resûlullah (a.s.m.) bizzat kendisi, zengin fakir ayırdetmeksizin sofrasını herkesle paylaşmış, elindeki yiyeceğin en iyisini misafirine ikram etmiştir. İslam Coğrafyası'nın hatırı sayılır büyüklükte, tek bir devlet olduğu dönemlerde halife

---

[26] Furkân sûresi, 25:67.
[27] İsrâ sûresi, 17:29.
[28] A'râf sûresi, 7:31.
[29] İmam Gazali, *İhyâu Ulûmi'd-dîn*, c. 3, Bedir Yayınları, İstanbul, 1973, s. 207.

olarak karşımızda bütün heybetiyle duran Hz. Ömer'in (r.a.) çıplak ayaklarıyla sürüden kaçan bir yavru deveyi araması, Hz. Ali'nin (r.a.) kıyafetlerindeki sadelik ve yaşamındaki yoksulluk izlerinden dolayı kendisini örnek alarak kıt kanaat geçinmeye çalışan birine "Bu senin için değil benim gibi halkın önderliğini yapan kişiler için Allah'ın koyduğu bir sınırdır" şeklinde yorumlanabilecek sözleri, buna verilebilecek çok sayıdaki örnekten bazılarıdır.

Elbette bu yaşama ve idare etme biçimini Peygamber Efendimizden (a.s.m.) öğrendiler. Peygamber Efendimiz, yaşamında uyguladığı bu mütevazılıkla devleti yönetenlere davranışlarıyla verdiği "dünya hayatı geçicidir" mesajını İslam Mutfak Kültürü'nün bütününe yaymayı da başardı. Halk bu konuda o kadar dikkatliydi ki zengin sofralarda oturmayı günah görerek çekinenler ve "Bu sofra bir fakire benden daha uygundur" diyerek zengin aile üyeleri ve dostlarının davetlerine gitmeyenlerin sayısı oldukça fazlaydı. Bu durum sonrasında konuya açıklık getiren şu ayet nazil olmuştur:

"*Yüce Allah şöyle buyurdu: '... Size de kendi evlerinizden başka evlerde yemenizde bir güçlük yoktur.*"[30]

Resûlullah (a.s.m.) ise bu ayeti davranışlarıyla hayata geçirerek *"Toplu olarak ve ayrı ayrı ... (yemenizde de üzerinize bir günah yoktur)"* dedi.[31]

Eski geleneklerin izlerini silip neyi nasıl yapmaları gerektiğini öğretirken Resûlullah (a.s.m.), başlangıçta katı kurallar koymuş, birtakım şeyleri yasaklamıştır. Ama halk alıştıktan sonra yasağı kaldırdığı ya da gevşettiği de olmuştur. Benzeri bir biçimde sarhoşluk verici şeyleri ise alıştıra alıştıra yasaklamış birdenbire insanların vazgeçmesini beklememiştir. Halk İslami kurallara göre yaşayışı bizzat Peygamber Efendimizin kendisinden öğrendi. O, bulunduğu sofralarda yapılan yanlışları tavsiyelerle düzeltti ve örnekler sunarak pekiştirdi.

Resûlullah'ın (a.s.m.) 'ahir zaman' anlatılarında yeme içmedeki bu sadeliği ve yaşamak için araç olma işinin de terk edilip, sofraların amaca dönüşeceğini ifade ettiği hadisler görülmektedir. Ebu Ümame (r.a.) rivayet ediyor:

Resûlullah (a.s.m.) buyurdu ki: *"Ümmetimden türlü türlü yemekler yiyen, türlü türlü meşrubat içen, çeşit çeşit elbiseler giyen ve ağızlarını eğip bükerek konuşan bazı adamlar çıkacak. İşte onlar ümmetimin en kötüleridir."*[32]

---

[30] Nûr sûresi, 24:61.

[31] Nûr sûresi; *Sünen-i Ebu Dâvûd Terceme ve Şerhi*, c. 13, Şamil Yayınevi, ss. 378-379.

[32] Suyuti, *a.g.e.*, 4/129, hadis no: 4772.
İmam Suyuti'nin aktardığı başka bir hadis şu şekildedir: "Abdullah bin Cafer (r.a.) rivayet ediyor: 'Ümmetimin en kötüleri nimetler içinde gözünü açan, onunla beslenen, türlü türlü yiyecekler yiyen, çeşit çeşit elbiseler giyinen, değişik değişik binitlere binen ve avurtlarını şişire şişire edebiyat parçalayarak konuşan kimselerdir." (Suyuti, *a.g.e.*, c. 4:155, hadis no: 4860); Gazali, 3/208'de bu hadisi, "Ümmetimin kötüleri, çeşitli

"Yanıbaşında komşusu aç iken doya doya yiyen kişi, gerçek mümin değildir."[33]

Görülen odur ki, İslam Mutfak Kültürü, "yaşamak için yemek" ilkesiyle şekillenmiştir. Sadece zenginlerin konuk edildiği ziyafet sofraları, altın, gümüş kaplarda yemek içmek gibi sofrayı bir amaç hâline getiren uygulamalar Kur'ân'da açık bir dille eleştirilmese de hadislerle kınanmış, önde gelen Müslümanlar asla bu tür uygulamalar yapmamışlardır.

İslam, zengin sofralara ve zengin bir yaşayışa karşı değildir. Bunun gösteriş maksatlı yapılmasına ve zengin bir sınıfın halktan ayrılmasına karşıdır. Bu yüzden yeme içme eylemlerine belli ölçüler çizerek toplum düzenini korumak istemiştir. Özellikle devlet adamlarının büyük imkânlara sahip olmalarına rağmen sade, yoksul denebilecek hayatları kendi rızalarıyla sürmüş olmaları dikkate değerdir.

Resûlullah da (a.s.m.), kendinden önceki peygamberler gibi rızık konusunda daima Allah'a güvenmiş, elindekini hep ikram etmiş, zor zamanlarda kendi rızkı kadar eşlerinin rızkını da yoksullarla paylaşmaktan çekinmemiştir. Ümmetinin aç olduğu yerde asla tok olmamıştır. Hurmayla ilgili şu vaka bunu çok güzel ifade eder:

Resûlullah'a (a.s.m.) misafirler gelir. İkram edilmek üzere Resûlullah'ın kilerinden hurma getirilir. Hurma yenince Resûlullah (a.s.m.) kilerden sorumlu olan Bilal'e tekrar hurma getirmesini söyler. Üç kere hurma ilavesi yapıldıktan sonra Bilal'in, Resûlullah'a kendisi için bir miktar hurma ayırdığını ve başka da hurma kalmadığını iletmesi üzerine cevap olarak Resûlullah *"Allah'a güven ve onları da ikram et"* der.[34]

YEMEĞİ BİRLİKTE Mİ YEMELİ?

Sofra, insanlar arasında bağ kurmaya yarayan önemli sosyal araçlardan biridir. Düğünde, ölümde, tanışmalar ve ayrılıklarda birlikte yenilen birkaç lokmanın insanlar arasındaki duygusal bağı geliştirip yakınlaştırdığı bilimsel olarak da kanıtlanmış bir olgudur. İslam bize mümkün olduğu sürece yalnız yemek yememeyi, birlikte yemenin bereket getirdiğini de öğretmiştir.

---

yemekler yiyip, süslü elbiseleri giymek suretiyle zevk u sefada maksadını güden, çeşitli nimetlerle beslenip bedenlerini şişmanlattıran ve ağzını eğip yaymak suretiyle konuşan kimselerdir" şeklinde aktarmaktadır.
Urve bin Meryem rivayet ediyor: "Allah'tan başka hiçbir ilâh olmadığına, benim de Allah'ın elçisi olduğuma şahitlik eden ümmetimin en hayırlıları iyilik yaptıklarında sevinen, kötülük yaptıklarında Allah'tan bağışlanma dileyenlerdir. Ümmetimin en şerlileri de, nimetler içerisinde doğan, nimetler içerisinde yüzen, tek düşünceleri çeşit çeşit yemekler yemek, türlü türlü elbiseler giymek olan ve konuşurken edebiyat parçalayan kimselerdir."
(Suyuti, a.g.e., 3/461, hadis no: 3974.)

[33] Suyuti, *a.g.e.*, c. 5:360, hadis no: 7583.

[34] Celal Yeniçeri, "Hz. Muhammed, Yaşadığı ve Yön Verdiği Hayat," Marmara Üniversitesi İlahiyat Fakültesi Vakfı Yayınları, İstanbul, 2007.

Bir gün Ashab-ı Kiram, "Yâ Rasûlallah, yiyoruz fakat karnımız doymuyor" diyerek bunun sebebini sormuşlardı. Resûlullah (a.s.m.), *"O hâlde siz ayrı ayrı yiyorsunuz"* buyurdu. Ashabtakiler ise "Evet öyle yapıyoruz" dediler. Bunun üzerine Peygamber Efendimiz, *"Yemeği birlikte yiyin ve besmele çekin ki yemeğiniz bereketli olsun"* dedi.[35]

"Yemeğin hayırlısı" olarak ifade ettiği "kalabalıkla yenilen yemek"[36] hususunda Resûlullah (a.s.m.) kaygıları giderecek bir izahta da bulunmuş ve *"İki kişinin yiyeceği üç kişiye, üç kişinin yiyeceği dört kişiye yeter"*[37] *"Tek kişinin yemeği iki kişiye yeter,*[38] *birlikte yiyin ayrı ayrı yemeyin"*[39] demiştir.[40]

Hz. Ömer'den (r.a.) rivayet edilen bir başka hadiste Efendimiz (a.s.m.), yine birlikte yemenin önemini vurgulamıştır. Ayrıca tek kişinin yemeğinin iki kişiye yeteceğini ifade ettikten sonra ise iki kez "ayrılmayın" demiştir.

Birlikte yemek yemenin önemi şu hadislerde de vurgulanır: *"Şüphesiz bereket cemaattedir."*[41] *Bir arada yemek bereketlidir, mübarektir.*[42]

YEMEĞİ NE KADAR YEMEK GEREKİR?

Birlikte yiyeceğiz ama nasıl ve ne kadar? Bir gün Resûlullah (a.s.m.) göbeği sarkmış, midesi dolu bir adama rastladı. O adamın göbeğini işaret ederek *"Eğer bu fazlalık buradan başka yerde olsa senin için daha hayırlı olurdu"* buyurdu.[43] Buradan da şu çıkıyor ki, şişmanlayacak kadar yemek hoş bir durum değildir.

---

[35] Nevevî, *a.g.e.*, 3/405, 4/227; Ebu Dâvûd, 13/392-393; İbn Mâce, Et'ime 17, (3286).
Benzer bir hadisi İmam Suyuti *Camiu's-Sağir*'de aktarıyor: Vahşi bin Harb rivayet ediyor ki, Resûl-i Ekrem (a.s.m.) şöyle buyuruyor: *"Yemeklerinizi birlikte yiyin ve Allah'ın ismini zikredin ki bereketlensin."* (1/152)

[36] Gazali, *a.g.e.*, 3/14.

[37] Nevevî, *Riyazu's-Et'ime* , 3/404, 4/245; Buhârî, 8/447; Müslim, Eşribe 178, Tirmizî, 2/256; Suyuti, *a.g.e.*, 4/265; Abdulbaki, s. 570.

[38] Sûfi-zâde Seyyid Hulusi, *Mecma'ul Âdâb*, s. 508; Suyuti, *a.g.e.*, 4/264, hadis no: 5255.

[39] Suyuti, *a.g.e.*, 4/265, hadis no: 5257.

[40] Hazırlanan bir yemeğin hazırlandığı kişi sayısının iki katına yeteceğine dair bir üçüncü hadis daha vardır: "Bir kişinin yiyeceği iki kişiye, iki kişinin yiyeceği dört kişiye, dört kişinin yiyeceği de sekiz kişiye yeter" şeklindedir. (*Riyazu's-Salihin*, Ebu Dâvûd, İbn Mâce, vd.) Resûlullah Efendimiz bu hadislerle bir arada yemenin bereketini ve az yemenin sağlık ve faziletini vurgulamak istemiş olmalıdır.

[41] Suyuti, *a.g.e.*, 5/44, hadis no: 6397.

[42] Gazali, *a.g.e.*, 3/14; Sûfi-zâde Seyyid Hulusi, s. 499.
"Bir arada yiyiniz, sizin için bereketli ve mübarek olur." Selmân El-Fârisi rivayet ediyor: "Bereket şu üç şeydedir: toplu hâlde yemek, tirid ve sahur yemeği." (*Suyuti, a.g.e., 3/219, hadis no: 3202*); Yemeği ayrı ayrı değil, birlikte yiyiniz; çünkü bereket toplulukla beraberdir. (*Nevevî, a.g.e., 4/227.*)
İmam Suyuti, şöyle bir hadis bildiriyor, Câbir bin Abdullah'tan: "Allah'a en sevimli olan yemek, başına çok kişinin oturduğu yemektir." (1:172)

[43] Gazali, *a.g.e.*, 3/202.

yaşam biçimi olarak yemek

Resûlullah (a.s.m.) birbiri üstüne yemek yemek ve tok karnına uyumak konusunda da ümmetini uyarmıştır. Bu uyarıda şöyle buyurmuştur: *"Tok karnına yemek, baras (miskinlik) hastalığı getirir"*[44] *"Yediğiniz yemeği namaz ve zikirle eritiniz, sakın tok karına uyumayınız, sonra kalbiniz katılaşır."*[45]

Ayrıca bedence zayıf ve sıhhatli olmanın Allah (c.c.) tarafından da takdir edildiğini *"Sizin Allah'a en sevimli olanınız, az yiyip içen ve bedence hafif olanınızdır"*[46] sözüyle belirtmiştir. Hatta bu konuda ümmetini *"Geyirmeyi azalt, yani az ekmek ye. Zira kıyamette en çok aç kalacaklar, dünyada karnı çok doyanlardır"*[47] diyerek uyarılarındaki ciddiyetini ifade etmiştir.

Doktorların da defalarca dile getirdiği bir hususu da Resûlullah (a.s.m.) binlerce yıl önce ifade etmiştir. Resûlullah (a.s.m.) şöyle der: *"Çok yemek hastalığın anası, diyet ise tedavinin esasıdır. Her cisme alışkın olduğu şeyi iade edin, verin."*[48]

Bu hadiste "her cisme alışkın olduğu şeyi verin" sözü ile kastedilen, gözden kaçmamalıdır. Bizler, var olduğumuz, yaşadığımız, dedelerimizin yaşadığı topraklarda yetişen bitki ve hayvanları beslenmemize aldık. Bunlarla sofralarımızı hazırladık. Alışkın olduğumuz şeyler, kendi toprağımızın meyve sebzesi, yumurtası, eti ve sütüdür.

Bugünün teknolojisiyle bize çok uzak coğrafyalardan getirilen farklı meyve ve sebzeler hatta et ürünleri vücudumuzda kodları olmayan yiyecekler, kim ne kadar sağlıklı olduğunu söylerse söylesin bedenimize yabancıdırlar. Bu yabancılık özellikle genetiği değiştirilmiş besinlerde, margarinler, glikoz şurupları gibi sonradan üretilmiş, aslında doğada var olmayan yiyeceklerde had safhaya çıkar. Ne olduğunu, ne yapacağını bilemediği bu ürünleri bir kenara atan metabolizma, ciddi hastalıklara yakalanır.

Resûlullah'ın (a.s.m.) hadislerinde aktarılan her bir gıdanın organik ve kişinin yaşadığı coğrafyada bulunan, atalarının, dedelerinin de tükettiği besinler olduğu hususuna burada bir kez daha dikkat etmeliyiz. Yeme içmemizin beden sağlığımız kadar, ruh sağlığımızla da doğrudan ilgili olduğunu, sofraların sosyokültürel özelliklerine atıfla izah etmek gerekir.

Resûlullah (a.s.m.), *"Kalplerinizi az gülmek ve az yemekle ihya edin, açlık ile te-*

---

[44] a.g.e., 3/189.
[45] A.g.e., 3/215; Sûfi-zâde Seyyid Hulusi, *a.g.e.*, s. 509.
[46] Suyuti, *a.g.e.*, 1/175, hadis no: 221 [İbn Abbas'tan (r.a.) rivayetle].
[47] Gazali, *a.g.e.*, 3/190; Suyuti, *a.g.e.*, 3/319.
[48] A.g.e., 3/200.

mizleyiniz ki, yumuşasın ve parlasın"⁴⁹ ve *"Kişi yeme içmeyi azalttığında içine nur dolar*"⁵⁰demiş, az yemenin beden kadar ruh için de sağlıklı, huzur verici bir iş olduğunu ifade etmiştir.

Yine Hz. Ali'nin (r.a.) kırk gün et yemenin kalbi katılaştıracağına, kırk gün etten uzak kalmanın ise ahlakı bozacağına dair sözü, yeme içmenin ruhsal boyutunu net ifade eden sözlerdendir.

Resûlullah (a.s.m.) yaşlanmaktan sakınmanın bir yolunu da yine yeme içme üzerinden *"Bir avuç hurma ile de olsa, akşam yemeklerinden vazgeçmeyiniz, zira akşam öğününün ihmali, insanı ihtiyarlatır, bünyeyi yıpratır"*⁵¹ sözüyle göstermiştir. Yine Resûlullah (a.s.m.) *"... akşam yemeğini kesmek ise ihtiyarlığa sebeptir"*⁵² derken, öğünler içinde akşam öğününe sağlık açısından özel bir önem verdiğini ifade etmektedir. Hayatı boyunca asla çok yemek yememiş olan Efendimizin (a.s.m.) az yemekten kastının aç kalmak olmadığını da belirtmek gerekir. Efendimiz *"Ya Rabbi, açlıktan sana sığınırım; o, insanı hareketsiz bırakan ne kötü bir hâldir!"*⁵³ diye dua etmiştir.

Öyle ki o (a.s.m.) kimi günler hiçbir şey yemeden geçirmiş, kimi günlerse tek öğün yemek yemiştir. Yemek yemeden birbiri ardına eklediği oruçlar hususunda ümmet Resûlullah'ı (a.s.m.) taklit ve tekrar etmeye kalktığında ise onları uyarmış ve kendisinin Allah tarafından rızıklandırıldığını, ümmetin ise iftar etmeksizin oruç tutmasının doğru olmadığını söylemiştir. Akşam öğünü kadar önem verdiği bir başka öğün ise Ramazan ayında yenilen 'sahur yemeği'dir. Resûlullah (a.s.m.) sahur yemeğini "mübarek kahvaltı" diye tanımlamıştır.

Resûlullah (a.s.m.) ölçülü yemenin gerekliliğini *"İnsanoğlu midesinden daha tehlikeli bir kab doldurmamıştır"* sözü ile bir kez daha ifade eder.⁵⁴ Ve şunu da ekler: *"Midesini dolduran kimse melekût âlemine yükselmez.*⁵⁵ "Melekût âlemi" ile kasıt, aşkın, olgun, nefsin zaaflarından arınmış, istenilen Müslüman karakte-

---

⁴⁹ A.g.e., 3/194.
⁵⁰ Suyuti, *a.g.e.*, 1/293, hadis no: 469.
⁵¹ Tirmizî, *Sünen-i Tirmizî*, c. 2, Konya Kitapçılık, İstanbul, 2007, ss. 271-272; İbn Mâce, II, 1113.
⁵² Gazali, *a.g.e.*, 3/50.
⁵³ İbn Sa'd, *Kitâbü't-Tabakâti'l-Kebîr Tabakat*, c. I, ss. 408-409; Nesaî, VIII, 263; İbn Mâce, II, 1113.
⁵⁴ Ebu Kerîme Mikdâd İbni Ma'dîkerib'den rivayet edildiğine göre Resûlullah (a.s.m.) şöyle buyurdu: "Hiçbir kişi (bazı kaynaklarda âdemoğlu), midesinden daha tehlikeli (veya kötü) bir kap doldurmamıştır. Oysa İnsana kendini ayakta tutacak bir kaç lokma yeter. Şayet mutlaka çok yiyecekse, midesinin üçte birini yemeğe, üçte birini içeceğe, üçte birini de nefesine ayırmalıdır." (Nevevî, *Riyazu's-Et'ime*, 3/291; Gazali, *a.g.e.*, 3/186; Tirmizî, 2/256, İbn Mâce, Et'ime 50, 3349; Prof. Dr. Davud Aydüz, *Kur'ân-ı Kerîm'de Besinler ve Şifa*, Işık Yayınları, İstanbul, 2013, s. 56; Celal Yeniçeri, *Hz. Peygamber'in Tıbbı ve Tıbbın Fıkhı*, Çamlıca Yayınları, İstanbul, 2013, s. 70; Suyuti, *a.g.e.*, c. 5:502, hadis no: 8117.)
⁵⁵ Gazali, *a.g.e.*, 3/185.

ri olmalıdır. Ki bu, Allah'ın razı olduğu kimsenin karakteridir. *O hâlde midenin üçte birini yemeğe, üçte birini suya, üçte birini de kendine ayır."*[56]

Resûlullah'ın (a.s.m.) torunu, Hz. Hasan'dan[57] rivayet edildiğine göre, *"... az yemek ise ibadetin ta kendisidir"*[58] ve *"... Allah katında en sevimsiz olanınız da çok yiyip, çok içen ve çok uyuyanınızdır"*[59] buyurur. Ayrıca Resûlullah (a.s.m.) miskinliğe ve zevke düşkünlüğe yol açan bu davranışların rahatsız ediciliğini tekrar tekrar vurgulayarak sağlıklı, aynı zamanda ruhsal olarak da güçlü ve çalışkan bir İslam toplumu oluşturmanın temel direklerini elleriyle dikmektedir. Buna binaen şöyle buyurur: *"Çok yiyip içmekle kalplerinizi öldürmeyiniz. Zira kalp bir ekin tarlası gibidir. Fazla su basınca tohumu keser ve çürütür."*[60]

Yemek yedirmek iyiliktir...

Resûlullah'a (a.s.m.) göre yemek yedirmek bir iyiliktir. Bu iyiliğin Allah (c.c.) katında değeri vardır ve dünyada insanlar arasındaki sevgiyi pekiştireceği gibi ahirette de karşılığı alınacak güzel bir sevabın vesilesidir.

Abdullah İbn Amr İbn As'dan (r.a.) rivayet edilen bir hadise göre Resûlullah (a.s.m.), *"Kırk iyilik vardır. Bunların en üstünü, birisine sağıp sütünden faydalanması için ödünç olarak sütlü bir keçi vermektir. Kim, sevabını umarak ve mükâfatını Allah'ın vereceğine inanarak bu kırk hayırdan birini işlerse, Allahu Teâlâ onu bu sebeple cennete koyar"*[61] demiştir.

Sadece yemek yedirmenin değil, birinin yeme içmesine vesile olmanın da çok değerli bir hayır olduğunu belirtmiştir. Yine Ebu Musa'nın aktarımına göre; Allah Resûlü (a.s.m.), *"Esiri esirlikten kurtarın, aç olanı doyurun ve hastayı ziyaret edin"*[62] diyerek aç olan bir kimseyi doyurmayı bir esiri kurtarmakla bir tutmuş, insan hayatı açısından önemini de vurgulamıştır.

Resûlullah'a (a.s.m.) 'Müslüman'ın hangi ameli daha hayırlıdır?' diye soruldu-

---

[56] Gazali, *a.g.e.*, 3/200; Benzeri bir başka hadis aktarımı şöyledir: Ebu Saîd el-Hudrî'den rivayet edildiğine göre Resûlullah (a.s.m.) şöyle buyurmuştur: *"Giyiniz, yiyiniz, içiniz fakat midenizi yarıya kadar doldurunuz. Zira az yemek nübüvvetten bir cüzdür" (Gazali, a.g.e., 3/185);* "Mümin bir kaptan yer, karnını doyurur. Münafık yedi kaptan yer" (Gazali, *a.g.e.*, 3/189); Tirmizî, 2/254; Abdulbaki, *a.g.e.*, s. 571.
[57] Adı geçen Hasan'ın kim olduğu tam olarak belirtilmemiş ama Resûlullah'ın (a.s.m.) torunu Hasan olabilme ihtimali yüksektir.
[58] Gazali, *a.g.e.*, 3/185.
[59] A.g.e., 3/185.
[60] A.g.e., 3/186.
[61] Nevevî, *a.g.e.*, 3/371.
[62] Buhârî, *Sahih-i Buhârî*, c. 8, Sağlam Yayınevi, İstanbul, 2009, ss. 433-434.

ğunda ise, kendisinin verdiği cevap şu olmuştur: *"Tanıdık tanımadık herkese yemek yedirmen ve selam vermendir."*⁶³

'Amelin hayırlısı' hakkında cennete kavuşmayı arzu eden bir ümmetin sık sık sorularına maruz kalan Resûlullah (a.s.m.) özellikle belli hususlara değinmiş, iyiliği tavsiye ederken yemeği de ihmal etmemiştir. Enes'ten (r.a.) şöyle bir rivayet vardır:

> Peygamber Efendimiz (a.s.m.) şöyle buyurdu:
> *"Üç grup insan vardır ki Arşın gölgesinden başka hiçbir gölgenin bulunmadığı kıyamet gününde arşın gölgesinde barınacaklardır. Bunlar: (1) Akrabalarına iyilik yapan kimse. Bu onun hem rızkını arttırır hem de ömrünü uzatır. (2) Kocası ölüp arkada küçük yetimler bıraktığı hâlde 'Evlenmeyeceğim. Çocuklarım ölünceye veya Allah onları bana ihtiyaç bıraktırmayacak yaşa getirinceye kadar yetimlerimin başında duracağım' diyen kadın. (3) Bir yemek yapıp misafir çağıran ve yetime, fakire sadece aziz ve celil olan Allah rızası için güzelce yemek yedirerek onların duasını alan kimse."*⁶⁴

Komşu hakkı ve yemek

Yemek konusunda titiz davranan Peygamber Efendimiz (a.s.m.) Ebu Muaviye bin Hayde rivayetiyle aktarılan komşuluk hakkı konulu hadisinde, yemeğin kokusunun evden çıkmasına değinerek şu sözleri de söylemiştir: *"Komşu hakkı, (...) komşuna göndermeyeceksen, yaptığın yemeğin kokusuyla ona sıkıntı vermemendir."*⁶⁵

Yine İslam'da adı çokça zikredilen sahabilerinden biri olan Ebu Zerr'e (r.a.) Resûlullah'ın (a.s.m.) bu konuda bir tavsiyesi olmuştur: *"Ey Ebu Zerr! Çorba pişirdiğin zaman suyunu çok koy ve komşularını gözet."*⁶⁶

Komşu hakkını ve insanların birbiriyle dayanışmasını önemseyen Resûlullah (a.s.m.), ümmetine birbirine hediye vermeyi tavsiye etmiş, yemeği bir hediye olarak önermiştir. İbni Abbas (r.a.) rivayet ediyor: *"Birbirinize yemek götürmekle hediyeleşiniz. Çünkü bu rızıklarınızda genişlik sağlar."*⁶⁷ Böylece insanlar arasında iyilik bağları kurularak toplumun huzur içinde yaşaması amaçlanmıştır.

Resûlullah (a.s.m.), evin işlerini idare eden kadınlara ayrı ve özel bir dille ses-

---

⁶³ Nevevî, *a.g.e.*, 3/369; Tirmizî, *Sünen-i Tirmizî*, c. 2, Konya Kitapçılık, İstanbul, 2007, s. 271. Benzer bir hadis İmam Suyuti tarafından şu şekilde aktarılmaktadır: Suheyb'den rivayetle: "En hayırlınız yemek yediren ve verilen selâmı alandır." *(İmam Suyuti, 3/496, hadis no: 4103.*

⁶⁴ Suyuti, *a.g.e.*, 3/318, hadis no: 3501.

⁶⁵ A.g.e., 3/393, hadis no: 3741.

⁶⁶ Nevevî, *a.g.e.*, 2/396; Başka bir hadiste Resûlullah (a.s.m.) şöyle buyurmuştur: "Çorba pişirdiğin zaman suyunu çok koy. Sonra da komşularını gözden geçir ve gerekli gördüklerine güzel bir şekilde sun." *(Nevevî, a.g.e., 2/396.)*

⁶⁷ Suyuti, *a.g.e.*, 3/272, hadis no: 3376.

lenerek *"Ey Müslüman kadınlar! Komşu hanımlar birbiriyle hediyeleşmeyi küçümsemesin. Alıp verdikleri şey bir koyun paçası bile olsa"*[68] demiş ve sosyal birliğin temel ögesi aileleri, kadınlar ve yemek eliyle birbirine yaklaştırarak ümmet bilincini geliştirmede önemli bir adım daha atmıştır.

Amcasının oğlu Cafer'in (r.a.) şehadetinden sonra aile fertlerinin üzüntülü olduğunu bilen Resûlullah (a.s.m.), evde yemek pişiremeyeceklerini düşünmüş ve *"Muhakkak ki Cafer'in ölümü, çoluk çocuğunu yemek pişirmekten alıkoymuştur. Onlara yiyecek götürün"*[69] demiştir. Ümmetinin her hâlini önemseyen ve özen gösteren Resûlullah'ın (a.s.m.) bu tavrı sıkça rastladığımız inceliklerinden biridir. Ve bu geleneği biz de hâlen sürdürmekteyiz. Cenaze evine kaç gün yemek gitmesi gerektiği ile ilgili herhangi bir bilgi hadislerde mevcut değildir. Fakat üzüntünün ölçüsü ve aile ferdlerinin fiziksel ve ruhsal durumlarının bunu belirlediğini hadisten çıkarmak mümkündür.

Kendisine rızık olarak verilenleri gösteriş için harcayıp bunu yalnızca zengin ve Cahiliye âdetlerine göre soylu kimselerle paylaşmak, ayet ve hadislerle tasvip edilmeyen, reddedilen bir davranış olduğu kadar, rızkını sımsıkı tutarak kimseyle paylaşmayanların durumu da kınanmıştır. İbni Ömer'den şöyle bir rivayet bulunur: *"Cömert kişinin yemeği şifadır. Cimrinin yemeği ise hastalıktır."*[70]

Resûlullah (a.s.m.), israfa ve böbürlenmeye kaçmadan yiyip içmeyi, yine gösterişe ve aşırılığa kaçmadan sadaka vermeyi, giyinmeyi[71] özellikle sınır bildirme manasında tavsiye etmiş, paylaşmanın, birlikte yeme içmenin de ana hatlarını böylelikle ifade etmiştir. Ayrıca Peygamber Efendimiz *"Her canının çektiği şeyi yemen israftandır"*[72] diyerek israfın ne olduğu konusunda bildiklerimize yeni birşey daha eklemiştir.

---

[68] Nevevî, *a.g.e.*, 2/399.

[69] Gazali, *a.g.e.*, 3/51; Suyuti, *a.g.e.*, 1/533.

[70] Suyuti, *a.g.e.*, 4/265, hadis no: 5258.

[71] A.g.e., 5/46, hadis no: 64.

[72] A.g.e., 2/526, hadis no: 2462.

İkinci Bölüm

Beslenmede İslamiyet Öncesi ve Sonrası

*Yiyecekler ve yiyecek yapımında kullanılan
bitki ve hayvanlar*

BÜYÜK BİR COĞRAFYAYA YAYILAN İslam Mutfak Kültürü'nü tek bir başlık altında incelemek mümkün değildir. Bütün bir İslam coğrafyasının İslamlaşmadan önceki ve sonraki dönemlerinde beslenme kültürlerine göz attığımızda, belli yiyecek içeceklerden vazgeçildiğini, birtakım yeme içme uygulamalarının mütevazı bir evrim geçirdiğini söyleyebiliriz. Mesela; genel anlamda 'Cahiliye Dönemi' olarak adlandırılan İslam öncesi dönemde serbest olan şarap gibi kimi yiyecek ve içeceklerin İslam'ın gelişiyle kademeli olarak ortadan kalktığı görülmektedir.

İslam coğrafyasını, Resûlullah'ın (a.s.m.) yaşadığı yer ile sınırlandırarak devam etmek gerekirse, Arap Yarımadası ve Mekke-Medine özelinde incelediğimizde yemeklerin, Abbasiler döneminde kendini geliştirerek bugüne kadar uzanan birer hikâyesi olduğunu, Kur'ân-ı Kerim'in bildirdiği kurallara göre şekillenen, Arap İslam Mutfağı'nın eski dönemdeki beslenme alışkanlıklarını doğal koşulların da bir gereği olarak sürdürdüğü görülmektedir.

Doğrudan Arap Yarımadası beslenme kültürüne dair bir kaynağa rastlamak mümkün olmasa da, tarihî gelişimini Ortadoğu üzerinden izleyebildiğimiz Arap Mutfak Kültürü'nün kökenlerine bakıldığında buğday, arpa, çavdar, pirinç gibi tahılları, irice öğütülmüş hâllerini, bizim mutfak dilimizle yarma, dövme vb. tahıl türevlerini, elenmiş ve elenmemiş, ayrıca az miktarda elenmiş olmak üzere üç farklı biçimde unu ve bulguru kullandıklarını görmek mümkündür.

Eski çağlarda baharatlara ulaşmak ve satın almak halk için pek mümkün olmasa da, soylu kabul edilen üst sınıf baharatlara ulaşmış ve bunları yemeklerinde de kullanmışlardır. Mekke'nin eskiden beri bir dinî merkez olduğu düşünülürse, buraya gelen ticaret kervanlarının farklı farklı yiyecek ve baharatları da getirmiş olduğu rahatlıkla görülebilir. Bu durum, İslam döneminde feth edilen topraklar genişledikçe değişmiş, ticaret yayılmış ve halkın beslenmesine de baharatlar girmiş olmalıdır.

Arapların sıklıkla tercih ettikleri baharatların keskin, damağa dokunur cinsten kakule, karanfil, tarçın gibi baharatlar olduğu Arap Mutfağı'ndaki yemeklerden anlaşılmaktadır. Kur'ân'da adı geçen kudret helvasını da mutfak kültürlerine katmışlar, doğadan topladıkları yeşilliklerle sofralarını süslemeleri ise Resûlullah (a.s.m.) tarafından tavsiye edilmiştir. Çölde çok bitki bulunmayacağı kanaatini bir kenara bırakarak, İslam Mutfağı'nın genişliğini hesaba katmakta fayda vardır. Muhakkak ki Arap Yarımadası'nın insanları İslam coğrafyası büyüdükçe, bu yeni toprakların halklarıyla ticari ilişkilerini de geliştirmişlerdir.

İslam öncesinden bu yana eti yenen en önemli hayvanlar develer ve küçükbaş hayvanlardır. Yerleşik olmayan bedevi Arapların o günlerde et, hurma ve ekmek ağırlıklı beslendikleri ve bu hayvanların sütlerinden de faydalandıkları bilinmektedir. Hadislerde de birtakım peynirlerin, yoğurtların ve et kurutmalarının adı geçmektedir. Genellikle bu süt ürünlerinin koyun ve keçiden elde edildiğini görüyoruz.

Arabistan'da pancar, kabak, hıyar, pırasa, soğan, sarımsak, zeytin, palmiye kalbi, bakla, limon, muz, nar, hurma ve üzüm bulunmakta, bunlar yemeklerde de kullanılmaktadır. Yağ olarak ise; tereyağı, iç ve kuyruk yağları ile susam yağı, az miktarda da olsa zeytinyağı yemeklerin yapımında kullanılmıştır.

HAYVANLARDAN FAYDALANMAK

Rabbimiz birçok ayette, hayvanların bir nimet olduğundan ve faydalanmamız için yaratıldıklarından bahsetmektedir:

"Ve hayvanları da yarattı; sizin için onlarda ısınma ve yararlar vardır ve onlardan yemektesiniz. Akşamları getirir, sabahları götürürken onlarda sizin için bir güzellik vardır. Kendisine ulaşmadan canlarınızın yarısının telef olacağı şehirlere onlar, ağırlıklarınızı taşımaktadırlar. Şüphesiz sizin Rabbiniz şefkatli ve merhametlidir. Onlara binmeniz ve süs için atları, katırları ve merkepleri (yarattı). Ve daha sizlerin bilmediğiniz neleri yaratmaktadır?"[73]

"Ellerimizin yaptıklarından kendileri için nice hayvanları yarattığımızı görmü-

---

[73] Nahl sûresi, 16:5-8.

yiyecekler ve yiyecek yapımında kullanılan bitki ve hayvanlar

yorlar mı? Böylece bunlara malik oluyorlar. Biz onlara kendileri için boyun eğdirdik; işte bir kısmı binekleridir, bir kısmını(n da etini) yiyorlar. Onlarda kendileri için daha nice yararlar ve içecekler vardır. Yine de şükretmeyecekler mi?"[74]

"Allah O'dur ki, kimine binmeniz, kiminden yemeniz için size (bir yarar olmak üzere) davarları var etti. Onlarda sizin için yararlar vardır. Onların üstünde göğüslerinizde olan bir hacete (ihtiyaca ve arzuya) ulaşırsınız; onların ve gemilerin üstünde taşınırsınız."[75]

Resûlullah'ın (a.s.m.) birbirinden farklı birçok hayvanın etini tüketmiş olduğuna dair aktarımlar vardır. İleride yemeklerini de ekleyerek, tarifleriyle beraber ele alacağımız bu etlerin tüketiminde yine Resûlullah (a.s.m.) Kur'ân-ı Kerîm'de yer alan emirlere ve mütevazılık çizgisine özen göstermiştir. Hayvanların Cahiliye Dönemi'ndeki gibi eziyetle öldürülmesi, canlı hâlde iken etlerinin kesilmesi açık bir şekilde yasaklanmış ve bunlar murdar kabul edilmiştir. Buna dair şu hadisi burada anmak uygundur.

Ebu Ya'lâ Şeddad İbn Evs'den rivayet edildiğine göre:

"Resûlullah (a.s.m.) şöyle buyurdu: *'Allahu Teâlâ her varlığa iyi davranılmasını emretmiştir. Öyleyse canlı bir varlığı öldürmeniz gerektiğinde, bu işi can yakmayacak şekilde yapın. Bir hayvanı boğazlayacağınız zaman, ona eziyet vermeyecek güzel bir şekilde kesin. Bu işi yapacak olan kimse bıçağını iyice bilesin, hayvana acı çektirmesin.*[76]

İslam öncesi dönemde hayvanların etlerinin canlı oldukları hâlde kesilip pişirildiği, örneğin bir devenin budundan bir parçanın kesilip yemek yapıldığı ama hayvanın canlı kaldığı görülebilen bir uygulamaydı. Resûlullah (a.s.m.) bunu da kesinlikle yasaklamış ve yaşayan hayvanların parçalarının yenmesinden Müslümanları men etmiştir.

Hayvanı keserken dahi dikkatli davranarak acı çekmesine izin verilmemesini öğütleyen Resûlullah (a.s.m.), yalnızca kaçan bir hayvanın ok ile vurularak öldürmenin uygun olduğunu söylemiş, bunun dışında hiçbir hayvanın bu şekilde öldürülmemesini nasihat etmiştir.[77]

Yenmesi haram olan etler

Ayetler ve hadislerle domuz gibi bazı hayvanların yenmesi yasaklanmıştır. Bu-

---

[74] Yâsîn sûresi, 36:71-73.
[75] Mü'min sûresi, 40:79-80.
[76] Nevevî, *a.g.e.*, 3/583; Müslim, Sahih-i Müslim, c. 6, İrfan Yayıncılık, İstanbul, 2003, s. 168
[77] Abdulbaki, s. 552.

resûlullah'ın (a.s.m.) sofrası

nunla beraber, sağlıklı ve hayatta iken helal olan kimi hayvanların, ölü olarak bulunduğunda, üzerine Allah'ın (c.c.) adı anılarak kesilmeden öldüğünde, bulaşıcı hastalık taşıyabilmesi mümkün olduğu durumlarda da eti haram sayılır.

"O, size ölüyü (leşi), kanı, domuz etini ve Allah'tan başkası adına kesilmiş olan (hayvan)ı kesin olarak haram kıldı. Fakat kim kaçınılmaz olarak muhtaç kalırsa, taşkınlık yapmamak ve haddi aşmamak şartıyla (ölmeyecek oranda yiyebilir), ona bir günah yoktur. Gerçekten Allah, bağışlayandır, esirgeyendir."[78]

Haram kılınan etlerle ilgili diğer ayetler şunlardır:

"Leş, kan, domuz eti, Allah'tan başkasının adı anılarak kesilen; boğulmuş, vurulmuş, yukardan düşmüş, boynuzlanmış, canavar yırtmış olup da canlı iken kesmedikleriniz; dikili taşlar (putlar) üzerine boğazlanan hayvanlar ve fal oklarıyla kısmet (şans) aramanız size haram kılındı. Bunların hepsi doğru yoldan çıkmaktır. Bugün kâfirler, dininize karşı ümitsizliğe düşmüşlerdir. Onlardan korkmayın, benden korkun. Bugün dininizi kemale erdirdim, size nimetimi tamamladım. Size din olarak İslamı beğendim. Kim açlıktan daralır, günaha istekle yönelmeden bunlardan yemek zorunda kalırsa, ona günah yoktur. Çünkü Allah bağışlayan, merhamet edendir."[79]

"De ki: 'Bana vahyolunanda, (bu haram dediklerinizi) yiyen kimse için haram edilmiş bir şey bulamıyorum. Ancak leş veya akıtılmış kan, yahut domuz eti—ki bu gerçekten pistir—yahut Allah'tan başkası adına kesilmiş bir hayvan olursa, bunlar haramdır. Ama kim çaresiz kalırsa, (başkasının hakkına) tecavüz etmemek ve zaruret sınırını aşmamak üzere (bunlardan yiyebilir). Çünkü Rabbin çok bağışlayandır, merhamet edendir.'"[80]

"O size ancak ölü hayvanı, kanı, domuz etini ve Allah'tan başkası adına kesilenleri haram kıldı. Her kim bu haram şeyleri yemeye mecbur kalırsa (başkasının hakkına) saldırmadan ve aşırı gitmeden yiyebilir. Şüphesiz Allah, çok bağışlayıcıdır, çok merhametlidir."[81]

Bu haramlara ilave olarak Resûlullah'ın (a.s.m.) bağlanıp hedef yapılarak üzerine ok atılan hayvanların etlerinin yenmesini yasakladığını görüyoruz. Ayrıca hayvanlara eziyet edilmemesini emreden ayetler doğrultusunda hayvanları hedef yapıp ok atmayı da Hz. Ebu'd Derda'dan rivayet edilen bir hadisle yasaklamış olduğunu öğreniyoruz: "Resûlullah (a.s.m.) bağlanarak sinip büzülen ve yapılacak atışlara hedef yapılan hayvanın etinden yemeyi yasakladı."[82]

---

[78] Bakara sûresi, 2:173.
[79] Mâide sûresi, 5:3.
[80] En'âm sûresi, 6:145.
[81] Nahl sûresi, 16:115.
[82] İmam Tirmizî, 2/89.

yiyecekler ve yiyecek yapımında kullanılan bitki ve hayvanlar

Konuyla ilgili birçok hadis aktarılabilir fakat doğrudan yeme içme işiyle ilgili olmadığı için burada vermeyi uygun görmedik. Ancak yine de merhamet ve rahmet dini olan İslam'ın hayvan haklarını gözettiği ve Resûlullah'ın (a.s.m.) da bu doğrultuda emir ve direktifler verdiği, yasaklar koyduğu ortadadır. Rabbimizin buyurduğu üzere, hayvanlar "bizim gibi birer ümmettirler ve kıyamet günü toplanacaklardır." Bu yüzden haklarına riayet edilmesi şarttır.

Yenmesi haram olan etler arasında et yiyen, leş yiyen yırtıcı hayvanlar da vardır. Ebu Sa'lebe el-Huşenî şöyle diyor: "Allah Resûlü (a.s.m.) azı dişli yırtıcı hayvanların hepsinin etini yemekten yasakladı."[83]

Toplumların yaşayış ve alışkanlıklarıyla biçimlenen yeme içme konusunda da mezheplere göre haram-helal anlayışları değişmektedir. Örneğin çekirgenin yenmesine dair bir yasaklama olmadığı inancı gelişmiş fakat arı, sinek vb. gibi böceklerin yenmesi haram kabul edilmiştir.[84]

Yine yılan, fare gibi hayvan etleri haram sayılır. Eşek etinin haram olduğu kanısı yaygınken eşeğe benzeyen (zebra gibi) av hayvanlarının yenmesi hakkında olumsuz görüş yoktur. Diğer yırtıcı olmayan av hayvanlarının da helal olduğu kanısı yaygındır. At eti konusunda imamlar arasında ciddi ihtilaflar vardır. Bunun yanı sıra, evcil ya da yabani bütün yırtıcı hayvanların yenmesinin ise haram olduğu kabul edilmiştir. Sadece tilki ve sırtlan bazı imamlara göre haram değildir. Kuşlar konusunda da benzeri uygulamalardan bahsedilebilir. Yırtıcı olanlar haram, yırtıcı olmayanlar helal gibi...[85]

İbni Abbas (r.a.) şöyle der: "Resûlullah azı dişli olan her yırtıcı hayvandan, pençeli olan her yırtıcı kuştan nehy etti."[86] Bu yırtıcıların dışında evcil olan eşeklerin de yenmesinin yasaklandığını görüyoruz.

Ali bin Ebu Talib (r.a.) da şöyle demiştir: "Allah Resûlü (a.s.m.) ... evcil eşeklerin etlerini yemekten yasakladı."[87] Yasaklama nedeninin vahşi ve leş yiyicilik olup

---

[83] Ebu Hureyre'den rivayet edildiğine göre Resûlullah (a.s.m.), "Her türlü yırtıcı hayvanın etinin yenmesini haram kılmıştır." *(İmam Müslim Sayd 3; İbn Mâce, Zebâih:13; Tirmizî, 2/91.)* Müslim, 6/142, 143-145; Tirmizî, 2/91.

[84] İbn Mâce, Sayd 9, Et'ime 31; Ahmed bin Hanbel, II, 97, Ebu Dâvûd, "Yiyecekler Bölümü", 13/426-429.

[85] Ömer Nasuhi Bilmen, *Büyük İslâm İlmihali*, ss. 416-417; Ebu Dâvûd, 13/426-429.

[86] Benzer bir hadis *Sünen-i Tirmizî*'de İrbad bin Sâriye'nin babasından rivayetle aktarılmıştır. "Resûlullah (a.s.m.) Hayber günü yırtıcı hayvanları, pençeli kuşları, evcil eşek etlerini, hedef yapılarak ve bağlanarak öldürülen hayvanı yemeyi, kurt ve yırtıcı hayvanın ağzından kurtarılarak kesilmeden ölen hayvanı yemeyi yasakladı." *(Tirmizî, 2/89.)*
Müslim, 6/142, 143, 144, 145. Et'ime ve Müslim'in ittifak ettiği hadisler, ss. 748, hadis no:1260.

[87] Benzer bir hadis Ebu Sa'lebe'den aktarılmıştır: Ebu Sa'lebe el-Huşeni şöyle dedi: "Allah Resûlü (a.s.m.) evcil eşeklerin etlerini haram kıldı." *(Müslim, c. 6, s. 150; Et'ime ve Müslim'in ittifak ettiği hadisler, ss. 750-751, hadis no: 1262-1263-1264.)*
Aynı konudaki bir benzer hadiste sarımsak adı da geçmektedir: Abdullah bin Ömer şöyle dedi: "Allah Resûlü (a.s.m.) Hayber günü sarımsak yemekten ve evcil eşeklerin etlerini yasakladı." *(Müslim, 6/151; Et'ime ve Müslim'in ittifak ettiği hadisler, s. 750-751, hadis no: 1262-1263-1264.)*

olmadığı sorusunun cevabını yine Resûlullah'tan (a.s.m.) öğrenmek adına, kendisine dair şu anıyı aktarmak uygundur.

>Gâlib b. Ebcer'den rivayet olunmuştur:
>"Dedi ki: Bize bir kıtlık (yılı) gelmişti. (Elimde bulunan) malın içerisinde (ehil) eşeklerden başka aileme yedirebileceğim bir şey yoktu. Resûlullah (a.s.m.) da ehil eşek etlerini yasakladı.
>Peygambere (a.s.m.) varıp, 'Ey Allah'ın Resûlü, bize bir kıtlık (yılı) gelip çattı. Benim malım içerisinde semiz eşeklerden başka aile halkına yedirebileceğim bir şey yok; sen ise ehli eşek etini yasaklamış bulunuyorsun' diye şikâyette bulundum.
>Allah Resûlü, *'Sen aile halkına semiz eşeklerden yedir. Çünkü ben onları sadece pislik yiyen hayvanlar oldukları için yasaklamıştım'* buyurdu."[88]

Demek ki bütün bu hayvanların ortak özelliği beslenme biçimlerinin sağlıksız oluşudur. Vahşi ya da evcil olmalarından ziyade ne yedikleri ve ne içtikleri haram mı, helal mi olduklarını belirlemektedir. Eşek, pençeli kuşlar ve diğer vahşi hayvanlar bolca mikrop barındıran şeylerle beslenmektedirler ve bu insan sağlığına zararlıdır. Resûlullah (a.s.m.) bu zararın üst boyutta olduğunu düşünmüş olmalıdır. Nitekim basit bir gündelik bilgiyle biz, yediği bir ot nedeniyle sütü kekik kokan hayvanlardan da haberdarız. Her canlı yediği şeyden, yaşamı için gerekli besin ögeleri kadar, kendisine büyük zararlar verebilecek birtakım mikroorganizmaları da alır. Vahşi hayvanların bu mikroorganizmalara dayanıklı olması bizim de aynı oranda dayanıklı olacağımızı göstermez. Çağımızın hastalıklarından biri olan ve kuşlara hiçbir zarar vermediği hâlde insanları öldüren kuş gribi bunun basit bir örneğidir.

Yukarıdaki evcil eşeklerle ilgili hadisten öğrendiğimiz bir başka bilgi ise kıtlık hâllerinde bu emir ve yasakların esnetilebildiğidir. Zaten 'ölmeyecek kadar' yenme izni ayetle verilmiş bir izindir. Resûlullah (a.s.m.) da bunu uygulamış, kıtlık hâllerinde insanlara izin vermiştir.

Hayber'in fethinden sonra yaşanan bir başka evcil eşek pişirme hadisesi daha vardır. Hayber Savaşı sırasında üç gün süren büyük açlık yaşandı. Fetihten sonra Eslem kabilesindeki gaziler evcil eşekleri keserek pişirdiler.[89]

>Seleme İbni Ekva şöyle rivayet eder:
>"Allah Resûlü (a.s.m.) Hayber Savaşı'nda yakılmış ateşler gördü. *'Bu ateşleı amaçla yakıyorsunuz?'* diye sordu.

---

[88] İmam Müslim, 6/150; Et'ime ve Müslim'in ittifak ettiği hadisler, ss. 750-751, hadis no: 1262-1264. Ebu Dâvûd, 13/437-438.
[89] Ağırman, *Hz. Adem'den Hz. Muhammed'e İslam Medeniyetine Etki Eden Doğal Afetler*, Atatürk Üniversitesi Sosyal Bilimler Enstitüsü İslam Tarihi ve Sanatları Ana Bilim Dalı Yüksek Lisans Tezi, Erzurum, 2014, s. 53.

yiyecekler ve yiyecek yapımında kullanılan bitki ve hayvanlar

Sahabeler: 'Evcil eşeklerin etlerini pişirmek için yakıyoruz' dediler. Allah Resûlü (a.s.m.), *'O etleri dökün, kapları da kırın'* buyurdu. Sahabeler de, 'Etleri döksek de kapları yıkasak olmaz mı?' dediler. Bunun üzerine Allah Resûlü (a.s.m.), *'Öyleyse kapları yıkayın'* buyurdu."[90]

Hayber Savaşı sırasında yaşanan geçici yemek bulamama hâlinden sonra çok acıkan mücahidlerin eşekleri pişirmiş olması bir kıtlık belirtisi olarak görülmemelidir. Şüphesiz çok acıkan ve çok yorulan mücahidler gördükleri ilk hayvanı pişirme eğilimi göstermişlerdir. Burada evcil eşek etini yemeyi gerektirecek herhangi bir durum söz konusu olmadığı için Resûlullah (a.s.m.) derhâl pişmekte olan etlerin dökülmesini emretmiştir.

Hangi hayvan kesilebilir?

Resûlullah (a.s.m.) özellikle kurban bahsinde kesilecek hayvanların niteliklerini belirten sözler söylemiştir. Bu gibi özel zamanların dışında bir yaşından küçük hayvanların kesilmesi uygun değildir. Hatta, Zeyd b. Halid el-Cühenî demiştir ki: "Resûlullah (a.s.m.) ashabı arasında kurbanlıkları taksim etti. Bana da bir yaşını bitirmiş bir keçi yavrusu verdi. Kısa bir süre sonra keçi yavrusunu alıp Hz. Peygamberin yanına vardım ve kendisine: '(Ey Allah'ın Resûlü) bu (daha) yavrudur' dedim. O da şöyle dedi: *'Sen de onu kurban et!'* buyurdu. Bunun üzerine onu kurban ettim."[91]

Bu gibi bazı hadislerdeki ifadelerden, bir yaşında olan bir hayvanın da zorunluluk hâlinde kesilebileceği, eğer daha büyük hayvanlar var ise bunların kesilmesi gerektiği sonucu da çıkartılabilir. Benzeri bir anlatım Ukbe bin Âmir'den rivayetle aktarılmaktadır.[92] Tekrarlamakta fayda vardır ki, bütün bu hadisler kurban ibadetine dair hadislerdir. Câbir'den rivayetle: "Resûlullah (a.s.m.) buyurur: *'Bir yıllık hayvandan başkasını kesmeyiniz. Ancak (böylesini bulmak) size güç gelirse, o başka. Bu durumda (altı aylık) bir koyun yavrusu kesiverin.'*"[93] Buradan anlaşılacağı gibi Resûlullah (a.s.m.) çok nadir de olsa küçük hayvanların zorunluluk hâllerinde kesilmesine izin vermiştir.

---

[90] Müslim, 6/151-154; Et'ime ve Müslim'in ittifak ettiği hadisler, s. 752, hadis no: 1268.
[91] Yukarıda verilen bu hadis Tirmizî'nin *Sünen-i Tirmizî* adlı eserinde Ukbe bin Âmir'den rivayetle "Resûlullah (a.s.m.) kendi keseceği kurbanlık hayvanları ashabı arasında dağıttı, geriye bir oğlak kalmıştı ki Ukbe bunu Resûlullah'a (a.s.m.) hatırlatmıştı. Resûlullah da (a.s.m.) *'Onu da sen kendin için kurban et'* buyurdular." Burada bahsedilen oğlağın yedi ayı geçmiş olan bir hayvan olduğu İmam Tirmizî tarafından bildiriliyor.
[92] Buhârî, 8/552-553; Müslim, 6/178-179; Ahmed bin Hanbel, 4/149, 5/194; Ebu Dâvûd, 10/476-477
[93] Müslim, 6/178; Ebu Dâvûd, 10/474-475.

Kesilecek hayvanın diğer nitelikleri

Hangi hayvanların kurban edileceği ile hangi hayvanların yenebileceği birbirinden biraz farklı konulardır. Kurban edilecek hayvanların zekâtı verilebilecek bir mal değerinde olması gerekmektedir. Uzmanlar Kur'ân-ı Kerim'de belirtilen "sekiz çift"[94] hayvanın, koyun ve keçi, sığır, deve olduğunu düşünmektedirler.

Yabani hayvanlar bakım, beslenme gibi masraflara neden olmadığından ve canlı olarak da bir ticari mal olmadığından, zekâtı bulunmaz ve kurban sayılamazlar.[95]

Buna göre coğrafi özellikler göz önüne alınarak şu hayvanların kurban sayılabileceği hususunda büyük ölçüde ittifak vardır: Geviş getiren hayvanlar, deve, deveye benzer lama vb., çift tırnaklı çatalsız boynuzlular, dünyanın değişik bölgelerindeki sığırgiller familyasından hayvanlar...[96]

Hayvanların genel niteliklerinden sonra, gebe ve sütten kesilmemiş hayvanların, yani yavrusu olan hayvanların kesilmemesi konusunda ve develerin sayısı azalmaya başladığında halkın sığır kurban etmeye yönlendirildiği hususunda hadisler bulunmaktadır.[97]

Hz. Ebu Bekir (r.a.) anlatıyor:

"Resûlullah (a.s.m.) bana ve Ömer'e buyurdular: *'Bizimle birlikte el-Vâkıfî'ye gelin.'* Biz de ay ışığında gittik, bahçeye kadar ulaştık. Bize 'Merhaba, hoşgeldiniz' dediler. Sonra bıçağı alarak davar sürüsünün içerisinde dolaştı. Aleyhissalâtu vesselam (bu esnada): *'Sağmal olandan sakın!'* veya *'Süt sahibi olandan'* dedi."[98]

Ebu Dâvûd ve birçok hadis âliminden aktarıldığına göre şu dört hayvan kurban edilemez: (1) Bir gözünün kör ya da şaşı oluşu açıkça belli olan, (2) hastalığı açıkça belli olan, (3) ayağı kırık, topal, yürümeye dermanı olmayan, (4) zayıflığından dolayı dermanı kalmamış arık hayvan.[99]

Hz. Bera'dan aktarılan başka bir hadiste şu olay anlatılmaktadır:

> "Hz. Peygamber (a.s.m.) Kurban Bayramı günü namazdan sonra, bize bir hutbe irad ederek, *'Kim bizim namazımızı kılar ve kurbanımızı keserse (bizim sünnetimize uygun olan bir) amel işlemiş olur. Kim de kurbanı namazdan önce keserse (kesilen) bu (kurbanlık âlisine ziyafet için kesilmiş bir) et koyunu olur'* buyurdu.
>
> Bunun üzerine Ebu Bürde b. Niyar kalktı: 'Ey Allah'ın Resûlü vallahi ben bu günün yeme, içme günü olduğunu düşünerek Kurbanı namaza çıkmadan önce

---

[94] Zümer sûresi, 39:6; En'âm sûresi, 6:143.
[95] Yeniçeri, *a.g.e.*, 2009, ss. 28-29.
[96] A.g.e., ss.30-32.
[97] A.g.e., ss. 90,91.
[98] Kütüb-ü Sitte, hadis no: 6902.
[99] İbn Kayyim, *a.g.e.*, c. 2, s. 321.

kestim ve acele edip yedim, aileme ve komşularıma da yedirdim' dedi. Resûlullah (a.s.m.) da *'Bu et koyunudur'* buyurdu. Bunun üzerine (Ebu Bürde tekrar kalktı ve): 'Ben de bir yaşını doldurmamış (fakat semiz olması ve etinin lezizliği bakımından iki et koyunundan) daha hayırlı bir oğlak var (kurban edebilmem için bu oğlak) bana yeter mi?' diye sordu. Fahr-i Kâinat Efendimiz de *'Evet senden başka bir kimse için (böyle bir oğlağı kurban etmek) asla yeterli olamaz'* buyurdu."[100]

Hadisten de anlaşılacağı üzere kurban ancak bayram namazından sonra kesilir. Bir keçi yavrusunun bir koyunundan daha hayırlı görülmemesi, etinin kıymetli olmasına rağmen yavru oluşundan ileri geliyor olmalıdır. Bu da daha önce dile getirilen hayvanı belli bir yaştan önce kesmeme ile örtüşen bir bilgidir.

Kurban edilecek hayvanın kesilmesi hakkında, "insani mi, vicdani mi" diye defalarca tartışılmıştır. Hayvanların acı çekmeden kurban edilebilmesinin bir yolu olup olmadığına dair yapılan araştırmalar, kesilecek hayvanın daha önceden bayıltılmasında hiçbir sakınca olmadığı sonucuna ulaşmıştır.

Bu konuda T.C. Diyanet İşleri Başkanlığı da bir açıklama yapmıştır.[101] Resûlullah (a.s.m.) bir hadisinde hayvanların iyilikle kesilmesini emrederek, *"Kuşkusuz Allah, her şeyde iyiliği emretmiştir"* demiştir.[102]

Konuyu yine Resûlullah'ın (a.s.m.) her şeyi özetleyen bir hadisi ile tamamlamak uygun olacaktır: *"Dilsiz hayvanlara eziyetten sakının. Onlara güzel bir şekilde binin. Besili iken kesip yiyin."*[103]

...

Helal-haram etler bahsinde içerisinde ele alınması gereken bir başka başlık da avlanma usulüne göre helal ve haram olan etler hakkında olmalıdır. Değinecek olursak...

Avlanma usulü

Avlanma ve av etlerinin haram olup olmayışı ümmetin üzerinde çokça düşündüğü konulardan biri olmalıdır. Çünkü benzeri içerik ve nitelikte birbirinden farklı kişilerce sorulan birçok soru olduğunu görüyoruz. Bunlardan ilki, av köpekleri ile ilgilidir. Acaba av köpeklerinin getirdiği, yakaladığı, öldürdüğü hayvan etlerini yemek haram mıdır yoksa helal midir?

Adiyy İbn Hatim şöyle anlatıyor:

"Ben Allah Resûlü (a.s.m.) şöyle dedim: 'Ey Allah'ın Resûlü! Biz köpeklerimizi avın üzerine göndeririz?'

---

[100] Buhârî, 8/552-553; Müslim, 6/174-176; Ahmed bin Hanbel 5/282, 287, 298, 303; Ebu Dâvûd, 10/478-479.
[101] Diyanet İşleri Başkanlığı, 18 Mayıs 2002, İstanbul İstişare Toplantısı; Yeniçeri, *a.g.e.*, 2009, ss. 38-39.
[102] İbn Kayyim, *a.g.e.*, c. 2, s. 322.
[103] Suyuti, *a.g.e.*, 1:125, hadis no: 1203.

Allah Resûlü (a.s.m.), *'Onların senin için tuttukları avı ye'* buyurdu.

Ben, 'Bu köpekler tuttukları avı öldürürlerse' dedim. Allah Resûlü (a.s.m.), *'Öldürseler de yiyebilirsin'* buyurdu. Yine ben, 'Biz ava ucunda demir bulunan bir asa atıyoruz' dedim. Bunun üzerine Allah Resûlü (a.s.m.) şöyle buyurdu:

'Delip yaraladığı avı ye! Enli tarafıyla dokunup öldürdüğü hayvanı yeme!'[104]

Ashab bu durumu 'kanı akıtılan ve üzerine Allah'ın adı anılmış' hayvan etlerinin helal olması sebebiyle tam olarak anlayamamış ve tekrar tekrar sorarak cevaptan emin olmak ihtiyacı duymuş olabilir. Nitekim farklı konularda da bir sorunun Resûlullah'a (a.s.m.) defalarca sorulduğu, cevap alınmasına rağmen ısrarla yeniden başka bir biçimde daha sorulduğunu da görmekteyiz. Bu şüphesiz çok sağlıklıdır. Böylece ashab kendi aklındaki sorularla birlikte, kendilerinden sonra gelen ümmetin aklındaki soruları da silip yok etmiş ve konuşulan her bir konuyu detaylı bir biçimde tekrar ederek cevapları pekiştirmiştir.

Konuya dönmek gerekirse...

Yine Resûlullah (a.s.m.) köpeklerle ilgili ayrıntıyı da şu şekilde ifade ediyor: *"Köpeğin senin için tuttuğu ve muhafaza ettiği avı ye. Çünkü köpeğin avı yakalayıp tutması şer'i kesimdir. Eğer köpeğin avı yakalayıp öldürmüş ise ve kendi köpeğinin veya köpeklerinin yanında başka bir köpek de bulursan ve bu sebeple yabancı köpeğin kendi köpeğin ile birlikte avı yakalayıp öldürmüş olmasından endişelenirsen, bu hâlde onu yeme. Çünkü sen kendi köpeğinin üzerine besmele çektin, diğer köpeğin üzerine ise besmele çekmedin."*[105]

Hadiste "köpeğin üzerine besmele çekmek" hususu dikkat çekicidir. Müslüman her işe besmele ile başlar. Şüphesiz ava çıktığında da böyle yapmalıdır. Köpeğini saldığında besmele çekmiş olan bir avcının avı helaldir.

Av ile ilgili sorulardan birini yine Adiyy İbn Hatim, Allah Resûlü'ne (a.s.m.) sormuştur. Adiyy İbn Hatim'in bu sorusu ava atılan ok ile ilgilidir. Allah Resûlü de (a.s.m.) kendisine şöyle cevap vermiştir: *"Ava keskin yeri isabet ederse o avı ye. Ok enli tarafından isabet ederde avı öldürürse o av hayvanını yeme, çünkü okun enli tarafıyla vurulan hayvan sopa ile vurmak suretiyle öldürülmüş hayvan gibidir ve haramdır."*

Resûlullah (a.s.m.) Allah'ın haram kıldıklarını helal, helal kıldıklarını haram kılmamıştır. Kendisi de yine eşek ve peynirin helal olup olmadığına dair bir soruya verdiği cevapla aslında bu konuya da noktayı koymaktadır. Hadiste Resûlullah

---

[104] Et'ime ve Müslim'in ittifak ettiği hadisler, ss. 745-746, hadis no: 1254-1255-1256; Buhârî, 8/5019; Müslim, 6/134, 135-141; Tirmizî, 2/86; Ahmed bin Hanbel, 4/194-195, 256, 258, 377, 380; Ebu Dâvûd, 11/16.

[105] Et'ime ve Müslim'in ittifak ettiği hadisler, ss. 746-748, hadis no:1256-1259; Buhârî, 8/500; Müslim, 6/134, 135-141; Tirmizî, 2/84; Ahmed bin Hanbel, 1-231, Ebu Dâvûd, 11/20.

(a.s.m.), *"Helal, Allah'ın, Kitabında helal kıldıklarıdır. Haram da O'nun, Kitabında haram kıldıklarıdır. Hakkında bir şey söylemeyip sustuğu şeyler de affettiklerindendir (mübâh kıldığı şeylerdir)"* buyurmuştur.[106]

RESÛLULLAH'IN (A.S.M.) KURBANLARI

Resûlullah (a.s.m.) kurbanı kesen kişinin eti paylaştırması konusuna özen göstermiştir. Kâbe'ye kendinden önce gönderdiği develeri götüren kişiye hayvanlardan birinin hastalanması hâlinde onu kesmesini, bir ayağını kanına bulamasını ve öylece bırakmasını söylemiştir. Geldiğinde kurban etlerini kendisi pay etmiş ve dağıtmıştır. Zaruri hâllerde binek bulunamazsa kurbana eziyet etmeksizin binilebileceğini, yolda acıkmak hâlinde kurban edilecek hayvanın sütünden, önce yavrusu içmek şartıyla içilebileceğini hadis aktarıcıları, Hz. Ali (r.a.) vasıtasıyla aktarmaktadırlar.[107]

Yine deve ve sığır gibi büyük baş hayvanların yedi kişi ortaklığıyla kesilebileceğini ifade etmiştir.[108]

"Büyük develeri de Allah'ın size meşrû kıldığı kurbanlık hayvanlar olarak yarattık, onlarda hayır ve menfaat var size. Artık onlar, ayaktayken onları boğazlayın ve Allah'ın adını anın, yanüstü düştükleri zaman da hem siz yiyin ondan, hem de yoksulluğunu bildirip isteyen ve gizleyip istemeyen yoksulları doyurun; siz şükredesiniz diye böylece onları da râm ettik size."[109]

"Gelsinler de kendilerine ait olan menfaatleri elde etsinler ve kendilerine rızık olarak verilen dört ayaklı hayvanları, muayyen günlerde Allah'ın adını anarak kessinler. Yiyin artık onlardan ve yok yoksul fakiri de doyurun."[110]

"Biz her ümmete, üzerlerine yalnız Allah'ın adını anıp dört ayaklı, çift tırnaklı o belli hayvanlardan kurban kesmelerini bir ibadet kıldık."[111]

Resûlullah (a.s.m.) da kurban kesmiştir. Bu konuda en fazla veri Resûlullah'ın (a.s.m.) yaptığı hac ve umre ziyaretleri sırasında elde edilmiştir. Umre ziyaretlerinin birine dair anlatıda hem kendisi hem de umre yapan eşleri için birer sığır kurban ettiği bildirilir. Bunların dışında doğan her bir çocuk için—en fazla yedi

---

[106] Tirmizî, 2/216-217.
[107] İbn Kayyim, *a.g.e.*, c. 2, ss. 313-314.
[108] A.g.e., c. 2, s. 314.
[109] Hac sûresi, 22:36.
[110] Hac sûresi, 22:28. Bu konudaki diğer ayetler şunlardır: "Onların ne etleri ne de kanları Allah'a ulaşır, fakat O'na sadece sizin takvanız ulaşır. Sizi doğru din ve yola ilettiği için Allah'ı yüceltesiniz diye O bu hayvanları böylece sizin faydanıza sunmuştur. Ey Peygamber! En güzel ve içten davrananları artık müjdele." *(Hac sûresi, 22:37.)*
[111] Hac sûresi, 22:34.

çocuğa kadar—kız ya da erkek fark etmeksizin kurban kesilebileceği bildirilmektedir.[112]

Bu kurbana 'akika' ya da Resûlullah'ın (a.s.m.) tercih ettiği gibi 'nesike' adı verilir. Resûlullah (a.s.m.), Hasan (r.a.) ve Hüseyin (r.a.) için birer koç kurban etmiştir. Yine barış anlaşmaları imzalandığında da kurban kestiği aktarılmaktadır. Bazı hadislerde ailesi için de bir sığır kestiği bilgisine yer verilmiştir. Veda Haccı'nda değişik bölgelerden topladığı 100 deveyi kurban ettiği, bunlardan her bir yaşı için, 63 deveyi kendi eliyle kestiği söylenmektedir. Uzmanlar, 100 deve ile yüz binden fazla misafir için sofralar kurulduğunu ifade etmektedirler.[113]

RESÛLULLAH'IN (A.S.M.) ETİ BIÇAK İLE KESMESİNE DAİR

Sahabeden aktarılanlara göre Resûlullah (a.s.m.) eti bıçak ile keserek yemiş ve konuklarına da keserek ikram etmiştir. Sofradaki etin büyüklüğü hakkında doğrudan bir bilgi bulunmasa da iri kemikli etlerin yendiği sofralarda didikleme riskini ortadan kaldırmak için böyle yaptığı düşünülebilir.

Muğîre b. Şû'be, şöyle demiştir:

"Bir gece Resûlullah'a (a.s.m.) misafir oldum. Resûlullah (a.s.m.), biraz et (pişirilmesini) emretti ve (et) pişirildi. Efendimiz, bıçağı aldı ve benim için etten kesmeye başladı. Tam o sırada Bilal çıkageldi ve Resûlullah'a (a.s.m.) namaz (vaktinin geldiğini) haber verdi. Resûlullah (a.s.m.) bıçağı bıraktı Bilal'e: *'Ne oluyor ona? Allah hayrını versin'* dedi."[114]

Amr bin Umeyye'den aktarıldığına göre:

"Kendisi Allah Resûlü'nü (a.s.m.) elinde pişmiş koyun küreğinden et kesip yediğini görmüştür. O esnada Allah Resûlü (a.s.m.) namaza çağırıldı. Bunun üzerine Allah Resûlü (a.s.m.) elindeki eti ve et kesmekte olduğu bıçağı bıraktı da yeniden abdest almaksızın kalkıp namaza durdu.[115] Hz. Peygamber (a.s.m.) koyun etini keserdi.[116]

---

[112] Zeyd bin Eslem Damraoğulları kabilesine mensup bir adamdan onun da babasından rivayet etmiştir: "Ey Allah'ın Resûlü (a.s.m.), herhangi birimiz çocuğu için kurban kesebilir mi diye sordular. Bunun üzerine 'Sizden kim çocuğu için kurban kesmek isterse erkek çocuk için iki, kız çocuk için bir koyun kurban etsin' buyurdu. (İbn Kayyim, a.g.e., s. 325.)

[113] Yeniçeri, *Kutsal Kesim Kurbana Yeniden Bakış ve Hz. Peygamber'in Kurbanları*, Çamlıca Yayınları, İstanbul, 2009, s. 63; İbn Kayyim, *a.g.e.*, c. 2, ss. 284, 325-326.

[114] Et'ime, 21/109; Ahmed bin Hanbel, 4/252, 255.

[115] Et'ime, 8/457-463; İbn Kayyim, *a.g.e.*, c. 5, ss. 34, 55.

[116] İbn Kayyim, *a.g.e.*, c. 5, s. 34.

RESÛLULLAH'IN (A.S.M.) ETİ PAYLAŞTIRMASI

Resûlullah (a.s.m.) etin paylaştırılması konusunda ayet hükümlerine uymuştur. İşte bu ayetlerden birkaçı:

"Büyük develeri de Allah'ın size meşrû kıldığı kurbanlık hayvanlar olarak yarattık, onlarda hayır ve menfaat var size. Artık onlar, ayaktayken onları boğazlayın ve Allah'ın adını anın, yanüstü düştükleri zaman da hem siz yiyin ondan, hem de yoksulluğunu bildirip isteyen ve gizleyip istemeyen yoksulları doyurun; siz şükredesiniz diye böylece onları da râm ettik size."[117]

"Gelsinler de kendilerine ait olan menfaatleri elde etsinler ve kendilerine rızık olarak verilen dört ayaklı hayvanları, muayyen günlerde Allah'ın adını anarak kessinler. Yiyin artık onlardan ve yoksul fakiri de doyurun."[118]

Resûlullah (a.s.m.), aşağıda etin tüketim süresi ile ilgili bölümde uzunca anlatılacağı gibi, zamanın koşulları gereği bazı tedbirler alarak ayetteki emrin yerini bulmasını bizzat sağlamıştır.

ETİN SAKLANMA SÜRESİ VE USULLERİ

Resûlullah (a.s.m.) kıtlık ve yoksulluğun yaygın olduğu zamanlarda kesilen kurban etlerinin üç günden fazla saklanmamasını tavsiye etmiştir.

Abdullah İbn Vakıd, 'Resûlullah (a.s.m.) kurbanların etlerini üç günden sonra yemekten nehy etti' dedi. Abdullah İbn Ebi Bekr dedi ki: 'Ben bunu Amre kadına zikr ettim.' Amre de şöyle dedi: Abdullah İbn Vakıd doğru söyledi. Ben Aişe'den (r.anha) işittim o şöyle diyordu: Resûlullah (a.s.m.) zamanında çöl ahalisinden birçok evler halkı kurban bayramına yakın Medine'ye doğru yavaş yavaş yürüyüp geldiler. Fakir çöl halkının geldiğini görünce Resûlullah (a.s.m.) sahabilerine: *'Kurbanlarımızın etlerini üç gün tutabilirsiniz. Sonra ne geri kalmışsa tasadduk ediniz'* buyurdu.[119]

Böylece halk içinde yoksul kimselere et çabucak ulaşacak ve halk huzura kavuşacaktır. Kurban bayramı dışında kesilen kurbanlar için yolda kalmak, yolculuğun uzun sürmesi, yiyeceğin bitmesi gibi zorunlu hâller olduğunda sınırları aşma-

---

[117] Hac sûresi, 22:36.
[118] Hac sûresi, 22:28.
[119] Bu konulara dair hadisler aşağıdaki gibidir:
İbni Ömer'den: Peygamber (a.s.m.), *"Hiçbir kimse üç günden sonra kurbanının etinden yemesin"* buyurmuştur. (Müslim, 6/185; Tirmizî, 2/107); Abdullah İbni Ömer şöyle dedi: "Allah Resûlü (a.s.m.) şöyle buyurdu: *'Kurban etlerini üç gün içinde yiyin.'"* *(Et'ime ve Müslim'in ittifak ettiği hadisler, s. 761, hadis no: 1287.)* Ebu Ubeyd dedi ki: "Ben Ali bin Ebu Talib ile beraber bayramda hazır bulundum. Ali hutbeden evvel evvela namaza başlayıp kıldırdı ve hutbede, 'Resûlullah (a.s.m.) bizleri kurbanlarımızın etlerinden üç gün sonraya bırakıp yememizi nehyetti' dedi. *(İmam Müslim, 6/184.)*

mak üzere kurban sahibinin de yiyebileceğine dair anlatılar da mevcuttur. Bolluk dönemlerinde ise Resûlullah (a.s.m.) kurban etinin saklanmasına izin vermiştir. Bu kıtlık yılını takip eden yıl olunca sahabeler: "Yâ Rasûlallah (a.s.m.), birtakım insanlar kurbanlarından kaplar dolusu erzak ediniyorlar, kurban etlerinden yağ eritip biriktiriyorlar" dediler. Resûlullah (a.s.m.), *"Pekiyi bunu bana ne için söylüyorsunuz?"* buyurdu. Sahabeler "Geçen sene kurban etlerinin üç günden sonra yenilmesini nehy etmiştin" dediler. Bunun üzerine Resûlullah (a.s.m.), *"Ben o zaman ancak kütleler hâlinde yavaş yavaş akın edip gelen fakir çöl ahalisinden dolayı sizleri bundan nehy etmiştim. Artık şimdi kurban etlerinizi yeyiniz, biriktiriniz ve tasadduk ediniz"* buyurdu.[120]

Şüphesiz bu tedbirler, Hac sûresinde Rabbimizin açıkça buyurduğu emri yerine getirmek için alınmıştır. Yoksullara yedirmek daima farz olduğundan, etin bekleme süresi de günün ekonomik koşulları gereğine göre değişiklik göstermektedir. Resûlullah (a.s.m.), Nûbeyşe'den (r.a.) rivayet edilen şu hadisinde konuyu çok net olarak özetlemiştir:

"(Etlerin faydasının) size daha çok yaygınlaşması için ben, size kurban etlerini üç günlükten fazla yeyip üç günlükten fazlasını da biriktirmenizi yasakla(mış)tım. Şimdi ise Allah (size) bolluk getirdi, (onları istediğiniz gibi) yiyiniz, biriktiriniz ve (Müslümanlara dağıtarak) sevap kazanınız. Şunu iyi bilin ki, bu günler yeme, içme, aziz ve celil olan Allah'ı (c.c.) anma günleridir."[121]

Kurban Bayramlarında kesilen hayvanlardan kurban sahibi ve ailesi de faydalanabilir. Ebu Eyyûb El-Ensarî'den aktarılan bir anlatıma göre:

Resûlullah (a.s.m.) zamanında kesilen bir kurbandan hem kurban sahibi, hem misafirleri hem de fakir kimseler yerlerdi.[122] İşte İbni Abbas'tan (r.a.) rivayet edilen bu hadis-i şerif şöyledir: "Peygamber (a.s.m.) kurban etlerinin üçte birini ev

---

[120] Müslim, 6/185-187; Ahmed bin Hanbel, 1/56, 6/51; Ebu Dâvûd, 10/498-499.

[121] Süleyman bin Büreyde'nin babasından rivayetle, Resûlullah (a.s.m.) şöyle buyurdu: *"Üç günden fazla kurban etinden yemeyiniz diye size yasaklama getirmiştim kurban kesenlerle kesmeyenler et yemekte denk olsunlar diye... Ama bu andan itibaren kurban kesen sayısı arttığı için dilediğiniz kadar yeyin, yedirin ve saklayın."*
Abis İbni Rebia'dan rivayetle, Hz. Aişe'ye "Resûlullah (a.s.m.) kurban etlerini üç günden fazla yemeyi yasaklar mıydı?" diye sordum. Buyurdular ki, "Hayır, fakat insanlardan kurban kesen kimse az olduğu için kesmeyen kimselere yedirmek istediğinden dolayı böyle bir kısıtlama getirmişti. Bugün için biz, hayvanların paçalarını saklayıp on gün sonra yiyoruz." *(Tirmizî, 2/108.)* Benzer bir aktarım İmam Et'ime tarafından *Sahih-i Et'ime*'de geçmekte ve şöyle denmektedir: "Abis İbni Rebia şöyle dedi: "Ben Aişe'ye 'Allah Resûlü (a.s.m.) kurban etlerinin üç günden fazla yenmesini yasaklamadı mı?' diye sordum. Aişe şöyle dedi: 'Allah Resûlü (a.s.m.) bunu sadece insanların aç kaldığı bir senede yaptı. Bununla zengin kimselerin fakir kimseleri doyurmasını istedi. Biz koyun bacaklarını saklar ve bayramdan on beş gün sonra yerdik.' Aişe'ye, 'Sizin bu etleri saklamanıza sebep ne idi?' diye soruldu. Bu soru üzerine Aişe güldü ve şöyle dedi: 'Muhammed'in aile halkı, kendisi Allah'a kavuşuncaya kadar üç gün arka arkaya katıklanmış halis buğday ekmeği ile doymadı.'"
Ahmed bin Hanbel, 5/76; Ebu Dâvûd, 10/501.

[122] İbn Kayyim, *a.g.e.*, c. 2, s. 323.

halkına yedirirdi. Üçte birini komşularına, kalan üçte birini de kurban eti istemek için gelenlere dağıtırdı."[123]

RESÛLULLAH (A.S.M.) HANGİ ETLERİ NASIL PİŞİRİP YERDİ?

Resûlullah (a.s.m.), bu haramlara dikkat ederek ayetlerde de adları geçen sığır, koyun, balık gibi hayvanları yemiştir. Daha çok fırınlandığı, kızartıldığı ve haşlandığı, hatta küpler içerisinde fırında pişirildiği bilinen hayvan etleri sıklıkla küçükbaştır.

Resûlullah'tan (a.s.m.) aktarılan hadislere ve yaptıklarına, yaşadıklarına dair anlatılarda çoklukla hayvan olarak koyunun adı geçer. Bu delillere dayanarak koyun etini diğerlerine nazaran daha fazla tüketmiştir diyebiliriz. Bu etleri kızartarak, kavurarak, bugünkü roti yöntemi ile pişirerek ya da küplere koyup fırınlayarak yemek hâline getirmişlerdir. Savaşlara dair anlatılarda kazanlarda haşlanan etlerden de bahsedilmektedir. Resûlullah (a.s.m.), tencerede pişen sulu yemeklerin hazırlanmasında sık sık suyu bolca koymayı tavsiye etmiştir.[124] Buradan anladığımız, gerek et, gerek tahıl olsun, eğer haşlanarak pişirilecekse, Resûlullah'ın (a.s.m.) yaşadığı dönemde suyu bol miktarda konmuştur.[125]

Ayrıca deve etinin yendiği de bilinmektedir. Resûlullah (a.s.m.) et pişirilirken suyun bolca ilave edilmesini tavsiye ederken et suyunun da et niteliği taşıdığını vurgulamıştır. Abdullah el Müzeni'den rivayetle Peygamber Efendimiz (a.s.m.) şöyle demiştir: *"Et satın aldığınızda suyunu bol miktarda koyunuz yemekte et yiyemeyen kimse suyundan yesin, çünkü iki etin birisi et suyudur."*[126] Komşuya iyilik etmeyi Ebu Zerr'e (r.a.) tavsiye ettiği hadisinde de Resûlullah'ın (a.s.m.) "et pişirdiğinde suyunu bol koy" dediğini de anımsayarak konuyu pekiştirebiliriz.[127]

Ayrıca et yemeklerinde ilave olarak yağ kullanmamıştır. Resûlullah (a.s.m.) et ile yağı birleştirerek yememiştir. Halife Ömer'in (r.a.), oğlunun ikram ettiği et ye-

---

[123] Şerh'ul-Muğni, 3/582. Ebu Dâvûd, 10/498-499.

[124] Tirmizî, 2/262.
Ebu Zerr'den rivayetle; Resûlullah (a.s.m.) şöyle demiştir: *"Biriniz yapılan hiçbir iyiliği küçük görmesin. İyilik yapmak için hiçbir şey bulamazsa, kardeşini güler yüzle karşılasın. Et satın alıp pişirmek istersen, suyunu bol döküp iyilik olması için komşuna bir miktar ondan ver."*

[125] Kütüb-ü Sitte, 3658. "Ubeyd İbni Sumâme el-Murâdi anlatıyor: Abdullah İbnu'l-Haris İbni Cez' (r.a.), Mısır'a yanımıza geldi. Kendisi Resûlullah'ın (a.s.m.) ashabından idi. Mısır Camii'nde şu hadisi anlatırken işittim: "Ben, öyle hatırlıyorum ki, Resûlullah'la (a.s.m.) bir adamın evinde oturan yedi kişiden yedincisi veya altıdan altıncısıydım. Derken Bilal (r.a.) Geçti ve ezan okudu. Biz de çıktık. Giderken bir adama uğradık tenceresi ateş üstündeydi. Resûlullah (a.s.m.) ona: *'Tenceren yeterince pişti mi?'* diye sordu. Adam, 'Evet, annem babam sana feda olsun!' dedi. Resûlullah bunun üzerine bir parça aldı. Çiğnemesi devam ederken namaz için iftitah tekbiri aldı. Ben bu sırada ona bakıyordum." (Ebu Dâvûd, *Taharet 75, 193.*)

[126] Tirmizî, 2/261-262.

[127] Tirmizî, 2/262.

meğinde ilave edilmiş yağı fark eder etmez bunu yemeyi reddettiği anlatılır. Halife, Resûlullah'ın (a.s.m.) hiçbir zaman et ile yağı birleştirmediğini ifade ederek, etin kendi yağının yeterli olduğunu belirtmiştir. Ve Resûlullah'ın (a.s.m.) yapmadığı bir şeyi yapmayı reddetmiştir.

Olayı Hz. Ömer'in (r.a.) oğlu İbni Ömer şu şekilde anlatmaktadır:

"Babam Ömer yanıma girmişti. Ben o sırada sofradaydım. Sofranın başında kendisine yer açtık. (Babam oturdu ve:) 'Bismillah' dedi. Sonra elini yemeğe vurup bir lokma aldı. Sonra bir lokma daha alarak ikiledi. Sonra da 'Ben bu yemekte bir yağ tadı aldım. Bu, etin yağının tadı değildir' dedi. Ben 'Ey müminlerin emîri! Ben semiz et almak için çarşıya çıkmıştım. Pek pahalı buldum. Bunun üzerine, bir dirhemlik zayıf et aldım. Ona bir dirhemlik de yağ ilave ettim. Böylece bütün aile fertlerinin kemiklerden faydalanmasını arzu ettim' dedim. (Babam) Ömer dedi ki: 'Bu iki şey, Resûlullah'ın (a.s.m.) sofrasında asla bir araya gelmediler. Efendimiz birini yediyse diğerini tasadduk etti.'

Ben 'Ey müminlerin emîri! Ben bir kere yapmış bulundum. Bundan böyle bu iki şey benim sofrada da asla beraber bulunmayacak!' dedim. Babam yine de 'Hayır! Ben bunu yapamam!' dedi (ve yemedi)."[128]

Resûlullah'ın (a.s.m.) bu ikisini iki zenginlik gördüğü izlenimi uyandıran hadislerde ve anlatılarda sahabenin de buna dikkat ettiği gözlemlenmektedir.

Ayrıca Resûlullah'ın (a.s.m.) yediği etler anlatılırken güneşte kurutulmuş et olarak tanımlanan 'kadid'den de bahsedilir.

Güneşte kurutulmuş et (kadid)[129]

Ebu Mes'ud anlatıyor: "(Bir gün) Resûlullah'a (a.s.m.) bir adam gelmişti. (Bir müddet) Efendimizle konuştu. Bu sırada adamcağız (duyduğu korkudan) omuzları titremeye başladı. Bunun üzerine Aleyhissalâtu vesselam adama: *'Sakin ol! Ben bir kral değilim, ben Kureyş Kabilesi'nden kadîd (güneşte kurutulmuş et) yiyen bir kadının oğluyum'* buyurdular."[130] Kadid yediğine dair veriler başka kaynaklardan da aktarılmıştır.[131]

Eski çağlardan bu yana süregelen geleneksel et kurutma yöntemlerine bakıldığında balık, koyun, sığır ya da deve etleri, kalınca olduğu takdirde bıçakla çizildikten sonra tuzlanarak üzerine ağırlık konulmuş, suyu çıkartılan et daha sonra asılarak kurutulmuş olmalıdır.

---

[128] Kütüb-ü Sitte, hadis no: 1009, 3361, 6996.
[129] Kütüb-ü Sitte, hadis no: 6938; Gazali, *a.g.e.*, 2/397.
[130] Kütüb-ü Sitte, 6938; Gazali, *a.g.e.*, c. 2, s. 397.
[131] Yeniçeri, *Hz. Peygamber'in Giyim-Kuşamı-Mutfağı, Getirdiği İlkeleri ve Günümüz*, s. 397.

Resûlullah'ın (a.s.m.) hizmetçisi Sevban'dan aktarılan bir anı da etin bu usulle kurutulduğunu göstermektedir: "Resûlullah (a.s.m.) veda haccında bana, *'Şu eti ıslah et'* emrini verdi. Ben de o eti (biraz kaynatmak sonra da iki taş arasına koyup kuru et oluncaya kadar bırakmak suretiyle sefer için hazırlayıp) ıslah ettim. Müteakiben Resûlullah da (a.s.m.) Medine'ye ulaşıncaya kadar hep ondan yemeye devam etti.[132]

O günün koşullarında kadid ya da kurutulmuş et iki farklı usulle yapılmaktadır. Hz. Aişe'den (r.anha) aktarılan bir bilgi etin saklanmak maksadıyla tuzlandığını göstermektedir: "Bizler Medine'de kurban etlerini tuzlayarak saklar ve daha sonra Allah Resûlü'ne (a.s.m.) takdim ederdik..."[133] Birinde, et tuzlandıktan sonra güneşte kurutulmakta, diğerinde ise kendi suyunu çekene kadar pişirilip ondan sonra taşların arasına sıkıştırılarak kurutulmaktadır. Et uzunluğuna yarılır ve güneşte kurutulursa "kadid," enine yarılır da kurutulursa "safif" denilirdi.

* * *

Kurutulmuş balık

Ayrıca Resûlullah (a.s.m.) sahabenin Kızıl Deniz'den getirdiği kurutulmuş amber balığı etini de yemiştir. Amber balığı Resûlullah'a (a.s.m.), tuzlanıp güneşte kurutulmuş olarak ulaştırılmıştır.

"... Sonra Câbir şöyle devam etti: 'Biz deniz sahili üzerine gittik. Nihayet bize deniz sahili üzerinde iri bir kum tepesi gibi birşey yükseltildi. Onun yanına geldik. Bir de baktık ki o anber denilen büyük bir hayvan. ... ve bizleri onun etinden birer defa kaynatılıp kurutulmak suretiyle elde edilen kurutulmuş yol azıkları yaptık. Nihayet Medine'ye dönüp geldiğimizde Resûlullah'ın (a.s.m.) yanına varıp bu vakıayı kendisine anlattık. Bunun üzerine Resûlullah (a.s.m.) *'O Allah'ın sizler için çıkarttığı bir rızıktır. Yanınızda onun etinden bir şey var mı ki bize de yedirseniz?'* buyurdu. Müteakiben biz ondan Resûlullah'a (a.s.m.) gönderdik ve o da bunu yedi."[134] Amber balığı ile ilgili anlatıda bu balığın da bir defa kaynatıldığı ardından kurutulduğu ifade edilmektedir. Muhtemelen bu da bir önceki et kurutma bahsinde açıklandığı gibi kendi suyunda dirice pişirilmiş ardından taşlar arasına bırakılarak kurutulmuştur.

---

[132] Müslim, *a.g.e.*, c. 6, s. 190; Müslim, Edahî 35; Ebu Dâvûd, a.g.e., c. 10, ss. 502-503.

[133] İbni Ömer'den rivayetle; "Peygamber (a.s.m.), 'Hiçbir kimse üç günden sonra kurbanının etinden yemesin' buyurmuştur. *(Müslim, a.g.e., c. 6, s. 185; Tirmizî, a.g.e., s. 107.)*
Abdullah İbni Ömer şöyle dedi: "Allah Resûlü (a.s.m.) şöyle buyurdu: 'Kurban etlerini üç gün içinde yiyin.'" *(Et'ime ve Müslim'in İttifak ettiği hadisler, s. 761, hadis no: 1287.)*
Et'ime ve Müslim'in ittifak ettiği hadisler, s. 761, hadis no: 1288; Abdulbaki, ss. 553, 554.

[134] Müslim, 6/146-147; Nevevî, *a.g.e.*, 3/296; Ebu Dâvûd, 13/468-469.

Resûlullah'ın (a.s.m.), 'irt' adı verilen belli bir süre sirkede bekletilerek pişirilen ve yolculuk için götürülen et yemeği yediği de rivayet edilmektedir. Medine'ye hicret yolculuğunda Arc'dan Medine'ye kadar Hz. Peygamber'e kılavuzluk yapan Sa'd el-Eslemî, irt yemeği yediklerini anlatmaktadır. Yine Zeyd b. Hârise de koyun keserek etini yolculuk azığı için bahsedilen şekilde hazırlamıştır.[135]

ETİ YENEBİLEN HAYVANLAR HAKKINDA İLGİLİ AYET VE HADİSLER

Aşağıda ayet ve hadislerde bahsedilen ve eti yenilebilen hayvanlar sıralanmakta, ayrıca bunların nasıl kullanıldığı gösterilmektedir:

Balık

Rabbimiz, Nahl sûresi 14. ayette, "Denizden taze et (balık eti) yemeniz ve ondan takınacağınız bir süs eşyası (inci) çıkarmanız için denizi emrinize veren O'dur. Gemilerin denizde suları yara yara gittiklerini de görüyorsunuz. Bütün bunlar O'nun ihsanlarını aramanız ve nimetlerine şükretmeniz içindir"[136] buyurmaktadır. Bu ayet, denizden et çıkartıldığının bir delili olarak karşımızda duruyor. Nitekim Kehf sûresinde Musa Peygamber ve genç yardımcısının uzun bir yolculuğa çıktığı ve yanlarına da yiyecek olarak balık aldıkları anlatılır:

"(Varmaları gereken yere gelip) Geçtiklerinde (Musa) genç yardımcısına dedi ki: 'Yemeğimizi getir bize, andolsun, bu yaptığımız-yolculuktan gerçekten yorulduk.'"[137] Ayetlerde dikkat çeken nokta, böyle uzun bir yolculuk sırasında yiyecek olarak özellikle balığın seçilmiş olmasıdır. Ayetten, en azından bir gün boyu gibi, bir süre taşınmış olduğu anlaşılan balığın, bir şekilde yolculuğa dayanıklı hâle getirilmiş olması gerekir. Ayetlerin tefsirinde ise böyle olmadığı, balığın olduğu gibi muhafaza edilip, Allah (c.c.) tarafından can verilerek denize aktığı anlatılmaktadır.

Nitekim Kehf sûresi 63. ayetin sonunda Musa Peygamberin yardımcısı genç şöyle demektedir: "(Genç şöyle) dedi: 'Gördün mü kayaya sığındığımız zaman ben gerçekten balığı unuttum. Onu hatırlamamı, bana şeytandan başkası unutturmadı. Ve o (balık), acayip bir şekilde denizin içine doğru kendi yolunu tuttu.'"

"Ve iki deniz eşit olmaz. Bu çok temizdir, pek tatlıdır, kolayca içilir. Şu da çok tuzludur, acıdır. (Boğazı yakar) Hepsinden de taze (balık eti) yersiniz ve takın-

---

[135] Akgün, "Hazreti Peygamber Döneminde Yemek Kültürü," 2007.
[136] Nahl sûresi, 16:14.
[137] Kehf sûresi, 18:62.

yiyecekler ve yiyecek yapımında kullanılan bitki ve hayvanlar

makta olduğumuz süs eşyası çıkarırsınız. Allah'ın lütfundan rızkınızı arayıp şükretmeniz için, gemilerin denizi yara yara gittiğini de görürsün."[138]

Yine Yahudilere rızık olarak balık verildiğine dair bir ayet bulunmaktadır:
"Bir de onlara deniz kıyısındaki şehri(n uğradığı sonucu) sor. Hani onlar Cumartesi (yasağını çiğneyerek) haddi aşmışlardı. 'Cumartesi günü iş yapma yasağına uyduklarında,' balıkları onlara açıktan akın akın geliyor, 'Cumartesi günü iş yapma yasağına uymadıklarında' ise, gelmiyorlardı. İşte biz, fıska sapmaları dolayısıyla onları böyle imtihan ediyorduk."[139]

Haram ve helal rızık kavramlarıyla ilgili de denizden avlanmak ve denizden çıkartılanı yemek konusu geçmiştir. Mâide sûresi 96. ayette Rabbimiz şöyle buyurmaktadır: "Hem size hem de yolculara fayda olmak üzere (faydalanmanız için) deniz avı yapmak ve onu yemek size helal kılındı. İhramlı olduğunuz müddetçe kara avı size haram kılındı. Huzuruna toplanacağınız Allah'tan korkun."[140]

Resûlullah da (a.s.m.), *"İki ölü ve iki kan bize helal kılınmıştır. Ölüler; balık ve çekirge, iki kan ise ciğer ve dalaktır"*[141], *"Denizin suyu temiz, ölüsü (balığı) ise helaldir"*[142] gibi sözlerle balığın helal olduğunu belirtmişlerdir. Daha önce kurutulmuş balık yediğine dair anlatıyı aktardığımız olayın kaynaklarda defalarca geçiyor olması balığın helal oluşunu ve Resûlullah (a.s.m.) tarafından da yendiğini kesinleştirir. Yalnız Resûlullah (a.s.m.) hangi balığın yeneceğiyle ilgili bir detayı şöyle ifade etmiştir: *"Denizin (sahile) attığı veya (deniz sularını) kendisinden geri çektiği (için açıkta kalan) şeyleri yeyiniz. (Fakat) denizde (kendiliğinden zahiri bir sebep olmaksızın ölüp de) su yüzüne çıkan şeyleri yemeyiniz."*[143] Çünkü bu hayvanın da karada kendiliğinden ölmüş hayvan gibi, ne sebeple öldüğü belli değildir ve hastalık sebebiyle ölmüş olması yiyene de zarar verir.

Deve

Eti yendikten sonra abdest gerektiren develer hakkında kitabın değişik bölümlerinde bilgiler vermiştik. Burada da değinecek olursak...

Yağlı ve ağır bir et olan deve etinin günlük yaşamda çokça yeri olmasına rağmen savaş zamanlarında ve Hac ya da Umre ziyaretlerinde daha sık kesildiği ka-

---

[138] Fâtır sûresi, 35:12.
[139] A'râf sûresi, 7:163.
[140] Mâide sûresi, 5:96.
[141] İbn Mâce 3218, Müsned, 2/97.
[142] Kütüb-ü Sitte, hadis no: 3478; Ebu Dâvûd, "Yiyecekler Bölümü, 47. Madde," hadis no: 3840.
[143] Ebu Dâvûd, 13/443-444.

naati oluşmaktadır. Resûlullah'ın (a.s.m.) Hac ve Umre ziyaretlerinde deve kestiği de bilinmektedir. Bu belki hayvanın iri cüsseli oluşundan kaynaklanan bir durumdur.

Resûlullah'ın (a.s.m.) geçiminin büyük bir kısmı Ümmü Seleme'nin (r.a.) aktarımına göre, deve ve davarlardan oluşmaktadır.

İbni Abbas'tan (r.a.) rivayet edildiğine göre:

"Resûlullah (a.s.m.) haccında yüz kurbanlık deve götürmüştür. İçlerinde başında gümüş halka bulunan Ebu Cehil'den ganimet kalan deve de vardı. Resûlullah (a.s.m.) bunlardan kırk ya da altmış tanesini kurban etti, geri kalanın da kesilmesini emretti. Ben de kestim. Sonra her kurban deveden bir parça alınmasını emretti. Ben de pişirdim. Resûlullah (a.s.m.) etinden yedi ve suyundan içti."[144] Ümmü Seleme Peygamber Efendimizin (a.s.m.) her eşine bir deve tahsis edildiğini söylemiştir.[145]

Rabbimiz, deve ile ilgili şöyle buyurmaktadır:

"İri cüsseli develeri size Allah'ın işaretlerinden kıldık, sizler için onlarda bir hayır vardır. Öyleyse onlar bir dizi hâlinde (veya saf tutmuşcasına ayakta durup) boğazlanırken Allah'ın adını anın; yanları üzerine yattıkları zaman da onlardan yiyin, kanaatkâra ve isteyene yedirin. İşte böyle, onlara sizin için boyun eğdirdik, umulur ki şükredersiniz."[146]

İnek

Resûlullah'tan (a.s.m.) önce İbrahim ve Musa Peygamberlerden bahseden ayetlerde buzağı ya da dana yendiğine dair bilgiler verilmektedir: "Andolsun ki elçilerimiz (melekler) İbrahim'e müjde getirdiler ve: 'Selam (sana)' dediler. O da: '(Size de) selam' dedi ve hemen kızartılmış bir buzağı getirdi."[147]

"Bir semiz dana getirdi ve onu önlerine koydu. Yemeğe buyurmaz mısınız, dedi."[148]

Musa peygamberin kavminden, Allah'a (c.c.) kurban olarak bir sığır kesmelerinin istendiğini anlatan ayetlerde, kurbanın nitelikleri de açıklanmıştır:

"O, ne yaşlı ne de körpe; ikisi arasında bir inek." "Size emredileni hemen yapın, dedi."[149] "(Musa) dedi ki: Allah şöyle buyuruyor: 'O, henüz boyunduruk altına alınmayan, yer sürmeyen, ekin sulamayan, serbest dolaşan (salma), renginde hiç

---

[144] Mustafa Karataş, *Şifalar Kitabı*, Timaş Yayınları, İstanbul, 2014, s. 102.
[145] Yeniçeri, 2007, s. 263.
[146] Hac sûresi, 22:36.
[147] Hûd sûresi, 11:69.
[148] Zâriyat sûresi, 51:26-27.
[149] Bakara sûresi, 2:68.

alacası bulunmayan bir inektir...'[150] (Bunun üzerine Musa) Diyor ki: 'O, yeri sürmek ve ekini sulamak için boyunduruğa alınmayan, salma ve alacası olmayan bir inektir' dedi..."[151]

Bugün iyi kaliteli bir eti hangi hayvanda elde ederiz diye sorsak, bu konunun uzmanlarından yukarıdaki ayetlerde verilen bilgileri alırız. İyi kalitede bir et; az çalışmış, genç, serbestçe dolaşıp iyi beslenmiş hayvanlardan elde edilir.

Resûlullah (a.s.m.), inek eti ile ilgili Abdullah İbn Mesud'dan rivayetle şöyle demiştir: *"Size inek sütünü tavsiye ederim çünkü o ilaçtır. Yağını tavsiye ederim çünkü o şifadır. İneğin etinden sakınınız çünkü o hastalıktır."*[152]

Hadise göre, Resûlullah'ın (a.s.m.) büyük baş hayvan etlerini tavsiye etmediğini, ama yağ ve sütünü tavsiye ettiğini anlıyoruz.

Koyun

"(Dişi ve erkek olarak) sekiz eş yarattı: Koyundan iki, keçiden iki... De ki: O, bunların erkeklerini mi, dişilerini mi, yoksa bu iki dişinin rahimlerinde bulunan yavruları mı haram etti? Eğer doğru iseniz bana ilimle söyleyin."[153]

Resûlullah'ın (a.s.m.) yedi adet küçükbaş hayvanı vardı. Nitekim kendisi *"Koyun edinin, çünkü koyun sabah çıkar, akşam hayır ve bereketle döner."*[154] *"Koyun olan hanede bereket vardır"*[155] demiştir. Bu koyunları Ümmü Eymen (r.a.) güderdi. Ümmü Eymen (r.a.) tarafından güdülen bu hayvanların sütleri akşam eve geldiğinde sağılır ve misafirlere ikram edilirdi. Sabah sütleri ise ailesine ve Resûlullah'a (a.s.m.) verilirdi. Aynı şekilde develerden elde edilen sütler de akşamları eve getirilirdi.

Resûlullah'ın (a.s.m.) koyun kurban edişi birçok kişi tarafından anlatılmaktadır. Koyunları, genel kurban seçimi kurallarına riayet ederek seçip usulünce kesmiş, yol göstermiştir. Çoklukla koç kurban ettiği görülmektedir. Hz. Aişe (r.anha) demiştir ki: Resûlullah (a.s.m.), siyah içinde yere basan, siyah içinde bakan ve siyah içinde yatan boynuzlu bir koç (getirilmesini) istemiş,[156] koç hemen getirilmiş

---

[150] Bakara sûresi, 2:71.
[151] Bakara sûresi, 2:71.
[152] Karataş, *Şifalar Kitabı*, s. 101.
[153] En'âm sûresi, 6:143.
[154] Yeniçeri, 2007, s. 259.
[155] Yeniçeri, 2007, s. 259.
[156] Hattâbî'nin de ifâde ettiği gibi metinde geçen "siyah içinde yere basan sözü," "ayakları kara" anlamında kullanıldığı gibi "siyah içinde bakan sözü" "gözleri kara" anlamındadır. "Siyah içinde yatan" sözü de "karnı siyah" anlamında kullanılmıştır. Bu da şu demektir ki; Fahr-i Kâinat Efendimiz, kurban etmek için ayakları, gözleri ve karnı kara olup vücûdunun diğer kısımları beyaz olan, boynuzlu koçları diğer renkteki koyunlara, tercih etmiştir. *(*Ebu Dâvûd)

ve onu kurban etmeye karar verirmiştir. *"Ey Aişe bıçağı getir,"* demiş sonra da *"onu taşla keskinleştir!"* buyurmuş. Bunun üzerine Hz. Aişe (r.anha) emredileni yapmıştır. Hz. Peygamber de (a.s.m.) bıçağı almış ve koçu tutup sol tarafı üzerine yatırmış *"Allah'ın adıyla (başlıyorum), ey Allah'ım! (bunu) Muhammed'den, Muhammed ailesinden ve Muhammed ümmetinden kabul eyle"* demiş ve sonra koçu kesmiştir.[157]

Ebu Saîd el-Hudrî demiştir ki: "Resûlullah (a.s.m.) hayâsı burulmadık kara gözlü, kara ağızlı ve kara ayaklı bir koçu kurban etmişti."[158]

Kurbanlık koyun seçerken, erkek ya da dişi olmalarının sakıncalı olmadığını Ümmû Kürz'den rivayet olunan bir hadisten öğreniyoruz. Bu hadise göre Resûlullah (a.s.m.) *"Erkek çocuk için iki, kız çocuk için de bir koyun (kesiniz, kesilen koyunların) erkek veya dişi olmalarının sizce bir sakıncası yoktur"* demektedir.[159]

Amr bin Ümeyyete ed-Damrî kendisinin, Resûlullah'ı (a.s.m.) kızartılmış koyun budundan keserek yediğini ve abdest almadan namaza gittiğini gördüğünü söylemiştir.[160] Allah Elçisi'nin yüz koyunu vardı. Bu sayıdan daha fazla olmasını istemezdi. Çobanı her ne zaman bir kuzu doğduğunu haber etse, yerine bir koyun keserdi.[161]

DİĞER HAYVAN VE ETLERİ İLE İLGİLİ AYET VE HADİSLER

Kuşlar

Ayetlerde özellikle Musa peygamberin kavminin bıldırcın eti yediği bildiriliyor. *"Ey İsrailoğulları! Sizi düşmanınızdan kurtardık; Tûr'un sağ tarafına (gelmeniz için) size vade tanıdık ve size kudret helvası ile bıldırcın eti indirdik."*[162]

Resûlullah'ın (a.s.m.) da kuş eti yediğine dair bazı bilgiler var, fakat bu konuda aktarılan bir anı ya da hadise araştırmalarım sırasında rastlayamadım. Bu kuşlar arasında hakkında bilgi olan tek kuş, toy kuşudur. Bu bağlamda Büreyh

---

[157] Müslim, 6/181; Ahmed bin Hanbel, 6/78; Ebu Dâvûd, 10/468-469.

[158] Tirmizî, 2/100-101; Ebu Dâvûd, 10/474. Benzeri diğer hadisler şöyledir: Enes'ten (r.a.) rivayet olunduğuna göre: Hz. Peygamber (a.s.m.) yedi tane deveyi, ayakta (yatırmadan) kendi eliyle boğazlamış, boynuzlu ve alacalı iki koçu da Medine'de kesmiştir. *(Ahmed bin Hanbel, 5/35, 78,82; Ebu Dâvûd, 10/470)*; Enes'ten (r.a.) rivayet olunduğuna göre: Hz. Peygamber (a.s.m.) boynuzlu ve alacalı iki koç kurban etmiş (onları) tekbir getirerek, besmele çekerek ve sağ dizini kurbanların (sağ) yanlarına koyarak kesmiştir. *(Buhârî, 8/554, 557; Müslim 6/180-181; Tirmizî,2/100; Ahmed binHanbel, 111-115, 170, 183, 189, 211, 214, 222, 255, 272, 279*; Ebu Dâvûd, *10/471)*; Câbir b. Abdullah (r.a.) demiştir ki: "Hz. Peygamber (a.s.m.) Kurban Bayramı günü hayâları buruk, alacalı (ve) boynuzlu iki koç kesti, onları (kesime hazırlayıp da yönlerini) kıbleye çevirdiği zaman dua etti ve sonra kesti." *(İbn Kayyim, a.g.e., c. 2, s. 322; Ahmed bin Hanbel, 5/220, 225; Ebu Dâvûd, 10/472-473.)*

[159] Ahmed bin Hanbel, 6/381; Ebu Dâvûd, 10/541.

[160] Tirmizî, 2/261-262.

[161] Yeniçeri, 2007, ss. 264-265.

[162] Tâhâ sûresi, 20:80.

yiyecekler ve yiyecek yapımında kullanılan bitki ve hayvanlar

bin Ömer bin Sefîne'nin dedesinden şöyle dediği rivayet olunmuştur:
"Ben Resûlullah (a.s.m.) ile beraber toy kuşu eti yedim."¹⁶³ Toygiller familyasından olan bu kuşun semiz olanının 17-18 kilogram ağırlığa ulaşabildiği bilinmektedir. Günümüzde sayısı oldukça azalmış olan bu kuşlara bugün daha çok İspanya'da rastlanmaktadır.

Resûlullah'ın (a.s.m.) tavuk yediği Ebu Musa el-Eş'arî'den rivayet edilmektedir.¹⁶⁴ Zehdem el-Cemrî'den rivayetle şu verilir:
"Ebu Musa el-Eş'arî'nin yanında bulunuyordum. O sırada ona içinde tavuk eti bulunan bir yemek getirildi. Bunun üzerine adamın biri kalkıp ayrıldı. Ebu Musa ona, 'Yaklaş! Ben Resûlullah'ı (a.s.m.) tavuk eti yerken gördüm' dedi."

Prof. Celâl Yeniçeri, *Hz. Peygamber'in Giyim-Kuşamı, Mutfağı, Getirdiği İlkeleri ve Günümüz* adlı eserinde Resûlullah'ın (a.s.m.) tavuk eti yediği bilgisini Buhârî'nin naklettiği hadislere dayanarak vermektedir.

Ceylan eti

Safvan bin Ümeyye Peygambere (a.s.m.) bir miktar süt, ağız ve ceylan yavrusu eti ve ufak cins salatalık gönderdi. Resûlullah (a.s.m.) Mekke Vadisi'nin en yukarısında bulunmaktaydı.¹⁶⁵

Çekirge

İbnu Ebi Evfa şöyle dedi: "Biz Allah Resûlü (a.s.m.) ile beraber altı veya yedi savaşa katıldık. Bizler Allah Resûlü (a.s.m.) ile beraber çekirge yedik."¹⁶⁶

Selmân'dan rivayet olunduğuna göre:
"Bir gün Resûlullah'a (a.s.m.) çekirge(nin yenilip yenilmeyeceği) soruldu. Bu soruya karşılık Resûlullah (a.s.m.) *'(Çekirge) Allah'ın ordularının en çoğu(nu teşkil etmekte)dir. Ben onu yemem ve haram da kılmam'* buyurdu."¹⁶⁷

Peygamber günlük hayatında çekirge yememiş ve yemeyi de öğütlememiştir. Daha önce su bahsinde su kırbasının ağzını kıvırarak içmesindeki gibi savaş hâlinde bir acil durum gereği çekirge yemiş ve yenmesine izin vermiştir.

---

¹⁶³ Tirmizî, 2/260; Ebu Dâvûd, 13/425.
¹⁶⁴ Tirmizî, 2/259; Et'ime, 8/529-530.
¹⁶⁵ İbn Kayyim, *a.g.e.*, c. 2, ss. 425-426.
¹⁶⁶ Müslim, 6/164; Et'ime ve Müslim'in ittifak ettiği hadisler, s. 755, hadis no: 1275; Tirmizî, 2/257; Ebu Dâvûd, 13/440; Ahmed bin Hanbel, 5/353, 357, 380.
¹⁶⁷ Ebu Dâvûd, 13/441.

Tavşan

Hz. Enes (r.a.) şöyle bir rivayette bulunur: "Mekke yakınında Merruz-zahran bölgesinde iken bir tavşanı ürkütüp kaçırdık. Orada bulunanlar tavşanı yakalamak için ona doğru koştular ancak yoruldular. Ben tavşana yetiştim ve onu tuttum ve Ebu Talha'ya getirdim. Ebu Talha onu kesti ve uyluklarını Allah Resûlü'ne (a.s.m.) yolladı. Allah Resûlü (a.s.m.) onu kabul etti ve onun etinden yedi.[168]

Muhammed b. Safvan'dan—yahutta Safvan b. Muhammed'den—rivayet olunmuştur ki: "Ben iki tavşan avladım da onları keskin bir taşla kestim ve onları (yiyip yiyemeyeceğimi) Resûlullah'a (a.s.m.)sordum. Bana onları yememi emretti."[169]

Yukarıda örnekleri verilen hadislerde tavşanın yenebileceği hükmü vardır. Fakat Muhammed b. Halid'den nakledilen bir hadiste ise şöyle bir olay anlatılmaktadır:

"Ben babam Halid b. el-Huveyris'i (şöyle) derken işittim: Abdullah b. Âmr, Sıfah (denilen yer) de bulunuyordu. Bir adam bir tavşan avlamıştı. (Bu adam Abdullah b. Amr'a): 'Ey Abdullah b. Âmr, (sen tavşan hakkında) ne dersin?' dedi. (Abdullah da şöyle) cevap verdi: 'Resûlullah'a (a.s.m.) bir tavşan getirilmişti. Ben de (orada) oturuyordum. (Hz. Peygamber) onu yemedi, (fakat) yenmesini de yasaklamadı ve onun (o anda) hayız görmekte olduğunu söyledi.'"[170]

Hadislerin hepsi bir bütün olarak okunduğu ve üzerinde düşünüldüğünde, tavşan eti yenebilir fakat yenmeyeceği bazı durumlar vardır. Hayız görmek gibi özel bir durumu bulunan, dişi tavşan etinin helal kılınmasına rağmen, tam da hayız döneminde yenmeyeceği şeklinde bir akıl yürütmek yanlış olmaz. Buna göre yine erkek tavşan etinin, dişi tavşan etine tercih edilmesi gerektiği bilgisine de ulaşılabilir.

At

Câbir İbn-i Abdullah'tan (r.a.) aktarıldığına göre Allah Resûlü (a.s.m.) Hayber günü evcil eşeklerin etlerini yasakladı, at etlerini yemek hakkında ruhsat vermiştir.[171]

Esma binti Ebi Bekr (r.anha) anlatıyor: "Biz, Resûlullah (a.s.m.) zamanında bir at kestik. O zaman Medine'de idik. Hepimiz onu yedik."[172]

---

[168] İmam Müslim, 6/165; Et'ime ve Müslim'in ittifak ettiği hadisler, s. 755, hadis no:1276; Et'ime, 8/536; Tirmizî, 2/242; Ahmed bin Hanbel, 3/118, 171, 232, 291; Ebu Dâvûd, 13/419.
[169] Ebu Dâvûd, 13/430.
[170] Tirmizî, 2/242; Ahmed bin Hanbel, 1/31, 2/336, 346, 3/471; Ebu Dâvûd, 13/419-420.
[171] İmam Müslim, 6/155; Et'ime ve Müslim'in ittifak ettiği hadisler, s. 752, hadis no. 1269; Tirmizî, 2/245; Ahmed bin Hanbel, 2/21, 102, 143-144, 219, 5/48, 89-90, 127, 193-195, 301, 355, 383; Ebu Dâvûd, 13/415.
[172] Müslim 6/156; Et'ime ve Müslim'in ittifak ettiği hadisler, s. 752, hadis no: 1270.

yiyecekler ve yiyecek yapımında kullanılan bitki ve hayvanlar

At etinin helal olup olmadığı konusunda İslam âlimleri tam bir fikir birliğine varamamışlardır. Hadislerde, eti yasaklanan hayvanların niteliklerinin atta bulunup bulunmadığı dikkate alındığında, atın leş, börtü böcek vb. kirli gıdalarla beslenmediği görülür. Fakat tek tırnaklı bir hayvandır ve evcil hayvanlar arasında eti yenebilen hayvanların hepsi çift tırnaklıdır. At etinin haram oluşuna dair bir delil Halid bin Velid'den (r.a.) nakledilen bir hadistir, fakat âlimlerce senedi zayıf bulunmaktadır. Yani Halid bin Velid'in böyle bir söz söylediği kesin değildir.

Keler

Kertenkele familyasından bir sürüngen olan kelerin çeşitleri vardır. Resûlullah'ın (a.s.m.) kelerden hoşlanmadığını görmekteyiz. Hadislerde Resûlullah'ın (a.s.m.) kokusundan hoşlanmadığını, kendisini haz etmediğini görmek mümkündür, ama kimseye yasaklamamıştır: *"Ben onun yeyicisi ve haram kılıcısı değilim."*[173]

İbni Abbas (r.a.) kelerin haram olup olmadığına dair yorum yapan ilk isimlerdendir. İbni Abbas'a göre, eğer keler eti yemek haram olsaydı Resûlullah'ın (a.s.m.) sofrasında keler yenmezdi.[174]

Nitekim Halid bin Velid (r.a.) Resûlullah'ın (a.s.m.) yanında keler yemiştir. Rivayete göre:

> Kendisi (bir gün) Resûlullah (a.s.m.) ile birlikte Meymûne'nin evine girmiş. (O sırada Resûlullah'a (a.s.m.) kızartılmış bir keler getirilmiş. Resûlullah (a.s.m.) da (alıp yemek üzere) ona elini uzatmış. Bunun üzerine (o sırada) Meymûne'nin evinde bulunan bazı kadınlar; "Peygambere (a.s.m.) yemek istediği şeyin ne olduğunu haber verin" demişler. Orada bulunanlar da, "Bu kelerdir" demişler. Resûlullah (a.s.m.) da hemen elini çekmiş.
>
> Halid b. Velid sözlerine devamla şöyle der: "Ben (kendisine), 'Ey Allah'ın Resûlü, bu (kelerin etini yemek) haram mıdır?' diye sordum."
>
> *"Hayır (haram değildir), fakat o benim kavmimin toprağında bulunmaz ve ben ondan tiksinti hissediyorum"* buyurdu.
>
> Bunun üzerine ben kızarmış keleri (önüme) çektim ve Resûlullah'ın (a.s.m.) gözünün önünde yedim.[175]
>
> Yine Sabit b. Vedîa da bir savaş sırasında keler yendiğine dair bilgi aktarmıştır:
>
> "Resûlullah (a.s.m.) ile beraber bir askeri birlik içerisinde bulunuyordum. Derken birkaç keler yakaladık. Ben onlardan birini kızartıp Resûlullah'a (a.s.m.) getir-

---

[173] İmam Müslim, 6/156-164; Et'ime ve Müslim'in ittifak ettiği hadisler, s. 753, hadis no:1271; Yeniçeri 2009, s. 133.

[174] Müslim, 6/161; Ahmed bin Hanbel, 1/225, 259, 366, 2/329, 340, 347, 4/4; Ebu Dâvûd, 13/420-421; Et'ime, 8/444.

[175] Müslim, 6/158-159; Ahmed bin Hanbel, 4/89; Ebu Dâvûd, 13/421.

dim ve önüne koydum. (Hz. Peygamber) bir çöp alıp onunla (kelerin) parmaklarını saymaya başladı, sonra;

> '*İsrailoğullarından bir topluluk yerde yürüyen hayvanlar şekline çevrilmiştir. Ancak ben (onların çevrildiği) bu hayvanın hangi hayvan olduğunu bilmiyorum*' buyurdu ve (bu keleri) yemedi, (yenmesini de) yasaklamadı."[176]

Mezhep İmamlarının bu konuyu uzun uzun tartıştığı ve kiminin yenmesini helal, kiminin haram kabul ettiği görülmektedir. Hadislerde keleri yemediği ve sevmediği açık bir biçimde belli olan Resûlullah'ın (a.s.m.) yenmesini yasakladığına dair güçlü bir veri yoktur. Fakat zaten bir sürüngen olan kelerin böcek gibi canlılarla beslenmesi onun pek de makbul olmadığının göstergesidir. Nitekim daha önce de bir hayvanı helal ve haram kılan asıl şeyin beslenme biçimi olduğunu öğrenmiştik. Kelerin zorunluluk hâllerinde tüketilebilir hayvanlardan sayılması ve özel olarak aranmaması gerekli gibi görünmektedir.

Yaban eşeği (zebra)

Yaban eşeği olarak anılan zebra, yeyip içtiklerine bakıldığında ehil eşekler gibi kötü bir beslenmesi olmadığı görülür. Yayılarak beslenen bu hayvanın helal kabul edilmesi İslami mantığa aykırı değildir.

Resûlullah'ın (a.s.m.) zebra yediğine dair anlatıyı Ebu Katâde (r.a.) şöyle rivayet etmektedir:

> "Allah Resûlü (a.s.m.) ve ashabı ile beraber Mekke'ye giderken yolda mola verdik. Allah Resûlü (a.s.m.) önümüzde mola vermişti. Orada bulunanlar ihramlı, ben ise değildim. O esnada onlar vahşi bir eşek gördüler. Ben ise o esnada ayakkabımı dikmekle meşguldüm. Onlar benim o yaban eşeğini görmemi arzu etmişlerdi. Ben başımı çevirdiğimde onu gördüm. ... Yabani eşeğin üzerine yürüdüm ve onu avladım. Sonra onu getirdim. Bu arada yaban eşeği ölmüştü. Yaban eşeğinin eti pişirilince onlar da o etten yemeye başladılar. Onlar ihramlı oldukları hâlde bu avlanan hayvanın etinden yeme konusunda kendilerinde bir şüpheye düştüler.
>
> Bunun üzerine biz de Allah Resûlü'nün (a.s.m.) yanına gittik. Avladığım yaban eşeğinin bir budunu yanımda götürdüm. Allah Resûlü'ne (a.s.m.) yetiştik ve ona bunu sorduk. Allah Resûlü (a.s.m.), '*Onun etinden yanınızda bir şey var mı?*' diye sordu.
>
> Bunun üzerine ben de kendisine budu verdim ve Allah Resûlü (a.s.m.) etlerin hepsini sıyırıp yedi."[177]

---

[176] Ebu Dâvûd, 13/422.
[177] Et'ime, 8/510-511.

İslam'da ziyafetler

İSLAMİ GELENEKLERE GÖRE ZİYAFETLER yedi farklı sebeple ya da hiçbir sebep olmaksızın verilir. Ziyafet verilmesi gereken hâller şunlardır.

1. Velime[178]: Düğün yemeğidir.
2. Hurs: Doğum sebebiyle verilen ziyafettir.
3. İ'zâr: Sünnet düğünü vesilesi ile verilen ziyafettir.
4. Vekîre: Bina yapmak nedeni ile verilen ziyafettir.
5. Nakîa: Misafir için verilen ziyafettir.
6. Akika: Çocuğun doğumunun yedinci günü verilen ziyafettir.
7. Me'dube ve Me'debe: Herhangi bir sebep olmaksızın verilen ziyafettir.
8. Hızak: Çocuğu sütten kesmek veya hatim indirmek vesilesiyle verilen yemektir.

İslam öncesi Arabistan'da misafir ağırlamak büyük bir şan göstergesiydi. Muna Kaburi tarafından 1990 yılında yayınlanan *Atayib-i Münevve'a* adlı eski bir kitapta, Mekke mutfağında yemekler büyük bir incelikle sunulduğu, ziyafetlere özel bir önem verildiği anlatılmaktadır. Misafir ağırlamak Mekkeliler için büyük bir onur meselesi, itibar göstergesidir. İnsanlar ağırladıkları misafir miktarlarıyla övünür-

---

[178] Her türlü mutluluk veren hadise sebebiyle verilen ziyafet anlamına gelen velime, terim olarak, düğün yemeğinin özel ismi hâline gelmiştir. Nikâhın alenî olması ve halka ilan edilmesi esastır. Bu nedenle şahitsiz nikâh muteber kabul edilmemiştir. Nikâhı ilan etmenin ve bu mutluluğu paylaşmanın en güzel yollarından biri de evlenenlerin eş, dost, yakın ve akrabalarının davet edilerek ziyafet verilmesidir. Bu nedenle velime, yani düğün yemeği müstehap kabul edilmiştir. Hz. Peygamber, *"Bir koyunla da olsa, düğün yemeği verin"* buyurmuştur. (Buhârî, Nikâh, 68). (http://www.diyanet.gov.tr/, Erişim tarihi: 27.07.2012.)

resûlullah'ın (a.s.m.) sofrası

lerdi. Mekke ziyafet sofralarında hiçbir şey bütün olarak servis edilmez. Özellikle kadınların bulunduğu sofralarda her şey küçük parçalara bölünerek servis edilirdi.

Mekkeliler kına gecesinde, doğumun yedinci gününde, ad koyma töreninde, bir ölümün yıl dönümünde yemek ziyafeti verirlerdi. Yemekler hep yere serilmiş bir örtü üzerinde yenirdi. Mekkeliler daha çok güneyde yetişen kuzu etini tercih etmişlerdir. Dana etini beğenmezlerdi. Kuzunun dışında tavuk ve Kızıldeniz'de elde edilen balıkları tüketirlerdi. Gösterişli, misafire önem verilen, hatta çok değerli misafirlerin elle beslendiği Mekke sofraları hakkında 'elle yemek yeme' fikri yaygın olmasına rağmen yanlıştır. Bugün de yalnızca dinî günlerde çatal vb. sofrada kullanılmamaktadır.[179]

Resûlullah'ın (a.s.m.) yaşadığı döneme dair anlatılarda bahsedilen en önemli ziyafet, düğün yemeği ziyafetidir. Hadislerde 'velime' olarak geçer. Hz. Ömer (r.a.) rivayet ediyor: "Düğün yemeğinde bir miktar cennet kokusu vardır."[180]

Resûlullah'ın (a.s.m.) evlilik törenlerinde muhakkak yemek verilmesini istemiş, kendisi de bunu uygulamıştır. Velime ile düğünü ve beraberindeki nikâh akdini herkese ilan eden taraflar, topluluğun bildiği, meşru bir iş yapmanın adımını atarlar. Cahiliye döneminde birbirinden farklı ve İslam'a uygun olmayan bazı nikâh çeşitleri bulunuyordu ve bu nikâh çeşitleri İslam ile birlikte kaldırılmıştı. Tek ve hak kabul edilen nikâh biçiminin yaygınlaştırılması ve diğerlerinin izlerinin tamamen silinmesi adına bu düğün törenlerine ayrı bir önem verilmiş olabilir.

İbn Mesud'dan rivayet edildiğine göre: "Düğünde ilk gün yemek vermek gereklidir. İkinci gün verilen yemekler sünnettir, üçüncü gün verilen yemekler ise gösterişten ibarettir. Her kim bu dünyada düğün yemeğinde gösteriş yaparsa, Allah'ta ona kıyamet günü gösteriş yapmasına karşılıkta bulunur."[181]

Abdurrahman b. Avf şöyle dedi: "Allah Resûlü (a.s.m.) bana 'Bir koyun keserek de olsa velime ver' buyurdu."[182]

Evlenen kimsenin düğün yemeği vermesi sünnettir. Düğün yemeği herkesin imkânına göre olmalıdır. Sünnet işlenirken gösteriş ve israftan kaçınılmalıdır. Düğün yemeği veren zât, fakir zengin ayırt etmeden imkânları ölçüsünce herkesi yemeğe davet etmelidir. Daha önce de Resûlullah'ın (a.s.m.) davet etme ve davete icabet etme konusunda kibre kapılmaktan ve gösterişten sakınmanın gerektiğini belirttiği ifade edilmişti. Yine tekrar etmek gerekirse Resûlullah (a.s.m.) *"Kendisi-*

---

[179] Mai Yamani, "Mekke Mutfağı ve Sınıflar" Makalesi; Richard Tapper-Sami Zubaida, *Ortadoğu Mutfak Kültürleri,* Tarih Vakfı Yurt Yayınları, İstanbul, 2003.

[180] Suyuti, *a.g.e.,* 4:457, hadis no: 5954.

[181] Tirmizî, 1/570; Et'ime, 8/275.

[182] Et'ime, 8/270; Yeniçeri, *a.g.e.,* ss. 159; Tirmizî, 1/569; Suyuti, 3/80, hadis no: 2800.

ne zenginlerin çağırılıp fakirlerin çağırılmadığı davet yemeği ne kötü yemektir. Zenginlerin yediği, fakirlerin menedildiği düğün yemeği ne kötü yemektir"[183] demiş ve düğün yemeği davetlerine sınıf, soy ve zenginlik ayrımı yapılmaksızın misafir çağırmak gerektiğini bildirmiştir.

Resûlullah'ın (a.s.m.) düğünlerine bakıldığında kimi düğünlerde maddi yetersizlik sebebiyle az, yetersizlik bulunmadığında ise çok kişiye yemek verdiğini görüyoruz. Bazı evlilikleri ise Medine dışında olduğundan velime yine kısıtlı olmuştur. Sıklıkla koyun eti ve hays adlı yemeğin ikram edildiği sofralar Resûlullah'ın (a.s.m.) düğünlerinde sergileniyor. Koyun etinin nasıl pişirildiğine dair net kayıtlar olmasa da pişirildiği, hays ve hurma başta olmak üzere şıra ve şerbetlerle ya da su ile servis edildiği kayıtlarda geçen en önemli verilerdir. Resûlullah (a.s.m.) katıldığı düğünlerin bazılarında, geline içecek göndererek ikram etmiştir. Gönderdiği içecek hurma şerbeti, süt ya da sudur.

Resûlullah (a.s.m.) eşi Zeyneb (r.a.) ile evlenirken koyun kestirmiştir. Hizmetine bakmakla yükümlü oluşundan, genellikle Resûlullah'ın (a.s.m.) düğünlerine de şahitlik eden Enes bin Mâlik (r.a.) Zeyneb binti Cahş ile evliliğinde verilen velime hakkında şunları söylemiştir: "Allah Resûlü (a.s.m.) Zeyneb binti Cahş ile evlendiğinde velime vermiş, daha önce evlendiği hiçbir hanımında böyle velime vermemişti. Zeyneb ile evlendiğinde bir koyun keserek velime vermişti."[184]

Hz. Safiyye (r.anha) ile evlenirken ise yolculuğa rastlayan bu düğündeki yemekte yalnızca hays ikram ettirmiştir. Enes (r.a.) şöyle dedi: "Resûlullah (a.s.m.) Safiyye binti Huvey'i azat etti ve onunla evlendi. Azat edilmesini onun mehri kıldı. Velime olarak da hurma, süzme yoğurt ve yağdan yapılan hays yemeği verdi."[185]

Hays yemeğinin adının anılmayıp bazı malzemelerin sayıldığı bir hadis yine aynı kaynak kimseden, Enes bin Mâlik'ten (r.a.) aktarılmaktadır: "Allah Resûlü (a.s.m.) Hayber dönüşü Safiyye ile evlendi. Ben de müslümanları velime yemeğine çağırdım. Allah Resûlü (a.s.m.) sofraların açılmasını emretti. Sofralar açıldı ve üzerlerine hurma, süzme peynir ve eritilmiş yağ konuldu."[186]

Hz. Aişe (r.anha) ile evlilik töreninde ise on kişilik bir yemek verdiği ifade edilmiş fakat bunun ne olduğu yazılmamıştır.

---

[183] Suyuti, *a.g.e.*, 3/213.
[184] Et'ime, c. 8, s. 272.
[185] Tirmizî aktarımına göre yemek kavut ve hurmadandır. 1/570; İmam Et'ime, 8/272.
[186] Et'ime, c. 8, s. 44; Tirmizî aktarımına göre yemek kavut ve hurmadandır. (s. 570); Enes (r.a.) şöyle dedi: "Resûlullah (a.s.m.) Safiyye binti Huvey'i azat etti ve onunla evlendi. Azat edilmesini onun mehri kıldı. Velime olarak da hurma, süzme yoğurt ve yağdan yapılan hays yemeği verdi." (*İmam Et'ime*, c. 8, s. 272.)

Safiyye binti Şeybe de şöyle dedi: "Resûlullah (a.s.m.) hanımlarından biriyle evlendiğinde iki müd arpa unuyla velime verdi."[187]

Hz. Ali ile Hz. Fâtıma'nın düğün yemekleri

Hz. Aişe (r.anha) ve Ümmü Seleme Hind binti Ebî Umeyye'den (r.anha) rivayet edilen bir bilgiye göre, Hz. Ali (r.a.) ve Hz. Fâtıma (r.anha) evlilik sözleşmesinden sonra düğün yaptılar. Düğünde yemek verilmesi hususunda Resûlullah (a.s.m.) özen gösterdi. Bir koç kurban edildi ve Medine halkından bazıları un ve buğday hediye ettiler. Yemeğin yanı sıra hurma, incir ve su ikram edildi.[188]

Başka bir kayda göre Resûlullah (a.s.m.) kızı Fâtıma'nın (r.anha) düğününde ziyafet için hurma ve zeytinyağı hazırlatmış, Hz. Ali (r.a.) ise arpa ekmeği, hurma ve haystan oluşan bir sofra hazırlatmıştır. Hz. Aişe (r.anha) ve Ümmü Seleme'nin (r.anha) düğünün güzelliği hakkındaki övgüleri arasında gelin ve damada velime ziyafeti olarak kuru hurma ve kuru üzüm yedirdikleri ve "güzel" olarak niteledikleri bir su içirdikleri de aktarılır.[189]

Ümmü Seleme'nin olayın tamamını şu şekilde anlattığı rivayet olunmuştur:

> "Fahr-i Kâinat Efendimiz (a.s.m.): *'Ya Ali düğününüzün olmasını arzu ediyor musun?'* buyurdu. Hz. Ali de 'Evet' dedi. Bunun üzerine Resûl-i Ekrem Efendimiz (a.s.m.), Ümmü Seleme'ye haber gönderip on dirhem istedi. Gelen parayı Hz. Ali'ye uzattı ve: *'Ya Ali! Bir miktar hurma, biraz tereyağı biraz da yoğurt al gel'* buyurdu. Hz. Ali bunları huzura getirdi. İki Cihan Güneşi Efendimiz hurmaları bir kaba boşaltıp mübarek elbisesiyle ezdi. Biraz un, yoğurt ve tereyağı ile karıştırarak tatlı bir düğün yemeği yaptı. 'Hays' adındaki bu yemeği tabaklara koydu. Bu velime hazırlığından haberdar olan Sa'd İbn Ubâde katkı olmak üzere derhâl bir koyun kesti getirdi. Bir başka sahabi yağ, un getirdi. Resûlullah (a.s.m.): *'Ya Ali! Ashabı davet et! Dostlarını davet et!'* buyurdu. O da dışarı çıkıp ashabı davet etti. Gelenler onar onar içeri alınıp sıra ile sofraya oturtuldu. Bu şekilde sofralar dolup taştı. Hz. Ali (r.a.) o gün velime yemeğinden yedi yüz kişinin yediğini nakletmiştir."[190]

İmam İbn-i Mâce'nin, *Sünen-i İbn-i Mâce*'sinde el-Mevâhibü'l-Ledünniye'de nakledilen bazı rivayetlerde ise; bu düğün velimesinde zeytin ve kuru hurma bulunduğu, diğer bir kısım rivayetlerde de velimelerinde kuru hurma ile kuru-

---

[187] Et'ime, 8/273.
[188] Martin Lings, *Hz. Muhammed'in Hayatı*, İnsan Yayınları, İstanbul, 2006, ss. 183-184.
[189] Yeniçeri, *a.g.e.*, s. 167.
[190] http://www.biriz.biz/sahabiler/peykiz4.htm (Kaynak: Mustafa Eriş, *Altınoluk* dergisi, Erişim tarihi: 10.07.2014).

tulmuş yoğurttan yapılan 'hays' isimli yemek bulunduğu ifade edilmiştir.[191]

Sehl bin Sa'd es-Sâidî'den (r.a.) nakledilen bir olaya göre:

"Ebu Üseyd es-Sâidî, Resûlullah'ı (a.s.m.) düğününe davet etti. Gelin (velime yemeğini hazırlamak işinde) onlara hizmet ediyordu. Gelin 'Ey Sehl! Resûlullah'a (a.s.m.) ne içirdiğimi biliyor musun? Ben (Tevr denilen kap içinde) geceden birkaç tane kuru hurma ıslattım. Sabah olunca hurmaları süzdüm ve bunun şırasını ona içirdim' demiştir."[192]

Bazı rivayetlerde de sabahleyin velime yemeği verildikten sonra Peygamber Efendimize hurma şırasının ikram edildiği belirtilmiştir. Şu hâlde Ebu Üseyd'in velime ziyafeti gerdeğe girildikten sonraki gün verilmiştir. Yemekten sonra da Peygamber Efendimize özel bir ikram olarak şıra içirilmiştir.

---

[191] İbn Mâce, hadis no: 1911 (Bu hadis açıklaması, Sünen-i İbn Mâce, http://www.vesiletunnecat.com/).
[192] İbn Mâce, hadis no: 1912 (http://www.vesiletunnecat.com/); Abdulbaki, *El- Lü-'Lüü Vel-Mercan*, s. 769.

Üçüncü Bölüm

Resûlullah Efendimiz ve Adabları

Resûlullah Efendimizin sofra adabı

HADİSLER VE HADİSLERİN AKTARILDIĞI anlatılarda Resûlullah (a.s.m.); az yiyen, yedikleri için şükreden, yiyecek içeceği çocukluğundan beri talep etmekte çekingenlik gösteren, çok yemek yemenin insan ruhuna zarar verdiğini, iyiliği ve imanı olumsuz etkilediğini dile getiren ve insanları yiyecekleri eşit, adil paylaşmaya yönlendiren biridir.[193]

Resûlullah'ın (a.s.m.) rızık konusundaki tavrı

Anlatılarda, çocukluk yıllarında amcasının ona olan düşkünlüğü, bulunduğu sofraların bereketi, büyükleri yemek yemeye başlamadan yemek yememesi ve daima az yiyor oluşu ön planda yer alıyor.[194] Bu tutumunu ömrü boyunca makamı ne olursa olsun sürdürdüğünü ve yaşamı boyunca lüksten kaçındığını yine hadisler ve hadislere bağlı anlatılarda görüyoruz.

Lüksten kaçınmış, mütevazı bir hayat sürmüş ve elinde olanı daima ümmeti ile paylaşmıştır. Besinlerin ambargolar, boykotlar, savaş ve kıtlık nedeniyle az bulunduğu zamanlarla dolu bir hayatı olan Efendimizin (a.s.m.) eşlerinden Hz. Aişe'nin (r.anha) anlatılarına baktığımızda, Peygamberimizin ailesinin kendi-

---

[193] Kadi 'İyaz, *Şifâ-i Şerîf*, c. 1, ss. 729-730; İbn Kayyim El-Cevziyye, *Zâdul-Meâd*, c.2, İstanbul, 2008, s. 496.
Kaynaktan aktarıldığına göre, dadısı Ümmü Eymen, bu hususu şu ifadelerle dile getirir: "Resûlullah'ın, çocukluğunda ne açlıktan, ne de susuzluktan şikâyet ettiğini görmedim. Sabahleyin bir yudum zemzem içerdi. Kendisine yemek yedirmek istediğimizde, 'istemem, karnım tok' derdi."

[194] İbn Sa'd, *a.g.e.*, 1/119-120.

si hayatta iken daima kısıtlı geçim kaynaklarına sahip olduklarını anlıyoruz. Hz. Aişe'nin, yeğeni Urve ile yaptığı bir konuşmada "Ey kızkardeşimin oğlu! Allah'a yemin ederim ki biz bir hilali, sonra bir diğerini, sonra bir başkasını, yani iki ayda üç hilali görürdük de Resûlullah (a.s.m.) evlerinde hiç ateş yakılmazdı" demesi bu durumun iyi bir kanıtıdır. Urve, bu söz üzerine Aişe'ye (r.anha) geçim kaynakları sormuş ve şu cevabı almıştır: *"İki siyah, yani hurma ve su..."*[195]

Ayrıca Resûlullah (a.s.m.) kendine ait olan topraklardan, her yıl hasat sonunda eşlerinin nafakalarını da ayırmayı ihmal etmezdi. Bu paylaşımdan geriye kalanı ise ihtiyaç sahipleri arasında pay ederdi. Ümmetin geçiminin çok zorlaştığı zamanlarda ise eşlerinin nafakalarını da ihtiyaç sahiplerine paylaşırdı. Yeme içme konusunda, kendisine zaman zaman yapılan ikramlarla ilgili de net bir tavır belirlemiş ve o devre göre lüks kabul edilebilecek hiçbir şeyi yememeye, içmemeye özen göstermiştir.

Bir defasında bal ve süt karışımı ile dolu bardağı kendisine takdim ettiler. Kabul etmeyip buyurdu: *"İki yemek ve iki şerbet bir kapta olmaz."* Sonra da şöyle ekler: *"Bu haramdır demiyorum, ancak ben ancak ben büyüklenmeyi ve dünyanın boş şeyleri ile yarın hesap vermeyi uygun bulmuyorum. Ben sadeliği ve tevazuyu severim. Allahu Teâlâ içi alçak gönüllü olanları yükseltir."*[196] Bu hassasiyet ekseninde Resûlullah (a.s.m.), kendisi de, tavsiye ettiği gibi toplulukla yemek yemiş, bunu yaparken de ümmetine neyin yeneceğini, nasıl yeneceğini öğretmiştir.

Resûlullah'ın (a.s.m.) sofraya oturmadan önceki temizliği

İslam başlıbaşına arınma dini olarak karşımızdadır. Helal olan için çaba harcamaya, iyi ve doğru davranışlara bizi yönelterek ruhumuzu temizlediği gibi beden, çevre temizliği gibi konularda da hassas davranarak tam bir arınma sağlamayı hedeflemektedir. Sofralar konusunda, belki Mekke ve Medine coğrafyasında suyun az bulunuyor olması, belki de kültürel birtakım ögeler sebebiyle çok dikkat edilmeyen temizlik konusuna İslamiyet özen göstermektedir.

Resûlullah'ın (a.s.m.) yemekten önce, sonra ve uyumadan önce elleri yıkamak gerektiğine dair birçok sözü aktarılmıştır. Örneğin bir hadisinde, *"Yemekten evvel elleri yıkamak yoksulluğu, yemekten sonra yıkamak ise günahları giderir,"* *"Yemekten evvel ve sonra elleri yıkamak fakirliği yok eder"* buyurmuşlardır.[197]

Selman (r.a.) Resûlullah'a (a.s.m.) "Tevrat'ta, 'Yemeğin bereketi, yemekten ön-

---

[195] Nevevî, *Riyazu's-Et'ime*, 3/247. Hadisin devamı şöyledir: "... Ancak şu var ki Resûlullah'ın (a.s.m.) Ensardan sağmal hayvanları bulunan komşuları vardı. Onlar Resûlullah'a (a.s.m.) bu hayvanların sütlerinden gönderirlerdi."
[196] Gazali, *a.g.e.*, 2/886.
[197] Gazali, *a.g.e.*, 2/12; Prof. Dr. Davud Aydüz, *a.g.e.*, s. 45.

ce elleri ve ağzı yıkamaktır' yazıyor" der. Efendimiz (a.s.m.), *"Yemeğin bereketi yemekten önce elleri, yemekten sonra da elleri ve ağzı yıkamaktır"* buyurmuşlardır.[198]

Yemekten önce ve sonra elleri yıkamanın bereket vesilesi olduğunu ifade eden[199] Resûlullah (a.s.m.), elleri yemek bulaşığı içinde uyuyanın şeytanın gözetiminde olduğunu ve kendisine uyku sırasında birşey olursa kimseyi suçlamaması gerektiğini söyleyerek mutlak temizlik şartını yemek sofralarıyla da ilişkilendirmiştir.[200]

Resûlullah'ın besmele çekme alışkanlığı

Temiz ellerle oturulan sofralarda yapılması gereken ilk şey besmele çekmektir. Ömer b. Seleme'den rivayet olunduğuna göre; Peygamber Efendimiz (a.s.m.), *"Ey oğulcuğum; yaklaş, Besmele çek, sağ elinle ve önünden ye"* buyurmuştur.[201]

Hz. Aişe (r.anha) şöyle anlatır: "Resûlullah (a.s.m.) altı kişi ile beraber yemek yerken bir bedevi gelip ne var ne yoksa yedi. Bunun üzerine besmele çekmeden yemek yiyen bu adamın tavrına binaen Resûlullah (a.s.m.), *'Eğer besmele çekseydi yemek hepinize yeterdi'* dedi."[202]

Rabbimiz helal ve temiz olanı tanımlarken 'üzerine Allah'ın adı anılmış olanlar' demektedir. Sofraların bereketli olması ve aynı zamanda manevi anlamda temiz olabilmesi için muhakkak yiyeceklerin üzerine de Allah'ın adının anılması gerekmektedir. Besmele, tam da bu nedenle başlangıç için çok önemli bir sözdür. Kimi zaman yemeğe başlarken besmelenin unutulduğu olmuştur.

Buna dair hadislerde adı geçen sahabelerin, başlangıçta besmele çekmeyi unuttuklarını anımsar anımsamaz besmele çektikleri, "Bismillâhi evvelehû ve âhirehû"[203] dedikleri, Resûlullah'ın (a.s.m.) da bunu tavsiye ettiği görülmektedir.

Resûlullah'ın (a.s.m.) sofrada oturuşu

Resûlullah (a.s.m.) yer sofrasında, bir yaygı üzerinde yemek yerdi ve sofraya bazen dizleri üzerine çökerek, bazen iki ayakları üzerine, bazen de sağ ayağını büke-

---

[198] Tirmizî, 2/267; Ahmed bin Hanbel, 1/441; Ebu Dâvûd, 13/389.
[199] Suyuti, *a.g.e.*, 3/200, hadis no: 3140.
[200] Tirmizî, 2/273, Ebu Dâvûd, Et'ime 54, (3852) Ebu Hureyre'den (r.a.) rivayetle Resûlullah (a.s.m.) şöyle buyurmuştur: "Şeytan (veya mikrop, bakteri ve böcekler) hassas ve yalayıp yok edicidirler. Kendinizi onlardan koruyun. Her kim elinde yemek bulaşığı ve kokusu varken yatıp uyursa ve geceleyin kendisine bir şey olursa, kendisinden başka kimseyi suçlamasın."
[201] Buhârî, 8/435-436; Müslim, 6/247; Ebu Dâvûd, 13/406; Nevevî, *Riyazu's-Et'ime*, 4/203, 221; Tirmizî, 2/272; Abdulbaki, s. 561.
[202] Tirmizî, Et'ime, hadis no: 1859; İbn Mâce, Et'ime, hadis no: 3284.
[203] Ebu Dâvûd, Et`ime hadis no: 15; Tirmizî, Et`ime, hadis no: 47; İmam Nevevi, hadis no: 730

rek sol ayağı üzerinde otururdu. Resûlullah (a.s.m.) sofraya oturma adabı ile ilgili olarak şöyle buyurur: *"Yaslanarak yemek yemem! Ben ancak, Allah'ın bir kuluyum; köleler nasıl yerse öyle yer, kullar nasıl oturursa öyle otururum."*[204]

Yaslanarak yeme konusunda ilk akla gelen sakınca kibir ve kendini beğenmişlik alâmeti taşımasıdır. Kendisi kibirden uzak olan Resûlullah (a.s.m.) böyle bir görüntü vermekten dahi sakınmayı tercih etmiştir. Bu kuralı çok istisnai durumlarda bozduğu olsa da sıklıkla bundan sakınmıştır. Muhakkak Resûlullah (a.s.m.) bu istisnai yaslanmalarında sağlığı sebebiyle oturamayacak olan kimseleri gözetmiş olmalıdır.[205]

Edeble sofraya oturuşunu gören bir bedevinin, "Bu şekilde oturuşun manası nedir?" demesi üzerine Resûlullah (a.s.m.) şu cevabını vermiştir: *"Şüphesiz ki Allah beni mütevazı bir kul olarak yetiştirdi. Zalim ve inatçı (bir insan) olarak yetiştirmedi."*[206]

Sofrada oturmak kadar yemeği yeme hususunda da gösterdiği bu tevazu kendisinden sonra sahabeler tarafından da dikkatle yaşatılmıştır. Bir sahabe şunları anlatır: *"Resûlullah'ın (a.s.m.) hiçbir zaman (bir yere) dayanarak (yemek) yediği görülmemiştir. Arkasında iki adamın yürüdüğü de görülmemiştir."*[207]

Yine İbni Abbas'tan (r.a.) rivayetle nakledilir: *"Hz. Peygamber yere oturur, yerde yemek yer, koyunu sağar, bir kölenin arpa ekmeğini yeme davetini kabul ederdi."*[208] Bu gibi nakledilebilecek birçok söz, günümüze Resûlullah'ın (a.s.m.) edeb ve ahlakını bütün aydınlığıyla yansıtmaktadır.

Resûlullah'ın herkesi yemeğe davet edişi

Resûlullah (a.s.m.) sofrasını daima başkalarıyla paylaşırdı. Kendisine bir misafir geldiği zaman ona ikram eder, sofrasını paylaştığı insanların makam ve mevkisi-

---

[204] Gazali, *a.g.e.*, 2/13, 883, 897; Sûfî-zâde Seyyid Hulusi, *a.g.e.*, s. 499; Konuyla ilgili benzer hadisler şöyledir: Ali b. el-Akmer'den rivayet olunduğuna göre; Ebu Cühayfe, Resûlullah'ın (a.s.m.) şöyle buyurduğunu nakletmiştir: *"Ben (yemeğimi) dayanarak yemem!"*
Tirmizî, *Sünen-i Tirmizî*'de Ebu Cuhayfe'den rivayetle bu hadisi: "Ben bir yere dayanarak rahat bir şekilde yemek yemem. Yani yemek için fazla zaman ayırıp vaktimi orada geçirmem" şeklinde aktarmıştır. Buhârî, 8/449; İbn Mâce, Et'ime 6; İmam Dârimi, Et'ime 31; Ahmed B. Hanbel, 4/508, 309; Ebu Dâvûd, 13/399; Nevevî, *a.g.e.*, 4/234; Suyuti, *a.g.e.*, 2/169, hadis no: 1599.

[205] Mus'ab b. Süleym'den, şöyle dediği rivayet olunmuştur; Ben Enes'i (r.a.) (şöyle) derken işittim: "Peyga. (a.s.m.) beni (bir yere) göndermişti. Döndüğüm zaman kendisini geriye yaslanmış hâlde hurma yerken ı dum." İmam Müslim, Eşribe 148; İmam Ahmed bin Hanbel, 3/180; Ebu Dâvûd, 13/400; *Riyazu's-Et'ime*'de bu olay "Resûlullah'ı (a.s.m.) dizlerini dikerek oturmuş hurma yerken gördüm" şeklinde aktarmıştır. *Kütüb-i Sitte*'de ise bu aktarım: "Resûlullah'ı (a.s.m.) çömelir vaziyette durup hurma yerken gördüm" şeklindedir.

[206] *Riyazu's-Salihin*'de bu cevap: "Allahu Teâlâ beni inatçı bir zorba değil, şerefli bir kul olarak yarattı" şeklinde verilmiştir.

[207] Buhârî, Ahkâm 43; İbn Mâce, Mukaddime 21; İmam Ahmed bin Hanbel, 2/125, 127; Ebu Dâvûd, 13/400.

[208] Suyuti, *a.g.e.*, 5/205, hadis no: 6989.

ni asla gözetmezdi. Resûlullah'ın (a.s.m.) insan hak ve eşitlikleri hakkında hassas davranılması konusunda her zaman gösterdiği itina burada da karşımıza çıkar.

Ebu Hureyre'den (r.a.) rivayet edilir:

"Birinize hizmetçisi yemeğini getirdiğinde o yemeği hazırlama zahmetini ve dumanını o çekmiştir. Öyle ise yanına yemeğe oturtsun. Şayet oturtmayacaksa hiç olmazsa ondan bir iki lokma versin"[209] diyen Resûlullah (a.s.m.) yemeği hazırlayan, hizmet eden kimselerin sofrada yeri olması gerektiğini belirtmiştir. Onları hizmetçi ve/veya köle olarak yadsımamış, sofrada onların da yeri bulunduğunu ifade ederek, insanlara bu tavrı ve sözüyle de tevazuda örnek teşkil etmiştir.

Hepimizin bildiği gibi üstünlük her zaman takvadadır. Resûlullah (a.s.m.) sofralardan zengin-fakir ayrımını kaldırmanın, toplumun en çok tekrar ettiği yeme içme işinde tevazu ve birliği oluşturmanın, sarsılmaz bir İslam toplumunun önündeki en büyük engellerden birini kaldıracağını biliyor olsa gerek ki, bu konuda çok hassas davranmıştır.

August Bebel'in *Hz. Muhammed ve Arap-İslam Kültürü Dönemi* adlı çalışmasını okurken, yazarın yaptığı bir tespiti çok önemli buldum. Bebel'e göre İslam öncesinde birlikte hareket etme kabiliyeti çokça düşük, dağınık olan Arap toplulukları, cemaat namazı ile belli bir disipline kavuştular. Birlikte kıldıkları namaz onları, birlikte hareket etme ve tek vücut olma bilinç ve yeteneğine kavuşturdu. Aynı şey sofralar için de geçerlidir. Kavim kavim, saf saf ayrılmış durumdaki Arap toplulukları İslam'la bir sofrada birleşerek bir bütün olma kabiliyetine kavuşmalıydılar. Resûlullah Efendimiz (a.s.m.) bunun mücadelesini veriyordu.

Yemeği bir hediye, yemek yedirmeyi bir iyilik olarak tasvir eden Efendimiz (a.s.m.), *"Sizden herhangi birinizin yemek sofrası, misafirin önünde bulunduğu müddetçe melekler onun için istiğfar ederler"*[210]-[211] diyerek misafir etmeyi ve misafire yedirip içirmeyi teşvik etmiştir. İslam öncesi Arap toplumlarında da misafir ağırlamak onurlu bir iş sayılır ve misafire çokça önem verilirdi. *"Ziyaretçi size geldiği zaman ona ikram edin"*[212] demekle söze başlayan Resûlullah (a.s.m.), kıyamet

---

[209] A.g.e., 1/241, hadis no: 344; Kütüb-ü Sitte, hadis no: 6926, Tirmizî, 2/271; Konuyla ilgili başka bir hadis ise şöyledir: Ümmü Seleme'den (r.anha) rivayetle Resûl-i Ekrem (a.s.m.) şöyle buyurmuşlardır: *"Hizmetçi ile yemek yemek tevazudandır." (Suyuti, a.g.e., 3/182, hadis ho: 3075.)*

[210] Gazali, *a.g.e.,* 2/25.

[211] Taberani'nin eserinde Hz. Aişe'den rivayet edilmiştir.

[212] Gazali, *a.g.e.,* 2/27; konuyla ilgili diğer hadisler şöyledir: "Allah'a ve ahiret gününe iman eden misafirine ikram etsin." *(Gazali, a.g.e., 2/27);* "Misafir rızkı ile gelir, giderken hane sahibi affedilmiş olur." Sûfi-zâde Seyyid Hulusi, *a.g.e.,* s. 296; "Cennette içi dışından, dışı içinden görülen şeffaf köşkler vardır. Bunlar, tatlı ve yumuşak konuşan, yemek yediren ve insanlar uykuda iken namaz kılanlar içindir." *(Gazali, a.g.e., 27);* "Hayırlınız yemek yedirenininizdir." *(Gazali, a.g.e., 2/27);* İbni Ömer rivayet ediyor: "Amellerin faziletlisi, mü'min kardeşini sevindirmen, borcunu ödemen, ekmek de olsa yemek yedirmendir." *(Suyuti, a.g.e., 2/25, hadis no: 1236.);* "Kardeşini doyuruncaya kadar yedireni kandırıncaya kadar içireni Allahu Teâlâ, araları beş yüz senelik olan yedi hendek ile Cehennemden uzaklaştırır." *(Gazali, a.g.e., 2 27.)*

gününe dair bir anlatıyla misafire ikram etmenin Allah'a (c.c.) ikram etmekle eş olduğunu söylemiştir.

"Kıyamet günü Allahu Teâlâ kullarına der: 'Ey Âdemoğlu, ben acıktım Beni yedirmedin.'

O şahıs 'Sen âlemlerin Rabbisin, ben Seni nasıl yedirecektim ya Rab?' der.
Allahu Teâlâ:

'Aç olan din kardeşin sana geldi sen onu yedirmedin, eğer onu yedirseydin Beni yedirmiş gibi olurdun' buyurur."[213]

Resûlullah (a.s.m.) bir hadisinde, misafire ikram etmeyi "cennete girmeye vesile" olarak tanımlamaktadır. Fakat misafire ikram "Allah için yemek yedirmek" niyetiyle olmalıdır. Bâtıl güdüler gerekçesi ile şan ve gösteriş uğruna misafir ağırlamak ve yemek yedirmek ancak Cahiliye Devri âdetlerini tekrarlamak olacak ve bu cennet vesilesi sayılmayıp aksine cehennem için bir sebep oluşturacaktır.[214]

Misafire ikram etmek ve Allah (c.c.) için yemek yedirmek tavsiye edilirken, gidecek ziyaretçilere de birtakım nasihatlerle yol gösterilmiştir. Bu nasihatlerden ilki, *"Çağırılmayan bir haneye ziyafete giden, hırsız girer ve yağmacı olarak çıkar"*[215] demesidir, ki davet edilmeyen bir sofranın, hane sahibinin hâlini misafir bilemeyebilir. Yine de misafir olduğu hanede sofraya rast gelmek başka birşeydir. Burada kasıt, bir davet olduğu zaman çağrılmadığı hâlde gitmektir. Nitekim Resûlullah (a.s.m.) başka bir hadisinde, *"Davet olunmayan sofraya giden kimse, gitmekle fasık olduğu gibi yediği de haramdır"*[216] buyurmuşlar ve bunun hoş bir durum olmadığını belirtmişlerdir.

Yine *"Kim Allah'a ve ahiret gününe iman ediyorsa misafirine ikram etsin"* dedikten sonra misafirliğin ve ikram etmenin de belirli süre ile olduğunu eklemiştir. Bu konuda Ensarın zorluk çekmesine mâni olmuştur: *"Bir gün ona ikramda bulunması onun ona takdim edeceği bir hediyedir. Ziyafet ise üç gündür. Üç günden sonraki sadakadır. (Hane sahibini) sıkıntıya sokacak kadar durman helal olmaz."*[217]

Resûlullah (a.s.m.) bir yemeğe davet edildiğinde, oruçlu olsa dahi icabet etmek gerektiğini söylemektedir. *"Biriniz bir yemeğe çağrıldığında gitsin.*[218] Oruçlu

---

[213] İmam Müslim Ebu Hureyre'den rivayet etmiştir.
Gazali, *a.g.e.*, 2/26-27.

[214] Ebu Hureyre'den (r.a.) rivayetle: "Size, cennete girmenize vesile olacak şeyleri haber vereyim mi? Bunlar cihad etmek, Allah yolunda vuruşmak, misafire yemek vermek, namazı vaktinde kılmaya özen göstermek, soğuk gecede güzelce abdest almak ve Allah için yemek yedirmektir." *(Suyuti, a.g.e., 3/98, hadis no: 2849.)*

[215] Sûfi-zâde Seyyid Hulusi, *a.g.e.*, s. 302; Ebu Dâvûd, 13/365.

[216] Gazali, *a.g.e.*, 28; "Bir kimsenin ziyafetine, davet edilmeden gitmek caiz değildir." Sûfi-zâde Seyyid Hulusi, *a.g.e.*, s. 302.

[217] Sûfi-zâde Seyyid Hulusi, *a.g.e.*, s. 294.

[218] İbni Ömer rivayet ediyor: "Biriniz düğün yemeğine davet edildiğinde gitsin." *(Suyuti, a.g.e., 1/345, hadis no: 606.)*

değilse yesin. Oruçlu ise bereketlenmesi için dua etsin."[219] Burada esas olan daveti reddetmenin kabalık kabul edildiği ve Resûlullah'ın (a.s.m.) ikram edileni geri çevirmeme, daveti reddetmeme alışkanlığını yerleştirme çabasıdır.

Cahiliye'den kalma âdetleri yok etmek adına atılmış bu adımla, davet eden kişinin soy ve sınıfını dikkate alıp reddetme davranışından insanları men etmek maksadıyla Resûlullah (a.s.m.) böyle buyurmuş ve bu konuda defalarca yönlendirme yaparak davranışı teşvik etmiş olabilir.[220] Nitekim "oruçlu olsa dahi davete icabet etsin, yemesin ama dua etsin" şeklindeki hadis de bunu göstermektedir. Burada amaç yemek değil, çağıran kişiye uyarak, kibirlenmeden davetini kabul etmek gerektiği alışkanlığını oluşturmaktır. İbni Ömer'den rivayet edilen *"Selâmı yayınız, yemek yediriniz ve Allah'ın emrettiği şekilde kardeş olunuz"*[221] hadisi de bu tezi destekler niteliktedir. Nitekim Resûlullah (a.s.m.) *"Davete icabet etmeyen Allah'a ve Resûlü'ne isyan etmiştir"*[222] diyerek bu konudaki ciddiyetini belirtmiştir.

Davetler hakkında sınıf ayrımını, soy-neseb gözetimini sonlandırmak için davete icabet etmek kadar, kimin davet edileceği hususunda da titizlik gösterilmesi gerektiğini belirtir Efendimiz (a.s.m.). Fakirlerin davet edilmediği, yalnızca zenginlerin çağırıldığı sofralara *"Yemeklerin en fenası zenginlerin davet edilip de fakirlerin çağırılmadığı düğün yemekleridir"*[223] diyerek hoş bakmadığını da ifade etmiştir.

Resûlullah'a (a.s.m.) göre sofraya davet edilecek kimse ancak ve yalnız iyiler olmalıdır. Resûlullah'a (a.s.m.) "İhsan nedir?" diye sorulduğunda şöyle buyurmuşlardır:

"Yemek yedirmek ve herkese selam vermektir, yemek yedirmek ve insanlar uykuda iken namaz kılmaktır, yemek yedirmek ve güzel konuşmaktır."[224] Buna göre, hiçkimseyi ayırt etmeksizin herkese selam veren, güzel konuşan ve rızkını paylaşan insanlar ihsan etmektedir ve muhakkak bu kimseler iyilerdir.

Asr sûresi de son ayetinde "iman edip salih ameller işleyen, birbirlerine hakkı ve sabrı tavsiye eden kimseler"den bahsetmekte, onların ziyanda olmadığını ifade etmektedir. "İyi" kelimesi ile muhakkak, yukarıdaki ayetler ve hadislerle tanımla-

---

[219] Suyuti, *a.g.e.*, 1/346, hadis no: 610; Tirmizî, 1/416.

[220] Abdullah İbni Ömer'den (r.a.) rivayet olunduğuna göre, Resûlullah (a.s.m.): *"Biriniz bir davete çağrıldığı zaman, hemen ona gitsin"* buyurmuştur. Başka bir hadiste ise bu sözlere *"(Çağırılan şey ister) düğün (yemeği) olsun, ya da benzeri bir şey olsun (fark etmez)"* cümlesi eklenerek aktarılmıştır. Buhârî, 8/274; Müslim, 4/338, 339, 340, 341; Tirmizî, 1/571; Ahmed bin Hanbel, 2/ 20, 22, 37; Ebu Dâvûd, 13/363-364.

[221] Suyuti, *a.g.e.*, 2/24, hadis no: 1232.

[222] Gazali, *a.g.e.*, 2/39.

[223] A.g.e., 2/35; Ebu Dâvûd, 13/365.

[224] A.g.e., 2/34-35.

nan kimseleri kasteden Resûlullah'ın (a.s.m.), *"Ancak iyilerin yemeğini ye, yemeğini de ancak iyiler yesin"*²²⁵ buyurmuş. Enes'ten (r.a.) rivayet edilen bir duasında *"Oruçlular sizde oruçlarını açsınlar, yemeklerinizi iyi insanlar yesin. Yanınıza melekler insin"*²²⁶ demiştir.

EFENDİMİZİN KULLANDIĞI MASA, SOFRA VE YEMEK TAKIMLARI

Resûlullahın (a.s.m.) yerde oturarak yemek yiyordu. Yemek yediği yer sofralarıyla ilgili olarak kendisine hizmette bulunan Enes (r.a.) şu bilgileri aktarmıştır: "Ben Resûlullah'ın (a.s.m.), ne sükürrüce (denilen tahta sofra) üzerinde yemek yediğini, ne ona inceltilmiş (yufka) ekmek yapıldığını ve ne de yemek masası (hıvân) üzerinde yemek yediğini hatırlamıyorum."

Enes'in (r.a.) bu sözünü rivayet eden Ebu Katâde'ye 'Peki neyin üzerinde yemek yiyorlardı?' diye sorulmuştu. 'Sofralar üzerinde' diye cevap verdi."²²⁷ Bahsi geçen sofra hakkında İbn Kayyim "meşin" yani tabaklanmış, islah edilmiş deri örtüler ifadesini kullanmıştır.²²⁸

Kaplar

Resûlullah'ın (a.s.m.) yemek ve içmekte kullandığı birtakım kaplardan bahsedilir. Bunlardan ilki Abdullah b. Büsr tarafından aktarılan hadiste adı geçen *el-Garrâ* isimli kaptır. Abdullah bin Büsr el-Garrâ hakkında "Onu (ancak) dört kişi taşıyabilirdi" demektedir.²²⁹ Arapça "parlak" anlamına gelen bu kabın çok büyük oluşu dışında herhangi bir niteliğine dair bilgi bugüne ulaşmamıştır.

Sık sık resimlerini de gördüğümüz 'kadeh-i şerif' adı verilen bir ahşap kap da Resûlullah (a.s.m.) tarafından bir defa kullanılmıştır. Medine'de, bir yerden bir yere giderken bir molada Resûlullah (a.s.m.) susamış ve Sehl İbn Sa'd'a "Ya Sehl, bizi bir sulasan" demiştir. O zaman 15 yaşlarında bir genç olan Sehl bir ahşap el oyması tas ile Resûlullah'a (a.s.m.) su vermiş, daha sonra da bu tası hatıra olarak saklamıştır. Yıllar sonra tası gösterip anısını anlatırken orada bulunan Ömer bin

---

²²⁵ Gazali, *a.g.e.*, 2/35.
²²⁶ Suyuti, *a.g.e.*, 5/107, hadis no: 6592.
²²⁷ *Sünen-i Tirmizî*'de Enes'ten (r.a.) rivayet edilen bu bilgi şöyle aktarılmaktadır: "Resûlullah (a.s.m.), tabaktan yapılmış sini veya masa gibi ayaklı sofralar üzerinde ufak ve ayrı tabaklarda yemek yemediler. Kepeği undan ayrılmış has ekmek—veya yufka ekmeği de—yemediler. Bunun üzerine Katade'ye: 'Ne üzerinde yemek yerlerdi' diye sordum. Katade: 'Şu yuvarlak deriden sofralar üzerinde' dedi."
Buhârî, Et'ime 8, 26, Rikâk 17; *Kütüb-ü Sitte*; Yeniçeri, *a.g.e.*, ss. 136-137.
²²⁸ İbn Kayyim, *a.g.e.*, c. 1, s. 136.
²²⁹ İbn Mâce, Et'ime 6; Ebu Dâvûd, 13/402; Nevevî, *a.g.e.*, 4/231.

Abdulaziz tası Sehl'den istemiş, Sehl de kendisine hediye etmiştir. Bu tas, yıprandığı fark edildiğinde ve kıymetine binaen gümüşle kaplanarak saklanmış, bugüne ulaştırılmıştır.

Hadislerden Resûlullah'ın (a.s.m.) taştan oyma, ahşaptan oyma, su kabağından oyma, kurutulmuş ince deriden ve topraktan birtakım kaplar kullanmış olduğu sonucuna varılmaktadır. Yukarıda kullandığı kaplarla ilgili dikkat ettiği detaylara yer verilmiştir. Bir anlatıda Resûlullah (a.s.m.) susayan konuğuna kendi bardağıyla su getirdiği, bu bardağın nudâr ağacından yapılmış duvara asılması için de bir demir halkası bulunan, enli bir bardak olduğu aktarılmaktadır. Bu konu hakkında, *Kütüb-ü Sitte*'de yer alan aktarımlar şöyledir:

> Âsim el-Ahvel anlatıyor:
> "Resûlullah'ın (a.s.m.) su bardağını Enes bin Mâlik'in (r.a.) yanında gördüm; bardak çatlamıştı. Enes onu gümüş (halkalar) ile bağlayıp tutturmuştu. Âsim ilaveten dedi ki: 'O nudâr ağacından yapılmış geniş (güzel) bir bardaktı.'
> Ma'mer bin Raşid der ki: 'Nudâr, Necid'de yetişen bir ağaç çeşididir.'
> Enes der ki: 'Ben bu bardakla, Resûlullah'a (a.s.m.) sayamayacağım kadar çok su verdim!'
> Muhammed İbn Sirin (r.a.) der ki: 'Ben bu bardağı gördüm. Onun demirden bir halkası vardı. Enes onun yerine gümüşten veya altından bir halka koymak istemişti.'
> Ebu Talha kendisine: 'Resûlullah'ın (a.s.m.) yapmış olduğu bir şeyi değiştirme!' dedi. O da bundan vazgeçti.
> Enes (r.a.) der ki: 'Ben bu kadehimle Resûlullah'a (a.s.m.) her çeşit meşrubat içirdim: Bal, nebiz, su ve süt!'"

Enes bin Mâlik (r.a.), Resûlullah'a (a.s.m.) hizmet eden ve hadis aktarımında bulunan önemli bir kişidir. O, Peygamber Efendimizin su içtiği kabı dikkatle taşıyan, temizleyen ve içecekleri hazırlayan hizmetkâr olarak sıklıkla karşılaştığımız önemli bir karakterdir.

Hz. Peygamberin, su dâhil bütün meşrubatı içtiği tek bardağı olduğu ifade edilmektedir. Bu bardak, Hicaz Bölgesi'nde bulunan ve kap imalatında kullanılan ılgın ağacına benzer 'nudâr' adı verilen bir ağaçtan yapılma olduğu bildiriliyor. Peygamber Efendimizin bardağı çatladığında gümüş ile ağız kısmı kaplanarak düzeltilmiş ve Peygamber tarafından kullanılmaya devam edilmiştir. Genişliği derinliğinden daha fazla olan bu kadehin, duvara asılmak için takılan, bir de 'demirden halka'sı vardı.[230]

Resûlullah'ın (a.s.m.) nudâr ağacından yapılmış bir bardak kullanmasının

---

[230] http://www.sonpeygamber.info/hz-peygamber-in-semaili, Erişim tarihi: 10.11.2012; [www.uzakvadi.net›.› Peygamberiler Tarihi›Hz. Muhammed(sav)].

sebebinin suya dayanıklı olan bu ağacın Arap Yarımadası'nda çokça bulunması olduğu söylenmektedir. Nudâr ağacından yapılan kaplar dayanıklı ve diğer ağaçlara oranla daha incedirler. Su kapları Arap dilinde büyüklüklerine göre isimlendirilirler. Su kabı yirmi kişinin su içebileceği büyüklükte ise 'tibn' ya da 'tebn', üç dört kişilik su kabına ise 'us', us'tan biraz büyük olana 'sahn', iki kişilik olan su kabına 'kadeh', bir kişilik olan su kabına 'ka'b' ve en küçük su kabına ise 'ğumer' denilirdi.

Resûlullah (a.s.m.) döneminde, su içmek için genel olarak kadeh kullanılırdı. Hz. Peygamberin demir kulplu ahşap bir bardağından başka, ahşap bir kadehi ve 'reyyan' adı verilen üçüncü bir kadehinin de bulunduğu rivayet edilmektedir. Ayrıca Resûlullah'ın (a.s.m.) kullandığı cam (kavarir) bir kadehi vardı. Bu kristal kadehi Mukavkıs hediye etmiş, Resûlullah (a.s.m.) da ondan su içmiştir. Hatta Hz. Ömer'e (r.a.) iftarda bu kristal bardakla bal şerbeti ikram etmiş, Hz. Ömer de böyle bir kap görmediğini söyleyerek beğendiğini ifade etmiştir.

İbni Abbas'ın (r.a.) anlattığına göre de "Resûlullah'ın (a.s.m.), cam bir bardağı vardı, (suyu) onunla içerdi."[231] Hz. Peygamberin (a.s.m.), kendisine ait 'es-sâder' denilen su kırbasından 'Ğurs' kuyusundan doldurulan tatlı suyu bardağa doldurarak misafirine ikram ettiği de aktarılan anılardan biridir.[232]

Resûlullah üzeri açık kapları örtmeyi tavsiye eder

Yemek yapmada, besinleri saklamada ve serviste kullanılan kap kacaklarla ilgili olarak Resûlullah'ın (a.s.m.) sıklıkla tavsiyesi kapların muhakkak örtülmesidir. Ağzı açık olarak bırakılan kapların içinde bulunan yiyecek ve içeceklere toz, yabancı madde veya böcek gibi zararlıların girebilme ihtimalini böylece ortadan kaldırmak isteyen Efendimiz (a.s.m.) yiyecek ve içeceklerin temizliğine, saklanmaları sırasında da özen gösterilmesini istemiştir. *"Kapılarınızı örtün, örtülmesi gerekenleri örtün, kandilleri söndürün. Çünkü şeytan kapalıyı açamaz, kırbanın bağını çözemez, kapların örtülerini açamaz..."*[233]

Yiyecek ve içeceklerin saklandığı kapların menşei de çok önemlidir. Belli bir

---

[231] *Kütüb-ü Sitte*, hadis no: 10/6378.
Gümüş zincir takılmış bir kadeh ile cam bir kadehi vardı. ... Dört kişinin aralarında taşıdığı dört halkası bulunan gurâ adında büyük tas/kazan/bir yemek tepsisi, kilimi/halısı, gece içine küçük abdest bozduğu hurma ağacından yapılmış bir kabı vardı. (Zâdul-Meâd El-Cevziyye, Polen Yayınları, 2006, s. 60.)

[232] Fatma Toksoy, "Peygamberimiz'in (s.a.v.) Sofrası-3," *Milli Gazete*, 25 Nisan 2013.

[233] Tirmizî, 2/253; Abdulbaki, s. 560; "Kapların ağzını örtün, dağarcık ve tulukların ağzını bağlayın" Kütüb-ü Sitte, 7/219; Ebu Ümâme (r.a.) rivayet ediyor: "Yatacağınız zaman kapılarınızı kapayınız, yemek kaplarınızın üzerini örtünüz, su kaplarınızın ağzını bağlayınız, yanan ateşi söndürünüz. Bunları yaparsanız size zararları dokunmasına Allah tarafından izin verilmez." (Suyuti, *a.g.e.*, 1/164, hadis no: 195.)

dönem bazı kapların mayalanmayı hızlandırması nedeniyle içecekleri saklamada kullanılması kesinlikle yasaklanmıştır.

Sahabeden İbni Ömer ile İbni Abbas (r.a.), Resûlullah'ın (a.s.m.); kabağı, yeşil küpü, ziftli kabı, iyice kabuğu soyulup içi oyulan hurma kütüğünü (şıra kabı olarak kullanmayı) yasakladığına şahitlik etmişlerdir.[234]

Abdülkays'tan (heyetin) olup da Avf'ın, isminin Kays bin Nu'man olduğunu zannettiği bir adamın rivayetine göre Peygamber Efendimiz (a.s.m.) şöyle buyurmuştur:

"Hurma kütüğünden yapılmış olan kapta, ziftli kapta, kabaktan yapılmış kapta ve kalın derilerden yapılmış küp büyüklüğündeki kapta (şıraları saklayarak) içmeyiniz. (Ancak) şıralarınızı, üzerinden bağlanarak ağızları kapatılan, ince deriden yapılmış su kaplarında[235] (saklayarak) içiniz. Eğer (şıranız bu kaplar içerisinde de) kükre(yip sarhoşluk verecek bir hâle geli)rse onu(n bu şiddetini içerisine dökeceğiniz) su ile kırınız. Eğer (onun şiddeti su ile kırmaktan) sizi âciz bırakırsa onu dökünüz."[236]

Birçok hadis derleyicisinin ve bu konuda bilgi sahibi kimsenin ittifak ettiği şey; bu kaplar, içlerinde bulunan sıvıyı sıcak tuttuklarından, içinde bulunan sıvı maddeyi kısa zamanda ekşitip onu sarhoşluk verecek hâle getirebilirler. İşte bu sebeple sözü geçen kapların nebiz kabı olarak kullanılması yasaklanmış olabilir.

Enes bin Mâlik (r.a.), Ahmed b. Hanbel ve İshak bin Râhûyeh'in aşağıda belirtildiği üzere bir hadis aktarımı olsa da, kapların yine de aynı etkiyi yaratacağı fikrinde oldukları ve hadisin geçerli olduğunu ifade ettikleri belirtiliyor.[237]

"Ben sizi deri kaplardan meşrubat içmekten nehyetmiştim. Artık her kaptan için; yeter ki sarhoşluk veren bir şeyi içmeyin."[238]

---

[234] Ebu Dâvûd, 13/312-313.

[235] "El-Mezâdetü'l-Mecbûbe" ağzı kesilmiş ve küp büyüklüğünde, kalın deriden yapılmış su tulumu demektir. Büyüklüğü normal bir deriden daha ziyade olduğu için 'el-mezâde' ismini almış; ağzı kesik olduğu için bu ismin sonuna bir de kesik anlamına gelen 'el-mecbûbe' kelimesi ilave edilmiştir. Bu tulumun ağzı geniş olduğundan bağlanamazdı. Bu sebeple hava ile teması çok olurdu ve içindekini çabuk ekşitirdi.
Bilindiği gibi bu kaplar, içlerindeki sıvıları sıcak tuttukları ve kısa zamanda ekşitip sarhoş edecek bir duruma getirdiklerinden ve bir de eskiden beri onların içinde şarap saklandığından bu kaplarda şıra yapılması ve bu kapların şıra kabı olarak kullanılması yasaklanmış. Fakat daha sonra hangi içkilerin yasak, hangi içeceklerin helal olduğu Müslümanlar tarafından iyice anlaşılınca bu kaplarla ilgili yasak 3698 numaralı hadisle yürürlükten kaldırılmıştır. Bu yasak yürürlükten kaldırılıncaya kadar bu kapların yerine, ağzından bağlanan istenildiği zaman bağları çözülen tulumların kullanılması ve içinden şıra alındıktan sonra da ağızlarının mutlaka bağlanması emredilmiştir.
Hz. Peygamberin, tulumlarından suyu içtikten sonra ağzının bağlanmasını emretmesinin sebebi, bazılarına göre içine pisliklerin girmesini önlemektir. Bazılarına göre de, tulum içinde bulunan şıra cinsinden bir sıvı orada alkolleştiği zaman ağzı bağlı olursa o tulumu patlatarak alkolleştiğinin anlaşılmasına yarayacağı için onların ağızlarının bağlanmasını emretmiştir. Nevevî ile Hattâbî bu görüştedirler. *Sünen-i Ebu Dâvûd Tercüme ve Şerhi,* Şamil Yayınevi, 13/318.

[236] Ebu Dâvûd, 13/319-320; Ahmed bin Hanbel, 1/361, 3/23, 432, 4/207; Kütüb-ü Sitte, c. 7/229, 230, 232, 259.

[237] Ebu Dâvûd, 13/313-314.

[238] Müslim, 6/224-225.

Benzeri hadisler İmam Müslim tarafından farklı kaynaklardan aktarılarak sıkça tekrar edilmiştir. Bu hadislerde özetle daha önce yasaklanan şeylerin zarar ve sakıncaları anlaşıldığını düşünen Efendimiz (a.s.m.) nehyettiği kabir ziyaretini, kurban etlerini üç günden fazla tutmayı ve bazı kaplardan nebiz içmeyi serbest bırakmış, *"Artık bundan böyle her çeşit kaptan içebilirsiniz, yalnız sarhoş edici olanlar hariç"* demiştir.[239] Resûlullah (a.s.m.) tıpkı etin dağıtılmasında olduğu gibi bu konuda da zamanın koşullarına göre hareket etmiş, önce içki yapımında kullanılan kaplarla beraber içkiyi, daha sonra ise yalnızca sarhoşluk verici şeyleri yasaklayarak, toplumsal bir alışkanlık oluşturmaya çalışmıştır. İlgili hadis şu şekildedir: *"Size bir takım kapları yasaklamıştım. Şüphesiz kaplar bir şeyi ne helal kılar ne de haram, ama biline ki sarhoşluk veren şeylerin tümü haramdır."*

Konuyu pekiştirmek adına bir üçüncü kaynaktan yasakların nasıl ve neden kaldırıldığını Resûlullah'ın (a.s.m.) sözleri ile okuyalım:

> İbn Büreyde'nin babasından Resûlullah'ın (a.s.m.) şöyle buyurduğu rivayet olunmuştur:
> "Ben size üç şeyi yasaklamıştım. Şimdi size onları (yapmanızı) emrediyorum:
> 1. Size kabir ziyaretini yasaklamıştım. Artık (bundan sonra) onları ziyaret ediniz. Çünkü onları ziyarette (ölümü ve kıyameti) hatırlatma vardır.
> 2. Size şıraları(nızı) deriden yapılmış kapların dışındaki kaplardan içmenizi yasaklamıştım. Artık her kaptan içiniz. Fakat sarhoşluk veren (içkiler)i içmeyiniz.
> 3. Size üç günden sonra kurban etlerini yasaklamıştım. Artık (onları istediğiniz zaman) yiyiniz ve yolculuklarınızda da onlardan yararlanınız."[240]

Kapların, içinde bulunan içecekleri mayalandırarak alkol oluşumuna etki sağlamasının yanında başka bir açıdan daha önemi vardır. O da ilk satırımızdan bu yana, sofradan giyime, oturuşundan arkadaşlık ettiği kimselerin özelliklerine kadar Resûlullah'ın (a.s.m.) özen gösterdiği tevazu konusudur. Bir sınıf özelliği gösteren, yalnızca zenginlerin kullanabileceği ve ümmet içinde ayrılığa neden olması muhtemel ve kibrin de bir göstergesi olarak altın ve gümüş kaplardan yemek ve içmek, *"Ne ipek ne ibrişim giyiniz, altın ve gümüş bardaktan birşey içmeyiniz. Altın ve gümüş kaplardan da birşey yemeyiniz. Çünkü tüm bunlar dünyada kâfirlerin, ahirette de bizimdir"*[241] sözleriyle men edilmiştir. Ayetlerde cennet tasvir edilirken altın ve gümüş kaplardan bahsedildiğini görüyoruz. Resûlullah (a.s.m.) bu hadisi

---

[239] Konuyla ilgili diğer hadisler için: İmam Müslim, 6/184-185-186-187-188-189-190-191.

[240] Müslim, 6/224; İbn Mâce 9/159; Ahmed bin Hanbel, 3/23, 57, 63, 66, 75, 237, 250, 388; 5/76, 350, 355-357, 359; 7/187, 209, 282; Ebu Dâvûd, 13/323-324.

[241] Abdulbaki, ss. 572-573.

ile altın ve gümüş kaplardan yemeyi dünyada kâfirlere uygun bulmuştur, çünkü kibir ve gösteriş mümine uygun bir tavır değildir.

Kapların niteliği kadar temizliği de önemlidir. Hz. Aişe'nin (r.anha) anlatılarında, Resûlullah'ın (a.s.m.) kapları günde iki kez yıkattığı bilgisi vardır. Aynı şekilde Resûlullah (a.s.m.), Enes'ten (r.a.) rivayet edilen bir hadisinde *"Kap kaçakları yıkamak, evin çevresini temiz tutmak zenginlik getirir"*[242] demektedir.

Herhangi bir yolla ciddi biçimde kirlenmiş kapları iyice temizlemek gerektiğini de Resûlullah'ın (a.s.m.) şu hadisinden anlamak mümkündür: *"Bir köpek birinizin kabını yalarsa, o bu kabı, önce ince bir toprakla ovduktan sonra yedi kere yıkasın."*[243]

Resûlullah ve sağdan servis etme hassasiyeti

Enes bin Mâlik'ten (r.a.) rivayet olunur:

Peygambere (a.s.m.) suyla karışık bir süt getirilmiş; sağında bir bedevî, solunda da Ebu Bekir bulunuyormuş. (Sütü) içip sonra (kalanını) bedeviye vermiş ve "Önce sağa verilir ve sağ takip edilir" buyurmuş.[244] Kütüb-ü Sitte'de, bu hadise, *"'(Öncelik hakkı) sağındır, sonra da onun sağı(ndan devam etsin)!' buyurdu"* şeklinde bir ekleme yapılmıştır.[245]

Daha çok içeceklerin sunulduğu sofralar hakkındaki hadislerden edindiğimiz bilgiye göre bir şey daima sağdakinden başlanarak servis edilir. Sofrada bir baş kişi vardır ve bu Resûlullah'ın (a.s.m.) bulunduğu sofralarda şüphesiz kendisidir. Yemeğe daima önce onun başlaması beklenir, bir şey ilk olarak ona ikram edilirdi. O (a.s.m.) ise kendisine ikram edileni iki yanında bulunanlardan yaş ve makama bakmaksızın daima sağdakine ikram etmiştir. Sağ tarafında bir genç, sol tarafında ise yaşlı kimselerin bulunduğu bir sofrada kendisine ikram edilen içeceği sunması ile ilgili anlatı Sehl b. Sa'd (r.a.) tarafından şu şekilde anlatılmıştır:

"Resûlullah'a (a.s.m.) bir içecek getirilmişti. Ondan, önce kendisi içti. Sağında bir oğlan, solunda da yaşlılar vardı. Oğlana:

'*Bardağı şu yaşlılara vermem için bana izin verir misin?*' dedi. Oğlan da:

'*Ey Allah'ın Resûlü, Allah'a yemin olsun bana sizden gelecek nasibime başkası-*

---

[242] Suyuti, a.g.e., 4/402, hadis no: 5766.
[243] Bazı hadis aktarımlarında 'önce' yerine 'sonra' dendiği ifade edilmiştir. Müslim, Ebu Dâvûd, Tirmizî, İbn Mâce, "Taharet Bölümleri"; Yeniçeri, *Hz. Peygamber'in Tıbbı ve Tıbbın Fıkhı*, 2013, s. 69.
[244] Buhârî, Eşribe 18; Müslim, Eşribe 124, 125; Tirmizî, Eşribe 19; İbn Mâce, Eşribe 2; Muvatta, Sıfatu'n-Nebî 18; İmam Ahmed b. Hanbel, 3/110, 113,197, 231. Bu hadis Riyazu's-Salihin'de "Herkes sağındakine versin" şeklinde aktarılmıştır. (Ebu Dâvûd, 13/349-350.)
[245] Nevevî, a.g.e., 3/415; Gazali, a.g.e., 2/17, 886; Kütüb-ü Sitte, 7/215.

nı asla tercih edemem!' diye cevap verdi. Bunun üzerine Resûlullah (a.s.m.) bardağı onun eline koydu."²⁴⁶

Söz konusu olan her kim olursa olsun, servis daima sağdakinden başlanarak yapılmalıdır. Büyüklerin bulunduğu sofralarda yaşlılara hürmet etmek adına önceliği onlara tanımak gerekiyor olsa dahi sağdaki kişi yani sofranın başında oturan baş konuk veya ev sahibinin sağındaki kişi servis hakkını ilk kazanan kişidir. Bundan anlaşıldığına göre kıymet verilen kimseleri daima sağa almak, sağ tarafına oturtmak gerekir.

İbn Kayyim El-Cevziyye de, hadisler ve Resûlullah'ın (a.s.m.) yaşamına dair kendi görüşlerini anlatırken bu şekilde bir yorum yapmaktadır. İmam Gazali *İhyâu Ulûmi'd-dîn* adlı eserinde topluluklar içinde yemek yeme adabından bahsederken, kişinin kendisinden yaşça ve faziletçe daha büyük kimse var ise önce onun yemeğe başlamasını beklenmesinin gerektiğini söylemektedir. Ayrıca yemek sırasında güzel konular konuşulmasını, diğerlerinden daha çokça, ikişer üçer adet alarak yemenin hoş olmadığı fakat bunun kişiye müsaade ve ikram yapılıyorsa yapılabileceği konularına Resûlullah'ın (a.s.m.) ve sahabilerin yaşantısına dayanarak değinmiştir.²⁴⁷

Bahsettiğimiz bölümde, İmam Gazali, konuyu anlatırken Resûlullah'ın (a.s.m.) bir kişiye yemek yemesi için üç kez ısrar ettiğini daha fazla ısrar etmediğini de bildirmiştir. Ayrıca bu bölümde şu hadis aktarılmaktadır: *"Dostlarım arasında en çok sevdiğim, en çok yiyen, en büyük lokmayı alandır. Bana en çok ağırlık vereni de kendisine 'ye' demeye beni mecbur edenidir."*²⁴⁸

Ayrıca, Enes'in (r.a.) aktarımına göre, ev sahibine de bir nasihatte bulunarak, Resûlullah (a.s.m.) şöyle diyor: *"Biri sizi ziyarete geldiğinde ona ikram edin."*²⁴⁹

Gazali sofra adabını yine Resûlullah'ın (a.s.m.) ve sahabenin yaşantısına dayandırarak şöyle anlatmaya devam eder: "Yemek yerken sofradakilere doğrudan bakmamak gereklidir. Lokma alınırken tabağın üzerine eğilmemeli, sofradakilerin hoşuna gitmeyecek şeyler yapmamalı, ağzından bir şey çıkartırken yönünü sofradan çevirerek çıkartmalı ısırılmış ekmekleri tabağa batırmamalıdır."

Bütün bunlara dayanarak biz, bir sofra kurduğumuzda, eğer konuk ağırlıyorsak daha da itina göstererek sağa oturtmamız, yemek ve içecek servislerini de baş

---

²⁴⁶ Buhârî, 8/581; İmam Müslim, 6/254; Nevevî, *a.g.e.*, 4/251; Murat Kaya, *Hazreti Ebu Bekir'den 111 Hâtıra*, Erkam Yayınları, İstanbul, 2006, s. 70; Kütüb-ü Sitte, 7/215.

²⁴⁷ Ayrıca bu konu İmam Nevevî tarafından *Riyazu's-Salihin*'de işlenmiş, kıtlık ve savaş yıllarında yiyeceklerin tüketiminde dikkatli olmanın gerektiğini ifade eden veriler sunmuş, bu konuda peygamberin fikir belirtmesini işlerken tarih olarak savaş yıllarını göstermiştir. (s. 224-225.)

²⁴⁸ Gazali, *a.g.e.*, 2/21.

²⁴⁹ Suyuti, *a.g.e.*, 1/243, hadis no: 346.

konuktan başlamak üzere, sağdaki kişiden devam ederek yapmamız gerektiğini öğrenmekteyiz. Yemeği sunan, içeceği servis eden, ikram eden kişilerle ilgili olarak da Resûlullah (a.s.m.) şöyle demiştir: *"Bir cemaate içecek dağıtan, en son içer."*[250]

Günümüz koşullarında ikram edenin ev sahibi olduğu düşünüldüğünde, misafirimiz var iken servisi daima en son kendimize yapmamız gerektiği de ortaya çıkmaktadır. Ayrıca Gazali eserinde, sofradaki büyük ya da ev sahibi kimse olduğunu düşündüğümüz kişinin herkes doymadan sofradan kalkmaması gerektiğini de ifade ediyor.

Yine Gazali, sıcak yemeğin soğutulması gerektiği hususunu vurguladıktan sonra bunu üfleyerek yapmamanın önemli olduğunu ifade ediyor.[251] Resûlullah da su kablarına ve yemeklere üflemenin, maksat ne olursa olsun hoş olmadığını ifade etmiştir.

Peygamberin yaşantısına dayanarak meyve çekirdeklerini avuca değil elin üzerine çıkartmak gerektiği, çürük meyvelerin tabaktan seçilerek ayrı bir yere konması gerektiği yine Gazali tarafından *İhyâu Ulûmi'd-dîn* adlı eserin ikinci cildinde anlatılmaktadır.

Su konusunu başka bir başlıkta inceleyecek olsak da Gazali'nin yine aynı kaynakta, yemek yerken çok su içilmemesi gerektiğini sahabe ve Resûlullah'ın (a.s.m.) yaşantısına dayanarak not ettiğini belirtmeliyim.[252]

---

[250] Ebu Dâvud, Eşribe 19, (3725); Tirmizî, 2/287; Kütüb-ü Sitte, 7/216; Nevevî, *a.g.e.*, 4/267-268.
[251] Gazali, *a.g.e.*, 2/16-23.
[252] A.g.e., 2/16.

Resûlullah Efendimizin yemek yeme adabı

İBN KAYYİM EL-CEVZİYYE DE diğer tüm hadis aktarıcıları gibi eserinde Resûlullah'ın (a.s.m.) yeme içme alışkanlıkları üzerinde durmuş, sofraya nasıl oturduğu, neleri önerdiği hakkında uzun uzun yazmıştır. Cevziyye, diğer hadis aktarıcılarından farklı olarak Resûlullah'ın (a.s.m.) sevdiği yemekleri, yiyecekleri de sıralayarak yemek yemedeki tutumu hakkında ayrı bir bölüm hazırlamıştır.

Bahsi geçen bu bölümde Resûlullah'ın (a.s.m.) helva ve balı severek yediği; et ve ürünlerinden deve, koyun, tavuk, toy kuşu, yaban eşeği, tavşan eti, deniz ürünleri, kebap, pastırma, ciğer kebabı, 'serid' ve etli ekmek, haşlama yediği; yaş ve kuru hurma, hıyar, kabak, kavun yediği; 'ekıt' denen bir tür çökelek, peynir, eritilmiş iç yağı ve zeytinyağına banarak ekmek yediği; ekmeği yine sirkeye banarak yediği; kuru hurmayı tereyağıyla, kavunu yaş hurma ile birlikte tükettiği; 'kavut' adı verilen un çorbasını ve hazire denilen sütlü un çorbasını yediğini; süt, su ile karıştırılmış süt, bal ile karıştırılmış su, bal şerbeti, hurma şırası içtiği aktarılmıştır.[253]

Resûlullah (a.s.m.) Allah'ın "haram" demediği hiçbir şeyi yasaklamamış fakat kendi damak zevkine göre yer yer seçimler yapmıştır. Keler, sarımsak gibi bazı yiyecekleri yemekten sakınmış ama hiç kimseye yasaklamamıştır. Beğenip beğenmediğini nezaket gereği belirtmese de Resûlullah (a.s.m.), aç olduğu takdirde bir yemeği beğenmiş ise yer, hoşlanmadığı yemeği ise yemezdi.[254] Resûlullah'ın (a.s.m.) bu tavrından çıkardığımız ders, kişinin yemekten hoşlanmadığı bir şeyi helal de olsa yemeye zorlanmasının doğru olmadığıdır. Resûlullah bu titizliğini hastalar hak-

---

[253] İbn Kayyim, *a.g.e.*, c. 1, s. 135.
[254] Nevevî, *a.g.e.*, 4/214; İmam Et'ime, 8/457; Müslim, 6/304; Ebu Dâvûd, Et'ime 14, (3763); Tirmizî, 2/344.

kında da göstermiş, yemek istemeyen hastaların zorlanmamasını tavsiye etmiştir. Nitekim bugün bilim adamları kanseri önlemek ve iç organların yaşlanmasını geciktirmek için kamuoyunun "su orucu" adını verdikleri bir yöntemi uygulamaktadırlar. Birkaç gün tam anlamıyla aç kalan insan bedeninde bağışıklığın tahmin edildiğinin aksine arttığı tespit edilmiştir. Bu yöntemle kanser hücrelerinin direnci düşürülmüş ve sağlıklı bir yaşam için gerekli kan değeri dengesi sağlanmıştır.[255]

Resûlullah'ın günde bir kez, bazı zamanlarda iki kez yemek yeme yöntemiyle sağlıklı bir hayatın temel formülünü verdiği ve Rabbimizin emrettiği bir ibadet olan orucun insan sağlığı için aslında ne kadar önemli olduğu da böylece bilimsel yöntemlerle ortaya konmaktadır. Resûlullah'ın Ramazan ayı dışında da yer yer oruç tutmakta örnekliği bu sağlıklı yaşam formülünün bir parçası olmalıdır. Fakat yine Resûlullah, kendine eziyet edecek, hastalığa neden olacak boyutlarda açlığa vücudu zorlamak da hoş karşılamamıştır. Resûlullah (a.s.m.) elbette ki her insan gibi yemek yemiş, ama bolluk içinde bir hayat sürmemiştir. Elinde olanı daima ümmeti ile paylaşan Efendimizin (a.s.m.) iki farklı yemeği üst üste yediği ve acıkmadığı hâlde yediği görülmemiştir. Tahıllar konusunda anlatılacağı üzere evinde elek bulunmayan Resûlullah (a.s.m.) beyaz un, kepeği alınmış undan yapılmış hiçbir şeyi hayatı boyunca yememiştir.[256]

Bugün, besin öğelerinin kabuğunda daha bol bulunduğunu bildiğimiz tahılların öğütüldükten sonra elenmesinin her ne kadar görüntüyü güzelleştirse de sağlığa zararlı hâldeki saf karbonhidratı tüketmemize neden olduğunu biliyoruz. Resûlullah'ın bize yüzyıllar önce öğrettiği doğru beslenme kurallarına riayet ederek sağlıklı bir yaşama adım atılması şarttır.

Resûlullah oturduğu sofralarda yemeği daima önünden, yani tabağın kendisine dönük tarafından ve sağ eliyle yemiş, bu hususta bulunduğu sofralardaki diğer kimseleri ince bir dille uyarmıştır. Kur'ân'da da sarhoş edici olmadığı sürece hiçbir bitki yasaklanmamış, Resûlullah da (a.s.m.) buna dayanarak sarhoş edici olmadığı sürece bir bitkinin yenmesini, içilmesini yasaklamamıştır.

Sağ elle, önünden yemeği yemek

"Biriniz yemeği sağ eliyle yesin, sağ eliyle içsin, sağ eliyle alsın, sağ eliyle versin..."[257]

---

[255] Prof. Dr. Ahmet Aydın, "Günde Kaç Öğün Yemeliyiz," http://beslenmebulteni.com/beslenme/?p=1099, Erişim tarihi: 11.03.2015.

[256] Yeniçeri, *Hz. Peygamber'in Giyim-Kuşamı-Mutfağı, Getirdiği İlkeleri ve Günümüz*, Çamlıca Yayınları, İstanbul, 2009, ss. 124-125.

[257] Sûfi-zâde Seyyid Hulusi, *a.g.e.*, s. 503.

resûlullah'ın (a.s.m.) sofrası

Hepimizin bildiği gibi sağ elle temiz işler yapılır. Hatta bir ayet-i kerime'de Rabbimiz, cennete gidecek, iyi işler yapan kimseleri "kitabı sağından verilenler" olarak tanımlamıştır. Herhangi bir hastalık engeli bulunması dışında yeme ve içme daima sağ elle yapılmalıdır.[258]

Resûlullah (a.s.m.) bu konuya özen gösterilmesi gerektiğini, *"Muhakkak ki şeytan sol eliyle yer, sol eliyle içer"* diyerek vurgulamıştır. Ve yanında sol eliyle yemek yiyen ve uyarılmasına rağmen kibre kapılarak "Sağ elimle yiyemiyorum" diyen kimseye kızarak, *"Hiçbir elinle yiyemez ol"* dediği aktarılmıştır.[259] Yalnızca sağ elin kullanıldığı bir yemeği yiyen kişi daha yavaş yer, daha az miktarda yemek ile doyar. Böylece Resûlullah hem temiz elle temiz bir yemek yemeyi öğütler hem de tek elle yerken sağlıksız, kilo almaya ve hastalıklara neden olacak aşırı beslenmenin önünü tıkayarak, ümmetini bir kez daha sıhhatle buluşturur.

Resûlullah'ın (a.s.m.) sağ elle yemeyi insanlara öğretişine dair şu anlatı önemlidir. Abdullah b. İkrâş b. Züeyb babasından naklediyor:

> "Kavmim Benî Mürre b. Abid, benimle mallarının sadakasını Resûlullah'a (a.s.m.) gönderdi. Medine'ye gelince onu (a.s.m.) Muhacir ve Ensar'ın arasında oturmuş buldum. Elimden tutup beni Ümmü Seleme'nin evine götürdü. Varınca *'Yiyecek bir şey var mı?'* diye sordu. Bize, içerisinde bolca serid ve (kuşbaşı) et parçaları olan bir tepsi getirildi. Ondan yemek için yanaştık. Ben elimle kabın her tarafını yokladım. Resûlullah (a.s.m.) önünden yedi. (Bir ara) sol eliyle sağ elimden tuttu ve: *'Ey İkrâş! Bir yerden ye. Çünkü (kabın içindeki yemek) tek bir yemektir. (Her taraf birdir)'* buyurdu. Sonra bize, içerisinde taze ve kuru çeşitli hurmalar bulunan bir tabak getirildi. Bu sefer önümden yemeye başladım. Resûlullah'ın (a.s.m.) eli ise, tabağın her tarafında dolaşıyordu. Bana da: *'Ey İkrâş! Dilediğin yerinden ye. Çünkü (tabağın içendekilerin hepsi) aynı çeşit değil'* buyurdu. Sonra bize su getirildi. Resûlullah (a.s.m.) elini yıkadı elinin ıslaklığı ile yüzünü kollarını ve başını mesh etti ve: *'Ey İkrâş! Bu, ateşte pişenden (yenince alınması gereken) abdesttir'* buyurdu."[260]

Anlatıda, sağ elle yemek yemek kadar dikkati çeken bir başka konu da, önünden yemek yeme hususudur. Topluca yemek yenen kaplarda, kendi rızkına razı olmanın bir göstergesi ve terbiye gereği olarak kişi daima kendisine dönük kısımdan yemeli, bir başkasının önüne uzanmamalıdır. Resûlullah (a.s.m.) tabağın kenarından yenmesi gerektiğini söylerken *"Çünkü bereket tabağın ortasına iner"* buyurmuştur.[261]

---

[258] Abdullah b. Ömer'den rivayet olunduğuna göre; Peygamber (a.s.m.): *"Biriniz (yemek) yediği zaman sağıyla yesin, (bir şey) içtiği zaman da (yine) sağıyla içsin. Çünkü şeytan soluyla yer ve soluyla içer"* buyurmuştur. (İmam Müslim, 6/247; Tirmizî, 3/248; Ebu Dâvûd, 13/405; Suyuti, *a.g.e.*, 1/298.)

[259] Kadi 'İyaz, *a.g.e.*, c. 1, ss. 328-329, Müslim, 6/248.

[260] Tirmizî, 2/268; İbn Mâce, Et'ime 11, (3274).

[261] Tirmizî, 2/250; Ahmed bin Hanbel, 1/270, 343, 345, 364, 3/490; Ebu Dâvûd, 13/401-402; Nevevî, *a.g.e.*, 3/405, 4/227; Suyuti, *a.g.e.*, 2/324.

Sahabe de Resûlullah'ın (a.s.m.) asla bir başkasının önünden yediğine şahitlik etmemiştir.[262]

Meyve ikramlarında ise Resûlullah'ın (a.s.m.) farklı bir tutum sergilediği görülmektedir. "Meyve yemek gibi değildir" diyen Efendimiz (a.s.m.), dilediği tarafa uzanmış ve bunu görüp kendisine soranlara bir sakıncası olmadığını da *"Meyve yemek gibi bir çeşit değildir"*[263] sözüyle açıklamıştır.

Yemek sırasında yere düşen bir lokma olursa onun şeytana bırakılmamasını, alınıp tozu toprağı temizlendikten sonra yenilmesi gerektiğini de ifade eden Resûlullah (a.s.m.) *"... çünkü, bereketin yemeğin hangi parçasında olduğunu bilemezsiniz"*[264] demektedir. Aynı şekilde, bereketin yemeğin neresinde olduğunu bilemeyeceğimiz için tabağı sıyırmamız da gerekmektedir.[265] Bütün bu nasihatlerle Efendimiz (a.s.m.) sofra adabını öğretmekle beraber israftan sakındırmayı da hedeflemiş olmalıdır. Bu öğütler doğrultusunda yenen yemeklerden asla israf edilmesi, sofralardan artıklar çıkması mümkün görünmemektedir.

Yemeği soğutarak yemek

Bereketin umulduğu sofralarda daha önce bir arada yemek yemek gerektiği hususunun vurgulandığını görmüştük. Bir sofraya bereket katan diğer unsur ise muhakkak besmele ile başlanması idi. Resûlullah (a.s.m.) şöyle demiştir: *"Üç şeyden bereket kaldırılmıştır: Soğuyuncaya kadar sıcak yemekten, ucuzlayıncaya kadar pahalı şeyden, besmele çekilmeyen şeyden..."*[266] Anlaşıldığı üzere bir yemeği sıcak sıcak yemek bereketi engelleyen birşeydir. Resûlullah (a.s.m.) bunu *"Sıcak yemekte bereket olmaz, Allahu Teâlâ bize ateş yedirmez, yemeği soğutunuz"*[267] diyerek açıkça ifade etmiş, neden soğutulmuş yemek yenmesi gerektiğini tavsiye ettiğini de şu şekilde açıklamıştır: *"Sıcak yemek yemekten sakının! Çünkü o bereketi giderir. Soğuk yemeyi tavsiye ederim. Çünkü o daha çok içe siner, bereketi daha büyüktür."*[268]

---

[262] Hakem bin Amr (r.a.) rivayet ediyor: "Hz. Peygamber yemek yediği zaman başkasının önünden asla yemezdi." (Suyuti, 5/108, hadis no: 6596.)

[263] Gazali, *a.g.e.*, 2/15.

[264] Gazali, *a.g.e.*, 2/16; Müslim, Esribe 136, 137; Tirmizî, 2/249; Ahmed bin Hanbel, 3/177, 290; Ebu Dâvûd, 13/475; Nevevî, *a.g.e.*, ss. 239-240; Suyuti, *a.g.e.*, 1/376, hadis no: 681.

[265] Nevevî, *a.g.e.*, 3/520; Tirmizî, 2/249; Ahmed bin Hanbel, 3/177, 290; Ebu Dâvûd, 13/475.

[266] Sûfi-zâde Seyyid Hulusi, *a.g.e.*, s. 500.

[267] A.g.e., 2/883.

[268] İmam Suyuti, 3/120, hadis no: 2896. Konuyla ilgili diğer hadisler şöyledir: Hz. Aişe'den (r.anha) rivayetle: "Yiyeceklerinizi biraz soğutarak yiyin ki, sizin için bereketli kılınsın." (Suyuti, *a.g.e.*, 3/199, hadis no: 3134); İbni Ömer, Resûlullah'ın (a.s.m.) şöyle buyurduğunu rivayet etmiştir: "Yemeği sıcakken yemeyin. Çünkü sıcak yemeğin bereketi yoktur." (Suyuti, *a.g.e.*, 1/77, hadis no: 50.)

Yemeği soğuturken beklemek lazım gelir. Acele ederek yemeğe üflemek, tıpkı suya üflemede olduğu gibi hoş görülmemiştir. Kişinin yenen içilen şeylere nefes vermesi, nefeste bulunan mikroorganizmaları da yemeğe bulaştırması anlamına gelir. Saniyede birkaç milyon çoğalabilen mikroorganizmaların yiyecek içeceklere bulaşmasının sakıncaları bilim adamları tarafından defalarca tekrar edilen bir gerçekliktir. Bünyeleri yetişkinlere göre zayıf olan çocukların, bebeklerin beslenmesi sırasında annelerinin yiyeceklere üflediğini hatırladığımızda ciddi bir hatayı sürekli tekrarladığımızı fark ederiz. Özellikle bu konuda Resûlullah'ın öğütlerini uygulayarak çocuklaırmızın sağlığını koruyabilmemiz çok daha kolay olacaktır.

Yemek ve ibadet arasındaki düzen

Kulun en önemli vazifesi temiz bir inançla Rabbine ibadet etmesidir. Yemek ve içmek baştan beri vurgulandığı gibi, bir Müslüman için asla yaşamın temel amacı değildir. O, sadece Rabbe ibadet edilen yaşamı kolaylaştıran, devamını sağlayan bir araçtır. Bu yüzden Resûlullah (a.s.m.) ibadet ile yemek yemek arasındaki düzeni belirleyen birtakım şeyler de söylemiştir. Özellikle akşam yemeği ve akşam namazına dair söylediği bu sözlerde *"Yemek ile namaz bir araya geldiği zaman, önce yiyin, sonra kılın"*[269] demektedir.

Konuyu daha açıkça izah etmek istercesine Resûlullah'ın (a.s.m.) *"Akşam namazı ile akşam yemeği bir araya gelip hazır olduğu zaman, önce yemeği yeyin"*[270] dediğini de görmekteyiz. Daha önce, akşam yemeğini kesmenin ihtiyarlığa sebep olduğunu söylediği hadisleri de okuduğumuz Resûlullah'ın (a.s.m.) bu öğüne verdiği önemin altını çizmek gerekir. Bugün beslenme uzmanlarının oldukça hafif geçirilmesini tavsiye ettiği akşam yemeğini kesmenin sakıncalı olduğunun bildirilmesi bize yapılan önemli bir uyarı olarak karşımızda durmaktadır.

İbadetin çok önemli olduğu İslam dininde, Resûlullah'ın (a.s.m.) sofra hazır olduğu zaman sofrayı bekletmemek adına namazı yemekten sonra kılmayı tavsiye eden şu hadisi dikkate değerdir.

İbni Ömer'den rivayet olunduğuna göre; Hz. Peygamber (a.s.m.) şöyle buyurmuştur: *"Birinizin akşam yemeği (sofraya) konduğu sırada namaza da başlanmış olursa*[271] *(o kimse yemek yeme işini) bitirinceye kadar namaza kalkmaz."*[272] Fakat başka bir hadisinde yine suistimali önlemek için şöyle demekte-

---

[269] Gazali, *a.g.e.*, 3/14.
[270] Sûfi-zâde Seyyid Hulusi, *a.g.e.*, s. 507.
[271] Burada namaz vaktinin gelmesi, ezanın okunmuş olması kastediliyor.
[272] Ebu Dâvûd, 13/385.

dir: *"Yemekten veya başka bir şeyden dolayı o namaz geciktiril(e)mez."*[273]

Açıkça ifade edilen şudur ki; yemek içmek daima ibadet için birer araçtırlar. Aciliyet gerektirmeyen, savaş hâli, hayatın söz konusu olduğu bir durum dışında hiçbir konu, ibadetten önce gelemez. Özellikle namaz bu ibadetler arasında birinci sırayı alır. Yemek, içmek, seslenmek, kapıyı açmak gibi herhangi bir iş için namaz bozulmaz, namaz geciktirilmez. Bu durum Ramazan ayında, oruç tutulduğu zamanlarda değişir. Dolayısıyla oruçlu zamanlarda; akşam ezanı okunduğunda oruç açmak gerektiği için önce oruç açılır, ardından namaz kılınır.

Resûlullah'ın (a.s.m.) özellikle akşam yemeği ve akşam namazını hadislerde vurgulamasındaki bir başka önemli nokta da bu olmalıdır. Belki de akşamdan sonra çok fazla hareket etmediğimiz gerçeğine dayanarak Resûlullah (a.s.m.) akşam yemeğinin geciktirilmemesini tavsiye etmektedir. Geç vakitte yenen bir yemeği sindirmek çok daha zor ve sindirim sitemi için de sıkıntılıdır.

Yemeğe nasıl besmele ile başlamış ve bize verilen rızıkların üzerine Rabbimizin adını anmışsak, yemekten sonra da muhakkak Rabbimizi anmalı ve şükretmeliyiz. Resûlullah (a.s.m.) *"Muhakkak ki Cenâb-ı Hak, kulunun yemek yediğinde ve su içtiğinde hamd etmesinden memnun kalır"* buyurmuştur.[274] Kendisi de daima yemekten sonra şükreder ve dua ederdi. Bir duasını Ebu Eyyub'den (r.a.) rivayetle örneklemek gerekirse: *"Bunu yediren, içiren, içe sindiren ve çıkmasını sağlayan Allah'a hamd olsun."*[275]

İbnü's-Sünnî'nin aktardığı bir hadise göre:

Resûlullah (a.s.m.), *"Yediğiniz yemekleri, Allah'ı zikrederek ve namaz kılarak eritiniz. Yemek yer yemez hemen uyumayınız ki kalpleriniz katılaşmasın"* buyurmuştur.[276] Tok karna uyumanın zararlı olduğunu belirten bu hadiste bu zararın, bugün anlatıldığı gibi yalnızca bedene yönelik bir zarar olduğunu düşünmek eksik bir anlamaya yol açar. Resûlullah (a.s.m.) açık bir biçimde "tok karna uyumayınız ki kalpleriniz katılaşmasın" buyururken elbette bunu bilerek ve dikkatle söylemektedir. Yemeği eritmenin, sindirmenin en güzel yolu ise Resûlullah'ın (a.s.m.) ifade ettiği gibi ibadet etmektir.

Yemekten sonra temizlik

Hadislerden Resûlullah'ın (a.s.m.) yemekten sonra muhakkak ellerini ve ağzını temizlediği anlaşılmaktadır. Hatta bazı durumlarda yemek yemeye de gerek kal-

---

[273] Ebu Dâvûd, 13/385-386.
[274] Müslim 2734; Tirmizî 1816.
[275] Suyuti, *a.g.e.*, 5/109, hadis no: 6597.
[276] İbn Kayyim, *a.g.e.*, c. 2, s. 415.

madan, mesela oruçlu iken bile dişlerini misvaklayarak temizlediği aktarılmıştır.

Amir b. Rabiâ, babası Rabiâ'nın (b. Ka'b) şöyle dediğini rivayet etmiştir: Resûlullah'ı (a.s.m.) oruçlu iken dişlerini misvaklarken gördüm. Müsedded; "Sayamayacağım kadar" sözünü de ilâve etti.[277]

Ağız ve ellerin temizliğinin önemi sıklıkla vurgulanarak ümmetini temizliğe yönlendiren Resûlullah (a.s.m.) *"Allah, ümmetimden abdest alırken ve yemek yedikten sonra parmak aralarını ovalayarak yıkamayana ve dişlerini temizleyenlere merhamet etsin"*[278] demiştir. Ağız temizliği ile ilgili özellikle misvak kullanımı konusunda Resûlullah (a.s.m.) çok hassas davranmış, özellikle zeytin ağacından yapılan misvakları tavsiye etmiştir.[279]

Aktarılan hadislerde sıvı ya da katı olsun, özellikle yağlı şeyleri yiyip içtikten sonra en azından ağzın çalkalanması gerektiği sıklıkla ifade edilmiştir. Resûlullah'ın (a.s.m.) bir hadisinde, *"Zor gelmeyeceğini bilsem her namaz öncesi dişlerin misvakla temizlenmesini emrederdim"* dediği birçok defa aktarılmıştır.[280] *"Dişlerinizi hilallemek sureti ile temizleyin. Çünkü bu bir nezafettir, nezafet imana, iman da sahibi ile beraber cennette olmaya yol açar."*[281] Temizlik anlamına gelen nezafet sözü imana yol açar diyen Resûlullah (a.s.m.) ağız temizliğini imana, imanı da cennete girmeyle birlikte anarak aradaki sıkı bağı vurgulamıştır. Hadislerden, yemek sonrası temizliğin biçimini yenen yemeğin belirlediği anlaşılmaktadır.

Ebu Hureyre (r.a.) ve Hz. Aişe'den (r.anha) rivayet edilen bir hadisine göre Resûlullah (a.s.m.), *"Ateşte pişen şeylerden dolayı abdest alınız"*[282] buyurmaktadır. Bazı hadislerde bu durumun tersine işaret eden ifadeler bulunduğu göze çarpsa da hadis aktarımlarında Resûlullah'ın (a.s.m.) o davranışı hangi zaman ve durumda yaptığı açıklanmadığından konu belirsizlik göstermektedir. Zan ve tahminle bir yorumda bulunmanın yanlış olacağını düşünerek bu nadir ama aksi durum belirten hadisleri buraya herhangi bir yorum olmaksızın ekliyor ve sayıca daha fazla olan temizliğe dair hadislerden bahsederek devam etmek istiyorum.

İbni Abbas'ın (r.a.) şöyle söylediği rivayet edilmiştir: "Resûlullah (a.s.m.) bir koyun küreği yedikten sonra, ellerini yemek altındaki sofra beziyle sildi. Daha sonra namaza kalkarak namaz kıldı."[283]

---

[277] Ebu Dâvûd, 9/215.
[278] Suyuti, *a.g.e.*, 4/22, hadis no: 4421.
[279] Aydüz, *a.g.e.*, ss. 45-46.
[280] Yeniçeri, *Hz. Peygamber'in Tıbbı ve Tıbbın Fıkhı*, s. 71.
[281] Sûfi-zâde Seyyid Hulusi, *a.g.e.*, s. 509.
[282] İbn Mâce, 2/118, 119.
[283] İmam Et'ime, eserinin 8. cildi, 454. sayfasında, et yemeği ve abdest almak hususunda yine İbn Abbas'tan aktarılan başka bir hadise yer vermiştir: "Allah Resûlü (a.s.m.) tencere içinden eliyle kemikli bir et çekip çıkarttı ve onu yedi, sonra tekrar abdest almaksızın namaz kıldırdı." İbn Mâce, 2/120; İmam Et'ime, 8/454.

resûlullah efendimizin yemek yeme adabı

Câbir İbn Abdullah'tan (r.a.) rivayet edildiğine göre şöyle söylemiştir: "Peygamber (a.s.m.), Ebu Bekir ve Ömer ekmek ve et yediler de abdest almadılar."[284] Her iki hadiste de Resûlullah ve beraberindeki kişilerin yemeğe oturduklarında abdestli olma ihtimalleri muhakkak ki vardır. Yemekten sonra abdest tazelemeye ihtiyaç duymamaları ve ellerini sadece silmekle yetinmiş olmaları, bunun işaretidir.

Resûlullah'ın (a.s.m.) yemekten sonra el ve ağız temizliğini yaparken yemeğin yağlı olup olmamasını dikkate aldığını gözlemliyoruz.

Süveyd bin Nûman El-Ensârî'nin (r.a.) anlatısınına göre;

(İçlerinde kendisinin de bulunduğu) Ashabdan bir cemaat Resûlullah'ın (a.s.m.) beraberinde Hayber'e doğru yola çıktılar. Sabha'ya[285] vardıkları zaman Resûlullah (a.s.m.) ikindi namazını kıldı. Sonra azıkları istedi. Kavuddan başka birşey getirilmedi. Bunun üzerine (onu) yediler ve içtiler. Daha sonra Resûlullah (a.s.m.) su istedi, ağzını çalkaladıktan sonra kalkıp bize akşam namazını kıldırdı.[286]

Süveyn bin Nûman'ın anlatısından da anlaşılacağı üzre, sadece tahıldan yapılmış bir yiyeceği yiyen Efendimiz (a.s.m.), yemekten hemen sonra ağzını çalkalamakla yetinmiştir. Fakat burada dikkati çeken bir başka unsur şudur ki, Resûlullah (a.s.m.) zaten kavudu yemekte iken abdestlidir.

Resûlullah (a.s.m.) yağlı şeylerin yenmesinden sonra muhakkak ağzın en azından çalkalanması gerektiğini ifade etmektedir. İbni Abbas (r.a.), Ümmü Seleme (r.anha), Enes bin Mâlik (r.a.), Sehl b. Sa'd es-Sâidi'den (r.a.) aktarılan hadislerde *"Süt içtiğiniz zaman ağzınızı (su) ile çalkalayınız"* diyen Resûlullah (a.s.m.) sebebini de yağlı oluşuna bağlayarak *"Çünkü yağlıdır"*[287] demektedir.[288]

Etin de yağlı oluşuna binaen yenmesinden sonra muhakkak ellerin yıkanması gerektiğini Ebu Hureyre'nin (r.a.) aktardığı *"Resûlullah (a.s.m.) bir koyun küreğini yedi, sonra ağzını çalkaladı, ellerini yıkadı ve namaz kıldı"*[289] hadisinden anlıyoruz. Yine kavud yediği zamanki gibi abdestli olan Resûlullah (a.s.m.) bu kez yağlı birşey yemiş olduğundan sadece ağzını çalkalamakla yetinmemiş, ellerini de yıkamıştır.

Berâ bin Âzib (r.a.) şöyle söylemiştir: "Resûlullah'a (a.s.m.) deve etlerinden dolayı abdest alma hükmü soruldu ve bunun üzerine *"Deve etlerin(i yemek)ten dolayı abdest alınız"* buyurdu.[290]

---

[284] İbn Mâce, 2/122.
[285] Hayber'e yakın bir yer adıdır.
[286] İbn Mâce, 2/123.
[287] İbn Mâce, 2/131.
[288] İbn Mâce, 2/130-132; Ebu Dâvûd, 13/457-458.
[289] İbn Mâce, 2/124; Ebu Dâvûd, 13/441-442.
[290] İbn Mâce, 2/126.

resûlullah'ın (a.s.m.) sofrası

Hadisten anlaşıldığına göre deve eti, diğer hayvan etlerinden farklı olarak yendiği zaman abdesti bozmaktadır. Bunu Câbir bin Semure'den rivayet edilen şu hadis desteklemektedir: *"Resûlullah (a.s.m.) bize, deve etlerin(i yemek)ten dolayı abdest almamızı ve koyun etlerin(i yemek)ten dolayı abdest almamamızı emretti."*[291]

İslam âlimleri deve etine gösterilen bu titizlikle ilgili olarak tartışmış, abdest alınmayı gerektiriyor olması sebebiyle haram olduğu görüşünü ileri sürenler de olmuştur. İmam İbn-i Mâce, *Sünen-i İbn-i Mâce* adlı eserinin 2. cildinin 127. sayfasında deve etinin hadislerden anlaşıldığı üzere haram olmadığı konusunda bir uzlaşı olduğunu ifade etmiştir. Deve etinin yenmesinden sonra abdest alınmasının neden gerektiğini diğer büyük âlimlere dayandırarak şöyle açıklamaktadır: "Deve eti Tevrat'ta haram kılınan etlerden biridir. Benî İsrail peygamberlerinin tümü bu konuda hemfikir olmuşlardır. Allah bu eti Müslümanlar için helal kıldığında söz konusu yasağın kaldırılmasından dolayı Rabbe teşekkür etmek gayesiyle abdest alınmasının gerekli bulunduğu ifade edilmektedir. Bununla beraber, Benî İsrail'in bütün peygamberlerinin haram dediği bir etin, nasıl helal olabileceği konusunda akıllarda bir soru işareti oluşmasından kaygılanarak bu soru işaretinden kurtulabilmek adına abdest almak gerekli kılınmıştır."[292]

Aynı eserde fikirleri sunulan hadis âlimleri, Peygamber Efendimizin (a.s.m.) bu konudaki hadislerindeki "vudu" kelimesini "abdest almak" olarak değil, "temizlenmek" olarak yorumlayarak el ve ağzı yıkamanın kastedildiği görüşündedirler. Nitekim bugüne ulaştırılan bilgiler, Peygamber Efendimizin (a.s.m.) başlarda deve eti ya da ateşte pişen herhangi bir şey yedikten sonra abdest alırken, sonraları bunu bıraktığına dair ifadeler içermektedir. Benzer bir deve-koyun farklılığı, süt için de geçerlidir.[293]

Bu bağlamda Üseyd bin Hudayr (r.a.) şöyle söylemiştir: "Resûlullah (a.s.m.), 'Koyun sütlerin(i içmek)ten dolayı abdest almayınız ve deve sütlerin(i içmek)ten dolayı abdest alınız' buyurdu."[294] Daha önce de belirttiğimiz gibi imamların "abdest" olarak çevirdiği "vudu" kelimesini kimi imamlar sözlük karşılığı olan 'temizlik' ile çevirmişlerdir. Bu hadisler yine deve sütünün de koyun sütüne oranla yağlı olduğu düşüncesi ile yorumlanarak içilmesinin ardından, ellerin veya hem ellerin hem de ağzın temizlenmesi kastedilmiş olabilir, denmiştir.[295]

---

[291] İbn Mâce, 2/126.
[292] İbn Mâce, 2/127.
[293] İbn Mâce, c. 2/128; Ebu Dâvûd, 13/433.
[294] İbn Mâce, 2/129.
[295] İbn Mâce, 2/130.

Temizlik konusunda parmakları yalamaktan da bahsedilir. İbni Abbas (r.a.) anlatıyor: "Resûlullah (a.s.m.) buyurdular ki: *'Biriniz yemek yiyince, yalamadıkça veya yalatmadıkça elini (mendile) silmesin.'*"[296]

Câbir (r.a.) da anlatıyor:

"Resûlullah aleyhissalâtu vesselam, parmakların ve kapların yalanmasını emretti ve dedi ki: *'... Parmaklarını yalamadıkça elini mendille de silmesin. Zira o, taâmınızın hangisinde bereket bulunduğunu bilemez.'*"[297]

Riyazu's-Salihin'de de ifade edildiği gibi yemeği elle yemek gibi mecburiyet hadislerde belirtilmemiştir. Eğer elle yenilecek ise üç parmakla yenmeli, elin diğer parmakları yemeğin içine sokulmamalıdır. Resûlullah (a.s.m.) bunu işaret ve ifade etmiştir. Diyalektiğin önemli kurallarından biriyle hareket edilerek iz sürmek gerektiği gerçeğini vurgulayarak "parmakları yalamak" konusunda da, yine hadisin söylendiği zaman ve yer göz önüne alındığında suyun bulunmaması, az miktarda su bulunması ya da yemek yeme anından sonra çok acele edilmesi gereken hâllerde bunun yapılması tavsiye edilmiş olmalıdır.[298]

Resûlullah (a.s.m.), İslam öncesi Arap toplumlarında yemek, özellikle et yemeklerinden sonra el yıkama geleneği bulunmadığından sıklıkla her yemekten önce ve sonra el yıkamayı, hatta abdest almayı tavsiye etmiş, kendisi de bunu uygulamıştır. Zamanın koşullarının anlatıldığı bir bölümde; Câbir ibn Abdullah'ın o devirde kızartılmış etin çok sık bulunmadığı, bulunsa bile yendikten sonra el yıkama hatta peçeteye silme âdetinin olmadığını ifade ettiği, bunlara ek olarak içme suyu konusunda da sıkıntı çektikleri için suyu çok dikkatli kullandıkları, bu sebeple ellerini su kıtlığı oluşmaması için sıkça yıkamaktan çekindiklerini bildirilmiştir.[299]

Ayrıca İslamlaşmadan sonra bölgede yeni kuyular açmak, mevcut kuyuları halka tahsis etmek, bağışlamak önemsenmiştir. Kuyular arttıkça, alışkanlık yerleştikçe ve temizliğe dikkat edilmeye başlanınca bu konudaki hadislerin kuralları gevşetir nitelikte değiştiğini gözlemlemekteyiz. Esas olanın daima temizlik olduğu ve kimi durumlarda abdestin de değil, el ve ağzı yıkamanın gerektiğinin ifade edildiği görülebilir.

---

[296] İmam Müslim, 6/258, 259; 260, 261, 262; Nevevî, *a.g.e.*, 2/240.
[297] Müslim, 6/262; Tirmizî, 2/249; Nevevî, *a.g.e.*, 4/237-240.
[298] Nevevî, *a.g.e.*, 4/241-242.
[299] A.g.e., 4/243-244.

Resûlullah Efendimizin su içme adabı

KUR'ÂN-I KERÎM'DE BİRÇOK AYETTE suyu gökten indirenin Allah (c.c.) olduğu ifade edilir: "Biz gökten mübarek bir su indirdik..."[300] Su, doğru yolda olanlara verilen bir nimettir. Verilmediği hâlde doğru yolda olup olmadığımız konusunda kendimizi hesaba çekmemiz gerekir. "Şayet doğru yolda gitselerdi, onlara bol su verirdik."[301] Nitekim çağlar boyunca bilgi sahibi olan kalpler bunu fark etmiş, susuzluk zamanlarında tövbeyi artırmış ve yağmur için dua etmişlerdir.

Suyun bir bereket kaynağı ve mübarek olduğunu ifade eden ayetlerde aynı zamanda su sayesinde ürünlerin yetiştiğini de okumaktayız. İşte bu ayetlerden birkaçı:

"Rüzgarları rahmetinin önünde müjdeci olarak gönderen O'dur. Biz, ölü toprağa can vermek, yarattığımız nice hayvanlara ve nice insanlara su vermek için gökten tertemiz su indirdik."[302]

"Kupkuru yerlere suyu ulaştırdığımızı, onunla gerek hayvanlarının gerekse kendilerinin yiyegeldikleri ekini çıkarmakta olduğumuzu da görmediler mi? Hâlâ da göremeyecekler mi?"[303]

"Görmedin mi Allah gökten su indirdi. Onunla renkleri çeşit çeşit meyveler çı-

---

[300] Kâf sûresi, 50:9.
[301] Cin sûresi, 72:16.
[302] Furkân sûresi, 25:48-49.
[303] Secde sûresi, 32:27.

kardık. Dağlardan (geçen) beyaz, kırmızı, değişik renklerde ve simsiyah yollar (yaptık)."³⁰⁴

"Görmedin mi? Allah gökten bir su indirdi, onu yerdeki kaynaklara yerleştirdi, sonra onunla türlü türlü renklerde ekinler yetiştiriyor. Sonra onlar kurur da sapsarı olduklarını görürsün. Sonra da onu kuru bir kırıntı yapar. Şüphesiz bunlarda akıl sahipleri için bir öğüt vardır."³⁰⁵

"Gökten bir ölçüye göre suyu indiren O'dur. Biz onunla (kupkuru), ölü memlekete hayat veririz. İşte siz de böylece (mezarlarınızdan) çıkarılacaksınız."³⁰⁶

Yaşam kaynağı ve hâlâ bir alternatifi olmayan suya dair Kur'ân-ı Kerîm'de birçok ayet mevcuttur. Mübarek, bereket kaynağı ve başlı başına bir ayet olan su için şükretmemiz emredilir. Hatta "Ya içtiğiniz suya ne dersiniz? Buluttan onu siz mi indirdiniz, yoksa indiren biz miyiz? Dileseydik onu acı yapardık. Şükretmeniz gerekmez mi?"³⁰⁷ denilir.

Ayetlerde yer yer peygamberlerin su ile ilgili yaşadıkları olaylar anlatılarak örnekler verilir:

"Musa (çölde) kavmi için su istemişti de biz ona: 'Değneğinle taşa vur!' demiştik. Derhâl (taştan) on iki kaynak fışkırdı. Her bölük, içeceği kaynağı bildi. (Onlara:) 'Allah'ın rızkından yiyin, için, sakın yeryüzünde bozgunculuk etmeyin' dedik."³⁰⁸

"Meryem oğlunu ve annesini de (kudretimize) bir alamet kıldık; onları, yerleşmeye elverişli, suyu bulunan bir tepeye yerleştirdik."³⁰⁹

Ayetlerde insanlara içirilen suyun tatlı oluşu, istenirse tuzlu da yaratılabileceği ifadeleri ile bir nimet olduğu vurgusu tekrar edilmektedir: "Yeryüzünde haşmetli dağlar yarattık, sizlere tatlı sular içirdik."³¹⁰

Resûlullah (a.s.m.) da suyun tatlı oluşunun bir nimet olduğunun farkında olarak bunun için hamd etmektedir: *"Allahu Teâlâ'ya hamd olsun ki, suyu kendi fazlı ile tatlı ve temiz olarak yarattı. Bizim isyanlarımız sebebiyle acı ve tuzlu yaratmadı."*³¹¹

Arap Yarımadası'nın büyük bölümünde yer üstü su kaynakları çok az miktar-

---

³⁰⁴ Fâtır sûresi, 35:27.
³⁰⁵ Zümer sûresi, 39:21.
³⁰⁶ Zuhruf sûresi, 43:11.
³⁰⁷ Vâkı'a sûresi, 56:68-69-70.
³⁰⁸ Bakara sûresi, 2:60.
³⁰⁹ Mü'minûn sûresi, 23:50.
³¹⁰ Mürselât sûresi, 77:27.
³¹¹ Gazali, *a.g.e.*, 2/16.

resûlullah'ın (a.s.m.) sofrası

dadır. Buna rağmen yer altında bolca bulunan suyu kullanmak maksadıyla, hemen her yere çok sayıda kuyu açılmıştır. Yine de çıkartılan suların çoğunluğunun ılık ve hafifçe tuzlu olduğu bilgisi vardır. Resûlullah (a.s.m.) *"En güzel içecek tatlı ve soğuk olanıdır"*³¹² buyurmuş ve tatlı suyun nadir bulunuşuna dikkat çekmiştir. Belki de bu nedenlerden dolayı Arap Yarımadası'nda yaşayanlar az miktarda buldukları tatlı suları azar azar içmekteydiler. Resûlullah (a.s.m.) *"Tasları doldurun. Mecusilere muhalif olun"*³¹³ diyerek de suyu az az kullanmaktan ümmetini alıkoymak istemiştir.

Medine'nin ovalık bölgelerinde bol miktarda su kaynağı olmasına rağmen buradaki suların acı olması sebebiyle suların daha çok güneyden alındığı tarihsel bilgiler arasında anılmaktadır. Ayrıca, Medine'nin batısında tatlı suların bütün Arabistan'ı imrendirecek çoklukta olduğu da tarihçiler tarafından kaydedilmiştir.³¹⁴ Bu konuyla ilgili Hz. Aişe'den (r.anha) aktarılan bir sözde, kendisi; "Resûlullah (a.s.m.) Medine'ye geldiğinde ve bizim Medine'ye geldiğimizde, orası vebalı (sıtmalı) bir yer idi. Allah'ın en vebalı (sıtmalı) yeriydi. Oraya ulaşmamızdan sonra Buthan Deresi'nin suyu akmaya başladı" demektedir.³¹⁵

Medine'de Yahudiler tarafından işletilen, halkın sularını temin ettiği büyük kuyular bulunmaktaydı. Resûlullah (a.s.m.), Medine'nin kuyularından olan Rume Kuyusu'nun "Bunu sahibinden satın alıp tasadduk edecek olan Müslümanın sadakası ne makbul sadakadır" diyerek halka bağış yapılmak üzere satın alınmasını teşvik etmiştir. Hz. Osman (r.a.), Rûme kuyusunu 35 bin dirheme satın aldı ve Müslümanlara vakfetti. Yeraltından su çıkarmasını bilen sahabiler, kuyular açarak su kaynaklarını çoğalttılar. Hz. Aişe'den (r.anha) rivayet olunduğuna göre Peygambere (a.s.m.) 'Buyûtü's-Sükyâ' denilen pınardan tatlı su getirilmiştir. Kuteybe, Buyûtü's-Sukyâ'nın bir kuyu değil bir pınar olduğunu söyleyerek, "Medine ile arasında iki gün(lük mesafe) vardır"³¹⁶ demiştir.

Aktarıcılara göre, Resûlullah'ın (a.s.m.) su içtiği bir başka kuyu Casim Kuyusu'dur, Buda adlı kuyudan da kendisine su getirilmiş, ikram edilmiştir. Mâlik b. Nadr'in kuyusundan Allah Resûlü'ne tatlı su getirilirdi. Medine'de Gars Kuyusu ve Sukyâ Kuyuları da vardı. Aris Kuyusu Kuba yakınlarındaydı. Casum'daki Ebu'l-

---

³¹² Sûfi-zâde Seyyid Hulusi, *a.g.e.*, s. 524; Tirmizî, 2/ 287; Kütüb-ü Sitte, 7/221-224.
³¹³ Sûfi-zâde Seyyid Hulusi, *a.g.e.*, s. 523.
³¹⁴ Ali Ağırman, "Hz. Adem'den Hz. Muhammed'e İslam Medeniyetine Etki Eden Doğal Afetler," Atatürk Üniversitesi Sosyal Bilimler Enstitüsü İslam Tarihi ve Sanatları Ana Bilim Dalı Yüksek Lisans Tezi, Erzurum, 2014, s. 45.
³¹⁵ Ağırman, "Hz. Adem'den Hz. Muhammed'e İslam Medeniyetine Etki Eden Doğal Afetler," s. 45.
³¹⁶ Ebu Dâvûd, 13/358; Kütüb-ü Sitte, 7/221.

Heysem b. Teyyihan Kuyusu'ndan da Resûlullah'a (a.s.m.) su getirirlerdi.[317]

Su içerken de her işte olduğu gibi ilk yapacağı şey besmele çekmektir. İbni Abbas (r.a.) anlatıyor:

"Resûlullah (a.s.m.) buyurdular ki: *'Suyu deve gibi bir solukta içmeyin. İki-üç solukta (dinlene dinlene) için. Su içerken besmele çekin. Bitirince de Allah'a hamd edin.'*"[318]

Resûlullah (a.s.m.) suyu taslarla, deri tuluklarla, cam bardakla ve eli ile içmiştir. En güzel kap olarak da elleri işaret etmiştir: *"Elinizi yıkayın. Sonra avucunuzda su için. Elden daha güzel ve hoş bir kap yoktur."*[319]

> Câbir'den (r.a.) aktarılan bir anıya göre;
> "Resûlullah (a.s.m.) Ensar'dan bir zâtın bahçesine girdi. Bu sırada adam, bahçeye su çevirmekte idi. Resûlullah (a.s.m.):
> 'Yanınızda şenne (eskimiş tuluk) içerisinde akşamdan kalma suyunuz varsa (ver de içelim) yoksa, akan sudan ağzımızla içeriz' buyurmuştur. Adam:
> 'Evet, yanımda soğuk su var!' deyip, kulübeye giderek bir bardağa su koydu, sonra da üzerine bir keçiden süt sağdı. Efendimiz de ondan içti."[320]

Suyu dinlendirmek

Resûlullah'ın (a.s.m.), içme suyunun tatlı oluşunun yanında, onun, "dinlenmiş, gecelemiş" olmasına da özen gösterdiği hadislerden ve davranışlarından öğrenilmektedir.

Yukarıda verilen hadiste de Resûlullah (a.s.m.) Ensar'dan olan kimseye "Akşamdan kalma suyunuz varsa" diyerek dinlendirilmiş suyu kastetmektedir. İlgili kaynaklarda yer yer, "testide dinlenmiş sudan" bahsedilmektedir. Resûlullah'ın (a.s.m.), ağzı kapalı bir kapta gecelemiş suyu olduğu gibi, ağzı açık bekletilerek dinlendirilmiş suyu ise çalkaladıktan sonra içmek hakkında tavsiyeleri bulunmaktadır. O devirde suları tulumlara koyarlar hurma dallarına asarak gölgelendirir ve

---

[317] Mustafa Karataş, "Hz. Peygamber'in Yerleşim ve Şehirleşmeye Yönelik Çabaları: Medine Örneği," *İstanbul Üniversitesi İlahiyat Fakültesi Dergisi*, 2013, s. 28.

[318] Tirmizî, 2/283; Nevevî, *a.g.e.*, 4/248; Et'ime, 8/590; Müslim, 6/253-254; İbn Kayyim, *a.g.e.*, c. 4, ss. 434-437; Kütüb-ü Sitte, 7/211.
Ayrıca söz konusu hadis İmam Gazali'nin *İhyâu Ulûmi'd-dîn* adlı eserinin 2. cildi sayfa 16'da, "Suyu yudum ve ağır ağır için, birden içmeyin. Zira bundan ciğer hastalığı hâsıl olur" şeklinde; Sûfî-zâde Seyyid Hulusi'nin *Mecma'ul Âdâb* adlı eserinin 523. sayfasında, "Su içtiğiniz zaman onu emerek için, birden mideye indirmek suretiyle içmeyin. Çünkü bu tür içmek ciğer hastalığına yol açar" şeklinde verilmiştir. Bu şekildeki öneriler, *Zâdul-Meâd*'da 4. ciltte de geçmektedir.

[319] Sûfî-zâde Seyyid Hulusi, *a.g.e.*, s. 524.

[320] İmam Et'ime, 8/581,582,586; Ebu Dâvûd, Eşribe 18, (3724); Kütüb-ü Sitte, 7/223; Nevevî, *a.g.e.*, 4/273.

soğuturlardı.[321] Kaynağından ılık olarak çıkan su, geceleri soğuk olduğu bilinen Hicaz Bölgesi'nde bir gece bekletildiğinde serinlemiş olmalıdır.

Suyu üç yudumda içmek

Aşağıda verilecek olan hadislerden anlaşılacağı üzere Resûlullah (a.s.m.), suyu üç nefeste ya da yudumda, dinlene dinlene içmeyi ve bunu yaparken asla kabın içine nefes vermemeyi tavsiye etmiştir. Suyu elini yıkadıktan sonra sağ elle, avuçlayarak içtiği gibi bardak hatta cam bardak da kullanmıştır. Genellikle suyu oturarak içmiş, *"Sizden kimse sakın ayakta içmesin"*[322] demiş, bu kuralı kimi zamanlarda bozmuştur.[323] Sürekli olarak ayakta içme işi ise sadece zemzem için geçerlidir. Ayrıca Resûlullah (a.s.m.) *"Zemzem açlar için gıda, hastalar için şifadır"* demiştir.[324]

İbni Abbas (r.a.) anlatıyor: "Resûlullah'a (a.s.m.) zemzemden sundum, ayakta olduğu hâlde içti."[325] Kebşetu'l-Ensari de şöyle der: "Resûlullah (a.s.m.) yanıma girmişti. Duvarda asılı olan bir kırbanın ağzından ayakta su içti. Ben hemen gidip ağzını kestim" dedikten sonra konuyu anlatırken kestiği bu kısımla kendine özel bir maşrapa yaptırdığını ifade etmiştir.[326] Yine İbni Ömer (r.a.) de anlatıyor: "Biz, Resûlullah (a.s.m.) devrinde yürürken yer, ayakta iken içerdik."[327]

Kütüb-ü Sitte'de ifade edildiğine göre, İmam Mâlik'e, Hz. Ömer, Hz. Osman ve Hz. Ali'nin ayakta oldukları hâlde su içtiklerine dair bir bilgi ulaşmıştır.[328] Hz. Ali'nin ayakta su içtiğine dair bir anlatım da İmam Müslim'in eserinde altıncı cilt, 253. sayfada dipnotlarda bildirilmektedir.

Resûlullah (a.s.m.) ve ashabının ayakta su içtiğine dair aktarımlarda zaman ve yer bildirimi genellikle yapılmamıştır. Bazı hadis aktarıcıları ise kimi hadislerde olay yer ve zamanını vermiştir. Ulaşılan bilgiler savaş hâli, sefer hâli gibi telaşlı zamanlarda böyle bir uygulama yapılmış olduğu bilgisini işaret etmektedir.

---

[321] Karataş, Hz. Peygamber'in Yerleşim ve Şehirleşmeye Yönelik Çabaları: Medine Örneği" İstanbul Üniversitesi İlahiyat Fakültesi Dergisi, s. 28.
[322] Kütüb-ü Sitte, 7/207.
[323] İmam Mâlik, *Muvatta'* adlı eserinin 108. sayfasında, şu anlatıya yer vermektedir: "Ümmü'l-Fadl binti Haris'den rivayetle; kurban bayramının arefe günü ashap benim yanımda Resûlullah'ın (a.s.m.) oruçlu olup olmadığı konusunda ihtilafa düştüler. Bazıları, 'Oruçlu' dedi, bazıları da, 'Değil' dediler. Bunun üzerine ben Resûlullah'a (a.s.m.) bir bardak süt gönderdim, devesinin yanında dikilirken onu içti."
[324] Suyuti, *a.g.e.*, 4/64.
[325] Buhârî, 8/583; Müslim, 6/252; Tirmizî, 2/283; Nevevî, *a.g.e.*, 4/261; İbrahim Canan, Kütüb-ü Sitte, 7/205.
[326] Kütüb-ü Sitte, 7/209.
[327] Tirmizî, 2/281-282; İbn Mâce, Et'ime 25, (3301); Kütüb-ü Sitte, 7/205; Nevevî, *a.g.e.*, 4/261.
[328] Kütüb-ü Sitte, 7/206.

Nitekim oturarak, besmele ile ve üç nefeste suyun içilmesi sağlık açısından da çok önemlidir.

Su kabının içine nefes vermemek

Su kabına nefes vermek de uygun görülmez. Öyle ki daha önce aktarılan hadiste ifade edildiği gibi, Resûlullah'ın (a.s.m.) su kabının içine nefes vermeyi "develer gibi" diyerek nitelendirmiş ve; *"Kadehi ağzından uzaklaştır da öyle nefes al"*[329] *"Biriniz su içerken kabın içine solumasın. Tekrar yudumlamak isteyince kabı ağzından uzaklaştırıp (nefes alsın) sonra dilerse yeniden içsin"*[330] gibi ifadeler kullanmıştır. Enes'ten (r.a.) aktarılan bir hadiste bunun nedenini de kendisi açıklayarak bizi aydınlatmaktadır: *"Muhakkak ki üç nefeste içmek daha kandırıcı, elemden daha salim kılıcı ve boğazdan daha kolay akıp sinicidir."*[331]

İçilecek şeyin içerisine nefes vermek, kabın içine çer çöp düşmüş olsa dahi Resûlullah (a.s.m.) tarafından uygun bulunmamıştır. Ebu Saîd el-Hudrî'den (r.a.) rivayet edilen bir hadise göre:

"Bir adam Resûlullah'a (a.s.m.) sorar: 'Kaba çer çöp düştüğünü görürsem ne yapayım?'

Efendimiz şöyle buyurmuştur: *'Kaba düşen şeyi dök.'*

Adamın kaba nefes vermekle ilgili ısrarcı sorusunu şöyle sürdürdüğü rivayet edilir: 'Bir nefeste içince suya kanamıyorum' dedi.

Resûlullah (a.s.m.) da *'O takdirde su kabını ağzından çek'* buyurdu."[332]

Yani hiçbir şekilde su içilen kaba nefes verilmemeli, içerisine çer çöpü gidermek maksadıyla dahi üflenmemelidir. Bilim ışığında bu davranış ve öğüdü incelediğimizde, ağzın nemli ve sıcak olmasından dolayı insan vücudunda en çok bakteri bulunan yerlerin başında geldiği ve bugünün hijyen kurallarına göre ağza götürülen elin bol miktarda bakteriyle kaplandığı için her seferinde yıkanması gerektiği bilgisi ile karşılaşırız. Bu açıdan da doğruluğu şüphe götürmeyen Resûlullah'ın (a.s.m.) sözlerinin geçerliliği rahatlıkla görülebilmektedir.

Yine Ebu Saîd'den (r.a.) aktarılan bir bilgiye göre:
Resûlullah'ın (a.s.m.), *kaplarının ağzından içmek için ağızlarının dışa kıvrılma-*

---

[329] Sûfi-zâde Seyyid Hulusi, *a.g.e.*, s. 523.
[330] Kütüb-ü Sitte, 7/212; Nevevî, *a.g.e.*, 4/248; Buhârî, 8/590; Tirmizî, 2/285; İbn Mâce, Eşribe 23; Ahmed bin Hanbel, 4/383; 5/296, 309-311.
[331] Müslim, 6/254; Kütüb-ü Sitte, 7/211; Ebu Dâvûd, 13/350-351; Ahmed bin Hanbel, 3/119, 185, 211, 251, 400, 401; 4/465, 466; Tirmizî, 2/283; Abdulbaki, s. 562.
[332] Nevevî, *a.g.e.*, 4/258; *Muvatta*, Sıfatu'n-Nebî 12, (2, 925); Tirmizî, Eşribe 15, (1888); Ebu Dâvûd, Eşribe 16, (3722); İbn Mâce, Eşribe 23, (3427); Kütüb-ü Sitte, 7/151.

*larını yasaklamıştır.*³³³ Suyun bulundurulduğu, kırba gibi deri kapların kastedildiği bu hadiste günlük yaşamda böyle davranılmasının doğru olmadığı ifade edilmiş fakat Uhud Savaşı'na dair bir anlatıda Resûlullah'ın (a.s.m.) ağzı dışarı kıvrılmış bir kaptan su içtiği nakledilmiştir. Görülüyor ki Resûlullah (a.s.m.), ayakta su içme bahsindeki gibi cihad ve kimi telaşlı hâller esnasında koyduğu kuralları esneterek ümmete bir kolaylık yolu göstermiştir.³³⁴ Şüphesiz böyle hayati durumlarda birtakım istisnai uygulamalar yapılabilir. İslami akıl çerçevesinde düşünüldüğünde bütün bunları anlamak çok daha kolay olacaktır.

Su kabının ağzı da yiyecek kapları gibi muhakkak örtülmelidir. Câbir'den rivayet olunduğuna göre, Peygamber (a.s.m.) şöyle buyurmuştur:

*"(Evine girdiğin zaman) Besmele çekerek kapını kapa. Çünkü şeytan (Besmeleyle) kapanan bir kapıyı açamaz. Besmele çekerek lambanı da söndür. (Yine) Besmele çekerek, enine koyacağın bir ağaç parçası ile de olsa kab(lar)ını(n ağzını) ört. Bir Besmele daha çekerek su kabını(n ağzını da) ört."*³³⁵

---

[333] Et'ime , 8/588; Müslim 6/ 250; Ebu Dâvûd, Eşribe 15; Tirmizî, 2/285; İbn Mâce, Eşribe 19; Nevevî, *a.g.e.*, 4/254; Kütüb-ü Sitte, 7/210.

[334] Ebu Dâvûd, Eşribe 15, (3721);Kütüb-ü Sitte, 7/209.

[335] Müslim, 6/241-243; Tirmizî, 2/284; Ahmed bin Hanbel, 3/319, 351, 386, 395.

Resûlullah Efendimiz ve oruç tutma hassasiyeti

RESÛLULLAH (A.S.M.) BİRBİRİNDEN FARKLI gün ve aylarda değişik sayılarda oruç tutmuştur. Bizim en çok bilgi sahibi olduğumuz Ramazan orucuna geçmeden önce Resûlullah'ın (a.s.m.) oruç tuttuğu ayları ve bu aylarda kaç gün oruç tuttuğunu sıralamak gerekirse bunlardan ilki 'aşure orucu'dur.

İmam Ahmed bin Hanbel'in, Resûlullah'ın (a.s.m.) hanımlarından birinden naklettiğine göre:

Resûlullah (a.s.m.) Zilhiccenin dokuzuncu günü, aşure günü, her aydan üç gün yahut pazartesi ile perşembe günü oruç tutardı.[336]

1. Aşure günü orucu

Resûlullah (a.s.m.) Aşure orucunu, diğer günlerin orucuna tercih ediyordu. Hz. Aişe (r.anha) şöyle der: "Kureyş, Cahiliye devrinde Aşure günü oruç tutardı. O gün Resûlullah (a.s.m.) da oruç tutardı. Medine'ye geldiğinde de Aşure günü oruç tuttu ve (ashabına) tutmalarını emretti..."[337]

Hz. Aişe'den (r.anha) nakledilen bu bilgiye, Medine'ye gelince Yahudilerin de Mekkeliler gibi Aşure günü oruç tuttuğunu gördüğü ve bunun üzerine *"Biz Musa'ya daha layığız"* buyurup Aşure günü oruç tuttuğu, tutulmasını emrettiği bilgisi de eklenmelidir.[338] Ramazan orucu farz kılınmadan önce yaşanan bu hadise ile Resûlullah (a.s.m.) Aşure orucunun kıymetini ortaya koyan bir tutum sergilemiştir. Ramazan orucu farz kılınınca, *"Aşure orucunu dileyen tutar,*

---

[336] İbn Kayyim, *a.g.e.*, c. 2, s. 85.
[337] Kütüb-ü Sitte, 9/103-104.
[338] İbn Kayyim, *a.g.e.*, c. 2, s. 88.

dileyen de terk eder" buyurarak daha önce verdiği emri nehyetmiştir.[339]

İslam âlimlerine göre Aşure günü orucu üç farklı biçimde tutulabilir. Bunlardan ilki; Aşure gününden bir gün önce ve bir gün sonrayı oruca ekleyerek üç gün oruç tutmaktır. Bu âlimlerce "en iyi" şeklinde tanımlanan Aşure günü orucudur. İkinci şekildeki Aşure orucunda; Aşure günü ile birlikte Muharrem ayının dokuzuncu veya onuncu günü ile birlikte oruç tutulmasıdır. Bu, üç gün süren oruç hadislerin çoğunda bahsedilen Aşure günü orucu olarak görülmektedir. Üçüncü şekil aşure orucu ise; sadece onuncu gün oruç tutulmasıdır.[340]

2. Şevval orucu

Sahih bir hadise göre Ramazan'la beraber altı günlük şevval orucu bütün bir yılı oruçlu geçirmeye denktir.[341]

3. Dolunay orucu

İbni Abbas (r.a.) anlatıyor: "Resûlullah (a.s.m.) ister yolcu ister mukim olsun, dolunay günleri oruç tutardı. Ve tutmayı teşvik ederdi."[342]

4. Şaban ayında oruç

Resûlullah (a.s.m.) Ramazan ayından sonra en çok Şaban ayında oruç tutmuştur.

5. Ramazan orucu

Ramazan orucu, Ramazan ayı girdiğinde hilalin görünmesiyle başlayıp, tekrar hilalin görünmesiyle biter. Bu konudaki hilali görüp görememe gibi tereddütler hakkında Hz. Ömer ve Hz. Ali'den rivayet edilen sözlerde şüphe varsa bir gün önceden başlamanın, bir gün gecikmekten iyi olacağı yönündedir.

Hz. Ömer (r.a.), hava bulutlu olduğu bir zamanda oruca başlamış ve "Bu öne geçmek ve önce başlamak değildir. Bu bir araştırmadır" demiştir. Hz. Ali (r.a.) ise "Şabandan bir gün oruç tutmam bana göre Ramazandan bir gün oruç yememden daha iyidir" diyerek şüpheli hâlde bir gün erken oruca başlamıştır.[343]

Yine Resûlullah (a.s.m.) Ramazanın son günü hakkında şüphe olursa sayıyı otuza tamamlamayı tavsiye etmiş ve Hz. Ali de bu şekilde ifadelerde bulunmuştur.[344]

Günümüzde 'oruç' olarak kullanılan kelimenin asıl adı 'savm'dır. Savm, Arapça sözlüklerde yemeyi-içmeyi terk etmek, nikâhı ve sözü bırakmak, yürümemek gibi anlamlara gelmektedir. Kur'ân-ı Kerim'de on bir kez kullanılan savm kelimesi

---

[339] A.g.e., 2/85. Yine Aişe (r.anha) şöyle der; "Resûlullah (a.s.m.) Aşure Günü oruç tutulmasını emretmişti: 'Ramazan orucu farz edildikten sonra, dileyen tutar, dileyen tutmazdı.'" *(Kütüb-ü Sitte, 9/103, 104.)*

[340] İbn Kayyim, *a.g.e.*, c. 2, s. 94.

[341] İbn Kayyim, *Zâdul-Meâd*, c. 2, s. 85.

[342] *Zâdul-Meâd*, c. 2, s.84.

[343] İbn Kayyim, *a.g.e.*, 2/57.

[344] A.g.e., 2/62.

oruç anlamını ifade eder şekilde de bahis konusu olmuştur. Farz oruç Kur'ân'ın indiği ay olan Ramazan ayında otuz gün süre ile tutulur.[345]

RESÛLULLAH'IN SAHUR VE İFTAR ZAMANLARI

Resûlullah'ın (a.s.m.) iftar zamanı çeşitli dualar ettiği ifade edilmektedir. Bunlardan birini Muâz b. Zuhre rivayet etmiştir. Dua şöyledir: *"Ey Allahım! Sadece senin için oruç tuttum ve senin rızkınla orucumu açtım."*[346]

Resûlullah (a.s.m.) iftarda acele etmeyi ve sahur yemeğinin yenmesini tavsiye etmiştir.[347] Resûlullah'ın (a.s.m.) oruç tutarken sahur yemeğinin yenmesini tavsiye edişini imamlar, diğer dinlerde de orucun bulunduğunu fakat Müslümanların orucunun en büyük farkının sahur oluşuna bağlamaktadırlar.

Buhârî ve Müslim'in rivayetlerinde ise, Resûl-i Ekrem Efendimiz (a.s.m.) sahur yemeğini tavsiye değil, emretmiştir. Gündüz orucu hakkıyla tutabilmek için sahur yemeği ile bedeni desteklemek gereklidir.[348]

Hz. Enes'ten (r.a.) rivayet edildiğine göre:

"Resûlullah (a.s.m.) buyurmuştur ki: *'Sahur yemeği yiyiniz, sahur yemeğinde bereket vardır.'"*[349]

Bereketin bulunduğu bu sofra Resûlullah (a.s.m.) için diğer sofralardan farklıdır. Çünkü o yalnızca sahur sofrasını *"Mübarek ğadâ (kahvaltı)"*[350] olarak tanımlamış ve *"Sahur yemeğine sarılınız. Çünkü o mübarek yemektir"*[351] buyurmuştur. Bir hadise göre, bereketin bulunduğu bu mübarek sofraya oturanları Allah bağışlar, melekler sahur sofrasına oturanlar için dua ederler.[352]

Resûlullah (a.s.m.); orucu hurma ile, bulunamazsa su ile açmayı tavsiye etmiştir. Ayrıca bir yudum su, bir lokma ekmek ile de olsa muhakkak iftar edilmesini, iftar edilmeksizin iki gün üst üste oruç tutulmamasını da tavsiye etmiştir. Oruçlu-

---

[345] Halil Altuntaş; İsmail Karagöz, *Oruç İlmihali*, Diyanet İşleri Başkanlığı Yayınları, Ankara, 2010; Mehmet Efe, "Kur'ân'da Ritüellerin Arka Planı," Ankara Üniversitesi Sosyal Bilimler Enstitüsü Temel İslam Bilimleri (Tefsir) Anabilim Dalı Doktora Tezi, Ankara, 2007, ss. 71-72.
[346] Beyhakî, *es-Sünenü'l-Kübra*, c. 4, s. 239; Ebu Dâvûd, 9/202.
[347] Nevevî, *a.g.e.*, 5/503-504; Müslim, 3/309.
[348] "Sahur yemeği ile gündüzün orucuna, gündüz uykusuyla da gece ibadetine yardım sağlayınız." *(İbn Mâce, Sıyâm 22; Hâkim, Müstedrek, I, 425.)*
[349] Tirmizî, 1/380; Müslim, 3/306; Ebu Dâvûd, Sıyâm 15. (http://www.enfal.de/)
[350] Ebu Dâvûd, 9/178.
[351] Ebu Dâvûd, 9/179.
[352] Ahmed bin Hanbel, 3/44; 4/370. "Sahur berekettir. Bir yudum su ile de olsa onu terk etmeyiniz. Şüphesiz sahur yiyenleri Allah bağışlar, melekler onun için dua ederler."

nun iftar açmakta ve kişinin akşam namazını kılmakta acele etmesi müstehaptır.[353]

Hz. Enes (r.a.) ve Selmân b. Amir'den (r.a.) şöyle rivayet edilir: "Resûlullah (a.s.m.) namaz kılmazdan önce birkaç taze hurma ile orucunu açardı. Eğer taze hurma yoksa kuru hurma ile açardı. Eğer kuru hurma da bulamazsa birkaç yudum su yudumlardı."[354]

Hadis-i şerîfler, oruçluların oruçlarını hurma ile açmalarını teşvik etmektedir.

İftar etmek için ilk planda hurmanın tavsiye edilmesini, hurmanın göze faydalı olmasına bağlayan imamlar vardır. Bazıları ise, tatlı olduğu için iştahı keseceği, böylece haddinden fazla yemeye mâni olacağını düşünerek Resûlullah'ın (a.s.m.) hurma ile oruç açmayı tavsiye ettiğini söylemişlerdir.

Yine bazı âlimler bu hadiste, imanın tatlılığına ve isyanın acılığına işaret bulunduğunu söylemektedirler. Bütün bu bilgilere, bölgede bol miktarda bulunan tek yiyeceğin hurma olmasının orucu hurma ile açmanın yaygın bir uygulama oluşuna neden olduğu da eklenmelidir.

Aynı zamanda imamlar, hurmanın bulunmaması durumunda su ile oruç açmanın tavsiye edilişini, suyun temizleyici özelliğine bağlamaktadırlar.[355] İftarı mümkün olduğunca hafif ve tatlı şeylerle özellikle hurmayla, bulunmazsa suyla açmış, başkalarına da bunu öğütlemiştir.[356] Kimi hadislerde zeytini de oruç açmada kullandığı ifade edilmiştir. Fakat bölgede zeytinin o dönem çokça yetişmemesinden dolayı Resûlullah (a.s.m.) oruçlarını sıklıkla hurma ve/veya su ile açmıştır.

6. Visal orucu

Hadis kaynaklarına göre Resûlullah (a.s.m.) Ramazan ayında iftar vakti girince iftar etmeyip ertesi günün orucuna niyet ederek iki gün kesintisiz oruç tutardı. Buna "visal orucu" denir. Ashabını ise visal orucundan men etmiştir. Kendisine bu sorulduğunda Resûlullah (a.s.m.) *"Ben sizin durumunuzda değilim. Ben Rabbimin katında gecelerim. O beni yedirir, içirir"* dediği aktarılmıştır.[357] Yine de ashabın bu konudaki ısrarının sürdüğüne dair bilgiler vardır. Hz. Aişe, Resûlullah'ın visal orucunu ümmetine merhametinden dolayı yasakladığını ifade etmiştir. Böyle ağır gelen bir ibadeti yapmakta ısrarın sürmesi üzerine Resûlullah'ın *"Visal orucu tutmayın. Hanginiz visal orucu tutarsa seher vaktine kadar tutsun"* diyerek bir sınırlama getirdiği aktarılmaktadır.[358]

---

[353] Ebu Dâvûd, 9/199.
[354] Ebu Dâvûd, 9/199-200; Tirmizî, 1/375, Savm 10, (694); Kütüb-ü Sitte, İbn Kayyim, *a.g.e.*, 2/66; Nevevî, *a.g.e.*, 5/510; Ahmed bin Hanbel, 4/17-18, 213, 215.
[355] Ebu Dâvûd, 9/200.
[356] İbn Kayyim, *a.g.e.*, c. 2, s. 66.
[357] Et'ime, Müslim 1103; Buhârî, 30/49; İbn Kayyim, *a.g.e.*, c. 2, ss. 47-50.
[358] İbn Kayyim, c. 2, s. 47-50.

"İnsanlar iftarda acele ettikleri müddetçe hayır üzere olmaya devam ederler" şeklinde bir hadis vardır. Ahmed b. Hanbel'in aynı konuda Ebu Zerr vasıtasıyla yaptığı bir rivayet de şu şekildedir: *"Ümmetim, sahuru geciktirmeye ve iftarda acele etmeye devam ettikleri müddetçe hayırda olmaya devam ederler."*

Tirmizî'nin Ebu Hureyre'den (r.a.) rivayet ettiği hadiste ise;

Hz. Peygamber Cenâb-ı Allah'ın; *"Şüphesiz kullarımın bana en sevimli olanı, iftarda en çok acele edenidir"*[359] buyurduğunu haber vermiştir. Ebu Hureyre'nin (r.a.) bir naklinde iftarda acele etmenin gerekliliği de Resûlullah Efendimizce (a.s.m.) açıklanmaktadır.

"Resûlullah (a.s.m.) buyurdular ki: *'... Öyleyse ilk vaktinde orucunuzu açın. Çünkü Yahudiler, iftarlarını te'hir ederler.'"*[360]

İftar, akşam ezanı iledir. İftar etmekte acele etmek, namazı iftar sonrasına ertelemeyi gerektirir. Resûlullah (a.s.m.) böyle buyurmuş ve bunu akşam yemeği ile ilgili birçok hadisinde dile getirmiştir.

Farz olmayan zamanlardaki oruçlar ya da hastalık, hamilelik gibi özel durumlarda tutulan oruçların tümü birtakım şartlara bağlanmıştır.

> Amr İbnu Ümeyye ed-Damrî anlatıyor:
> "Bir sefer dönüşü Resûlullah'a (a.s.m.) uğradım. Bana: 'Ey Ebu Ümeyye, sabah yemeğini bekle (beraber yiyelim)' buyurdular. Ben 'Oruçluyum' dedim. *'Öyleyse gel yaklaş, sana yolcudan haber vereyim de dinle!'* dedi ve devamla *'Allahu Teâlâ Hazretleri yolcudan orucu ve namazın yarısını kaldırdı'* buyurdu."[361]

İmam Müslim, *Sahih-i Müslim*'inde, sefer ve savaş hâlinde oruç tutulması zorunluluğunun kaldırıldığını, özellikle savaş hâlinde iken oruç tutanların haberini aldığında Resûlullah'ın (a.s.m.) *"Onlar asilerdir"* dediğini aktararak vurguluyor. Şüphesiz Allah'ın emirlerine uymamak gibi izinlerine uymamak da ciddi bir hatayı işaret eder.[362] Elbette denilebilir ki size ne oluyor da Rabbinizin verdiği bir izni reddederek kibre kapılmışlar gibi davranıyorsunuz? Bu konuya dikkat edilmelidir. Günün şartlarının eskiye oranla daha kolay oluşu vb. birçok hususu öne sürerek Allah'ın namaz ve oruç hakkında verdiği izinleri yerine getirmeyenler sevaba erişmeye çalışırlarken hataya düşmemelidirler. Şüphesiz Allah, evvel ve ahirin Rabbi'dir, bugünün şartlarından haberdar olmaması ise mümkün değildir. Öyleyse O'nun verdiği izinlere de emirleri gibi riayet edilmesi gerekmektedir. Ve Allah orucu gücü yetene emrettiğini bildirmiştir.

---

[359] Tirmizî, 1/377.
[360] Kütüb-ü Sitte, hadis no: 1698-6489.
[361] Nesâi, Savm 50, (4, 178); (http://www.enfal.de/)
[362] Müslim, 1/327, 328, 329, 330-335.

resûlullah'ın (a.s.m.) sofrası

Enes b. Mâlik'ten (r.a.) rivayet edildiğine göre:

"Resûlullah (a.s.m.) buyurdular ki: *'Allahu Teâlâ Hazretleri, yolcudan namazın yarısını kaldırdı, oruca da yeme hususunda ruhsat tanıdı. Ayrıca çocuk emziren ve hamile kadınlara, çocukları hususunda endişe ettikleri takdirde, orucu yeme ruhsatı tanıdı."*[363]

Muhammed İbnu Ka'b da anlatıyor: "Ramazanda Enes bin Mâlik'in (r.a.) yanına geldim. Sefer hazırlığı yapıyordu. Devesi hazırlandı, yolculuk elbisesini giydi. Yemek getirtip yedi. Ben kendisine: 'Yola çıkarken orucu bozmak sünnet midir?' diye sordum. 'Evet!' dedi ve bineğine atlayıp yola çıktı."[364]

Nafile oruçlarla ilgili bir başka hüküm ise misafirlikle alakalıdır. Hz. Aişe (r.anha) anlatıyor:

"Resûlullah (a.s.m.) buyurdular ki: *'Kim bir kavme misafir olursa, onlar müsaade etmedikçe (nafile) oruç tutmasın.'*"[365]

Oruç tuttuğu hâlde oruçlu olmayan birine ikramda bulunan kimse için bir sevap vardır. Resûlullah'ın (a.s.m.) Ümmü Ammâre Bintu Ka'b ile yaşadığı şu olay buna işaret etmektedir:

> Resûlullah (a.s.m.) Ümmü Ammâre'nin yanına girmiştir. Ümmü Ammâre kendisine yemek ikram edince, Efendimiz *"Sen de ye!"* demiş. Kadın "Ben oruç tutuyorum" deyince, Resûlullah (a.s.m.) şöyle buyurmuştur: *"Oruçlu kimse, başkasına ikramda bulunur ve yemeğinden başkaları yerse, onlar yedikleri müddetçe melekler oruçluya rahmet duasında bulunurlar."*

Bir başka rivayette şöyle denmiştir: *"Oruçlunun yanında oruçsuzlar yemek yiyecek olursa, melekler oruçluya rahmet okurlar."*[366] Fakat buradaki "oruçsuz"dan kastın kim olduğu tam olarak belli değildir. Biz tutulan orucun nafile bir oruç ya da oruç tutmayan kimsenin izne tabi olanlardan yani hasta, yolcu veya hamile, emzikli bir kadın, güçten düşmüş bir ihtiyar ya da orucun farz kılınmadığı bir kimse olduğu kanaatiyle hareket etmeliyiz.

Yine de dini ve inancı farklı olduğu hâlde misafirimiz olan kimseye yine sünnet gereği ikram ederiz ve bu oruçlu olduğumuz zamanlara da denk gelebilir. Böylesi bir tavır İslam'ın yüceliğini ve Müslümanın erdemini gösteren bir tavır olarak muhakkak sergilenmeli; misafirlerimize, inançlarından dolayı adaletsiz ve nezaketsiz tavırlarda bulunmaktan geri durmalıyız.

---

[363] Tirmizî, 1/383; Ebu Dâvûd, Savm 43, (2408); İbn Mâce, Sıyâm 12, (1668) (http://www.enfal.de/); Kütüb-ü Sitte, 9/158-159.

[364] Tirmizî, 1/424; Kütüb-ü Sitte, 9/159.

[365] Tirmizî, 1/419; Kütüb-ü Sitte, 9/150.
(Tirmizî, "Bu hadis, tek bir kimseden rivayet edilmesi sebebiyle münkerdir" demektedir.)

[366] Tirmizî, 1/417, 418; Kütüb-ü Sitte, 9/151,152; Nevevî, *a.g.e.*, 5/549.

Dördüncü Bölüm

Ayet ve Hadislerlerde
Bahsi Geçen Yiyecekler

Resûlullah (a.s.m.) ve et yemekleri

RESÛLULLAH (A.S.M.) DAHA ÖNCE DE belirttiğimiz gibi değişik etlerden yapılmış yemekler yemiştir. Bunlara ek olarak paça yediğine dair aktarımlar da vardır. Hatta yediği koyun ayaklarından birinin Hz. Ebu Bekir (r.a.) tarafından gönderildiği söylenmektedir. Kendisi de, *"Eğer paça veya kürek eti yemeğe davet edilirsem, derhâl giderim. Şayet bana kürek veya paça hediye edilirse, hemen kabul ederim"*[367] demiştir. Ayrıca Resûlullah (a.s.m.) bir seferde, ekmek ile birlikte koyun ciğeri de yemiştir.[368]

Gazali, İbn Kayyim, Ebu'd Derdâ'dan rivayet edilen ve İbn Mace'nin *Sünen*'inde yer alan, *"Yemeklerin en üstünü ettir"*[369] hadisini ileterek etin kıymetini ifade ederler.

Ebu Bekir'in oğlu Abdurrahman'ın şöyle dediği aktarılmaktadır:

> "Resûlullah (a.s.m.) ile yaptığımız bir yolculukta biz yüz otuz kişiydik. Resûlullah (a.s.m.), *'Sizlerden kimin yanında yiyecek bir şeyi var?'* diye sordu. Orada bulunanlardan birinin yanında bir sa' yiyecek bulundu. Bundan hamur yapıldı. Sonra başının saçları çok uzamış, uzun boylu bir müşrik kişi, bir koyun sürüsü ile onları

---

[367] Et'ime, *Sahih-i Et'ime* adlı eserinin nikah ile ilgili bölümünde Ebu Hureyre'den bu hadisi "Eğer ben koyun ayağı veya sığır ayağı yemeğine davet edilirsem, davete muhakkak icabet ederim. Şayet bana koyun ayağı veya sığır ayağı hediye edilse, onu da kabul ederim" şeklinde yer vermiştir. *(Sahih-i Et'ime, 8/276.)* Nevevî, *a.g.e.*, 3/524; Et'ime, Hibe 2, Nikâh 72, Müslim, Nikâh 104.

[368] Akgün, "Hazreti Peygamber Döneminde Yemek Kültürü," 2007.

[369] Gazali, *a.g.e.*, 2/43; İbn Kayyim, *Tıbbu'n Nebevi*, s. 381.

sürerek geldi. Resûlullah (a.s.m.), *'Koyunları satıyor musun, yoksa atıyye*[370] *mi yoksa hediye olarak mı getirdin?'* diye sordu. O çoban, 'Hayır bu koyunlar satılıktır' dedi. Akabinde Resûlullah (a.s.m.) o müşrikten bir koyun satın aldı. Koyun kesildi. Resûlullah (a.s.m.) koyunun karaciğerinin pişirilmesini emretti..."[371]

Resûlullah'ın (a.s.m.) kızartılmış kuş eti yediğine dair aktarımlar vardır. Hz. Enes de (r.a.) annesinin kendisini kızarmış kuş eti ve buğday ekmeğiyle Resûlullah'a (a.s.m.) gönderdiğini, orda bulunanlarla birlikte etin yendiğini anlatmıştır.

Bu dönemde keçi eti de yenilen et yemekleri arasındaydı. Hâzım, Hz. Peygambere dağ keçisinin etini hediye ettiğini, Hz. Peygamberin kabul buyurup, etten yediğini anlatmıştır. Câbir b. Abdullah'tan aktarılan bir olay, Hendek Savaşı'nda geçmektedir:

"Hendek kazıldığı zaman Nebi'de (a.s.m.) açlık gördüm. Hemen eşimin yanına dönüp, 'Yanında bir şey var mı? Çünkü ben Resûlullah'ın (a.s.m.) çok acıktığını gördüm' dedim. Eşim bana içinde bir ölçek arpa olan bir dağarcık çıkardı. Bizim bir de besili kuzucuğumuz vardı. Hemen ben onu kestim, arpayı da eşim öğüttü. ... Eti parçalayıp tencereye koydum..."[372] Başka kaynaklarda bu etin, keçi yavrusu olduğu da söylenmektedir.[373]

Bunların dışında Resûlullah (a.s.m.) koyun budu yemiştir. Abdullah bin Abbas (r.a.) anlatıyor: "Resûlullah (a.s.m.) koyun budu yedi ve namaz kıldı, abdest almadı."[374] *Kütüb-ü Sitte* notlarında da şu cümle geçer: "Buhârî'nin bir başka rivayetinde 'Tencereden eliyle etli kemik aldı' denmiştir."

ETİN EN GÜZEL TARAFI

Abdullah İbni Cafer, İbnu'z-Zübeyr ve bir grup için boğazladığı bir deveyi ikram ettiği sırada İbnu'z-Zübeyr'e rivayet ettiğine göre: "Bir defasında ashab aleyhissalâtu vesselama et yemeği sunarlarken kendisi, Efendimizden şöyle söylediğini işitmiştir: 'Etin en güzeli (hayvanın) sırt etidir.'"[375]

Ebu Hureyre'den (r.a.) rivayet edilir: "Resûlullah'a (a.s.m.) pişmiş et getirildi ve

---

[370] İhsan, lütuf, muhtaçlara yapılan bağış.
[371] Et'ime, 8/440-441.
[372] Nevevî, *a.g.e.*, 3/302-303; Abdulbaki, *a.g.e.*, ss. 564-565.
[373] Akgün, "Hazreti Peygamber Döneminde Yemek Kültürü," 2007.
[374] Kütüb-ü Sitte, 3655; İmam Et'ime, Vudu 50, Et'ime 18; Müslim, Hayz 91, (354); Muvatta, Tahâret 91, (1, 25); Ebu Dâvûd, Tahâret 75.
[375] Kütüb-ü Sitte, hadis no: 6935.

resûlullah (a.s.m.) ve et yemekleri

ön budu kendisine takdim edildi. Kendisi ön budu severdi ve onu dişleriyle ısıra ısıra yedi."[376]

Abdullah b. Me'sûd'dan rivayet olunmuştur. Abdullah b. Me'sûd der: "Resûlullah'ın (a.s.m.) en sevdiği kemik koyun kemiğiydi."[377]

Hz. Aişe (r.anha) anlatıyor:

"Ashab bir koyun kesmişti. Bu sırada bir dilenci geldi. Etten bir miktar verdiler. Derken başka gelenler oldu, onlara da verdiler. Geriye yine de et kaldı. Resûlullah (a.s.m.) sordu: 'Koyundan geri ne kaldı?' 'Sadece omuzu kaldı!' dediler. Resûlullah (a.s.m.) ise: 'Omuzu hariç geri tarafı kaldı!' buyurdular."[378]

---

[376] Hz. Aişe'den rivayetle: "Resûlullah'a (a.s.m.) etler içerisinde ön but daha sevimliydi. Fakat et ve etli yemekleri çok az bulurlardı. Etlerin içerisinde ön kol daha kolay piştiği için severlerdi." Tirmizî, 2/264.

[377] Ebu Dâvûd, 13/409.

[378] Tirmizî, 2/571.

Resûlullah'ın (a.s.m.) yediği et yemekleri ve tarifler

HAKKINDA UZUN UZUN YAZDIĞIMIZ ve muhakkak dahası da olan etlerle ilgili anlatı ve hadislerde etin birkaç farklı usulle pişirildiğini gördük. Bu yöntemlerin en sık tekrar edileni bir kazan içinde haşlanarak etin pişirilmesidir. Daha önce de ifade edildiği gibi Resûlullah et ile yağı birleştirmediğinden haşlanan et muhakkak yağsız, etin kendi yağı ile pişirilmiştir. Yer yer kabak eklenerek çoğaltıldığı da bilinen haşlama et yemeğine ya da bizim mutfak dilimizle yahniye, çokça su konulmasının tavsiye edildiğini de bilmekteyiz. Bütün bu bilgilere göre Resûlullah'ın yediği haşlama et ya da yahni şu şekilde yapılmış olmalıdır:

Haşlama et tarifi

Malzemeler
Koyun eti
Su
Tuz

Hazırlanışı:
Haşlama et yemeği için, öncelikle et parçalanır. Akabinde tuz ilave edilerek tencereye koyulur. Tencerede kendi suyunu çekene dek kavrulur. Daha sonra üzerine bol miktarda su eklenir, kaynatılır.

Haşlama et

Tafeyşel

Bu dönem et yemeklerinden biri de "tafeyşel"dir. Ümmü Eyyûb, Resûlullah'ın (a.s.m.) en çok sevdiği yemek olarak tafeyşel yemeğini söylemiş ve bir gece Sa'd b. Ubade'nin bir sini üzerinde bu yemekten gönderdiğini, Hz. Peygamberin akşam yemeğinde âdeti olmadığı hâlde bu yemekten çok yediğini anlatmıştır.

Dımeşkî, bu yemeği et ve bulgurla yapılan bir yemek olarak tanımlamıştır.[379]

Tharid (tirit)

Zikredilen et yemeklerinden biri olan "tharid"dir. Anadolu'da da çok pişirilen tirit yemeğidir. Peygamber Efendimizin (a.s.m.) en sevdiği yemeğin tirit olduğu belirtilmektedir.

Arman Kırım'ın yayınlanan bir köşe yazısında bu konuya yer verdiğini ve özenle araştırdığını görüyoruz. Kırım'ın aktardığına göre;

"İbn-Mabrad eserinin 18. sayfasında taridi şu şekilde tarif ediyor: 'Et kaynatılır ve ekmek suyu ile nemlendirilir. Yoğurt, sarımsak ve nane üzerine eklenir ve ser-

---

[379] Akgün, "Hazreti Peygamber Döneminde Yemek Kültürü," 2007.

vise alınır. Aynı şekilde, içinde et olmayan bir tharid tarifi de vardır."[380]

Kırım'ın aktardığına göre, Resûlullah (a.s.m.) döneminde oğlak ve koyun etlerine kesilmiş sütün suyu ilave edilerek "madira" adı verilen bir yemek yapılıyordu. "Masliyya" adı verilen yemek hazırlanırken, tiritin üzerine çökelek ekleniyordu.

Ahmet Örs ise "Arap Mutfağı Hâlâ Yaşıyor" adlı köşe yazısında, tharid adlı yemeğin tarifini şu şekilde anlatmıştır:[381]

<u>Malzemeler</u>
3 fincan nohut
1,5 kg kuzu kuşbaşı
8 fincan su
6 fincan ince kıyılmış soğan
2 tatlı kaşığı çekilmiş kişniş
½ fincan ince kıyılmış taze kişniş
2 tatlı kaşığı Karaman kimyonu
2 tatlı kaşığı karabiber
6 yumurta
1 çorba kaşığı tuz

Tharid (Tirit)

[380] Arman Kırım, "Hazreti Muhammed'in En Sevdiği Yemek Tarid," *Hürriyet* gazetesi, 16 Ekim 2005.
[381] Ahmet Örs, "Arap Mutfağı Hâlâ Yaşıyor," *Sabah* gazetesi, 05 Ağustos 2012.

½ tatlı kaşığı safran, 2 çorba kaşığı suda ıslatılmış
½ fincan bal
2 fincan doğranmış pide için yetecek kadar lavaş pide
6 adet, dörde bölünmüş lavaş pide

Hazırlanışı:

"Nohutları büyük bir kaba alın, üzerini kaplayacak kadar soğuk su içinde bir gece bekletin. Ertesi gün nohutları süzüp bir kenara alın. Kuşbaşı doğranmış kuzu etini büyük bir tencereye alıp üzerini kaplayacak kadar soğuk su ilave edin. Su kaynayınca üzerinden köpüğünü alın. Nohutları, soğanı, çekilmiş ve taze kişnişi, kimyon ve karabiberi de ekleyin. Birlikte bir taşım kaynadıktan sonra altını kısın. Yumurtaları tiridin içine kırın, birlikte, nohutlar ve kuzu eti yumuşayıncaya kadar 1-1.5 saat pişsinler. Tuz ve safran ekleyin. Sonra tiridin suyundan yarım fincan kadar alıp bal ile karıştırıp, tekrar tencereye katın, doğranmış pideleri de ilave edip karıştırın, harlı ateşte 3 dakika kadar kaynatın. Servis yapılacak tepsinin dibine dörder parçaya ayrılmış lavaş pideleri döşeyin, tiridi üzerine dökün. Pideler tiridin yanında da servis edilebilir, isteyenler kendi çorba tabaklarının dibine birkaç parça döşer, üzerine tirit dökebilirler. Önce tirit kaşıklanır, ardından yumuşamış pideler yenir."[382]

Tirit; ekmeği küçük parçalar hâlinde doğrayıp et suyunda ıslatmaya ya da içine ekmek doğranmış et suyuna verilen addır. Resûlullah'a (a.s.m.) gittiği bir yemekte tiridi ve parça eti bol olan bir yemek getirildiğinin anlatılması tiritten et suyu içindeki ekmeklerin kastedildiği ve bunun yanında tirit yemeğine et suyundan hariç parça etler de konduğu anlaşılmaktadır.[383]

Et bulunmadığı durumlarda da iç yağı konularak tirit yapılırdı. Nitekim suffede kalanlardan Vâsile, Peygamberin çörek getirilmesini istediği bir gün, çöreğin bir tabağa doğrandığını, üzerine sıcak su döküldüğünü, iç yağı ilave edilip, un serpiştirilerek karıştırıldığını ve tirit hazırlandığını anlatmıştır.

Ensar'dan olan Sa'd b. Ubade'nin (r.a.) Resûlullah'ın (a.s.m.) ailesine gönderdiği yiyecekler arasında tiritin sirke, zeytinyağı veya hayvan yağı ile hazırlanan çeşidinden de bahsedilmektedir. Muhammed Hamidullah da bu yemeğin sırf et suyu ile yapılan bir çeşit çorba içinde kaynatılmış ekmekten yapıldığını anlatmıştır.[384] Tirit yemeğinin tereyağı ile yapılan çeşidi de bulunmaktadır. Mesela Sa'd b. Ubade'nin Hz. Peygambere gönderdiği yiyecekler arasında tereyağı ile yapılmış tiritten bahsedilmektedir. Yine Abdullah b. Büsr el-Mâzinî annesinin mi-

---

[382] Örs, "Arap Mutfağı Hâlâ Yaşıyor," 2012.
[383] Akgün, "Hazreti Peygamber Döneminde Yemek Kültürü," 2007.
[384] Akgün, "Hazreti Peygamber Döneminde Yemek Kültürü," 2007.

safir olarak davet ettiği Resûlullah'a (a.s.m.) tereyağlı tirit yaptığını söylemiştir.

Bütün bunlara dayanarak Resûlullah'ın (a.s.m.) yediği tiritin et ile yağın birleştirilmediği bir tirit olduğu, mayalanmış arpa ekmeği ile yapıldığı kanaati oluşmaktadır. Buna göre şöyle bir tarif yazılmalıdır:

<u>Malzemeler</u>
1 kg kemikli koyun eti
3 lt su
2 adet mayalanmış arpa ekmeği
Tuz

<u>Hazırlanışı:</u>
Et, bol su ve tuz ilave edilerek kaynatılır. Yayvan bir kabın içine ekmekler doğranır. Yenebilecek ısıdaki ('sıcak yemeyiniz' hadisine binaen) haşlama suyu ekmeklerin üzerinde gezdirilir. En son et ilave edilir, servise alınır.

Kebap

"Andolsun ki elçilerimiz (melekler) İbrahim'e müjde getirdiler ve: 'Selam (sana)' dediler. O da: '(Size de) selam' dedi ve hemen kızartılmış bir buzağı getirdi.[385] Ayette geçen "haniz" kelimesi İbn Kayyim El-Cevziyye'nin aktarımına göre "kızgın taş, tandır üzerinde kızartılmış" anlamındadır. Ayetten ve aşağıda yer alan etin kızartılarak yendiği ifade edilmiş hadislerden yola çıkarak Resûlullah'ın (a.s.m.) kimi yerlerde "kebap" kimi yerlerde "kızartılmış et" yediği anlatılarının tandırda ya da közde kızartma olduğunu söylemek mümkündür.

Resûlullah'ın (a.s.m.) kimi ziyafet sofralarında yediği kebap ile ilgili en uzun anlatı, Yahudilerin Efendimizi zehirleme girişimleri ile ilgilidir. "Bir davar eti," "dişi keçi," "koyun" ifadeleri ile bahsedilen küçükbaş hayvan etinin kızartıldığı konusunda kesinlik vardır. Günümüz mutfak terimi ile roti yani çevrilerek ateş üzerinde kızartma yapılan eti Resûlullah'a (a.s.m.) ikram eden kadının, daha önceden Müslümanlara Resûlullah'ın (a.s.m.) etin hangi bölümünü sevdiğini sormuş olduğu da ifade edilmektedir. Müslümanlar kadına, Resûlullah'ın (a.s.m.) kürek ve ön kol etini sevdiğini söylemişler, kadın da bu bölgeleri daha fazla zehirlemiştir.[386]

Abdullah bin El-Haris, "Resûlullah (a.s.m.) ile birlikte mescitte kızartma yedik" demiştir.[387]

---

[385] Hûd sûresi, 11:69.
[386] Ağırman, 2014, s. 54.
[387] İbn Kayyim, *a.g.e.*, c. 5, s. 54.

resûlullah'ın (a.s.m.) yediği et yemekleri ve tarifler

Kebap

Resûlullah'ın (a.s.m.) kesilmesini ve kurban edilmesini önerdiği hayvanlara baktığımızda; kısır koyun, bir yaşını doldurmuş genç hayvan gibi kavramların sıklıkla kullanıldığını görüyoruz. Hûd sûresinde Hz. İbrahim'in (a.s.) misafirlerine ikram etmek için kestiği buzağı da bize genç hayvan etlerinin makbul olduğunu ifade eden başka bir delildir.

Nitekim gastronomi bilimine dayanarak da; genç, yavrulamamış dişi hayvan etlerinin diğerlerine nisbetle daha yumuşak olduğunu söylemek mümkündür. Resûlullah'a (a.s.m.) ikram edilen kebap ya da kızartma etlerin, herhangi birşey katılmaksızın kızgın tandırlarda, sarkıtılarak ya da köz hâlindeki ateş üzerinde çevrilerek pişirilmiş olduğu kuvvetle muhtemeldir. Nitekim İbn Kayyim el-Cevziyye de Hûd sûresi 69. ayetinin çevirisinde tandırda pişirilmiş et anlamının açık olduğunu ifade etmektedir.

Tandır, eski çağlardan bu yana kullanılan bir pişirme aracıdır. Yere yakılan ocağın zamanla biçimlenmesi ile oluşan bir çeşit fırın olduğunu söyleyebiliriz. Yere, kültürlere göre değişen derinlikte çukur kazılır. Bu çukurun içi mayalandırılmış kil çamuruyla sıvanır ve üzerine küp formunda bir yükselti yapılır. Bu yükselti yer yer farklılaşsa da yarım metre ile iki metre arasında değişiklik göstermektedir. Ağız genişliği de yöreden yöreye değişen tandırın 30 ila 50 cm çapında olduğu söylenebilir. Dibinde ateş yakılıp ısıtılan tandırda et pişirildiği gibi ekmek de yapılmaktadır. Arap Yarımadasına dair arkeolojik veriler sınırlı olsa da, Mezopotamya'nın en eski kültürlerinin var olduğu bir bölge olduğundan yola çıkarak bölgedeki diğer kültürler gibi gelişmiş bir çömlekçilik anlayışıyla tandırları da çömlek tekniği ile yaptıkları söylenebilir.

"Haniz" adında bir kebap yapıldığından da bahsedilmektedir. Haniz kebabı etin parçalanıp, taşların karşılıklı dikilmesi, ateşin yakılıp, taşların etrafının çamurla sıvanması ve duman bittiği zaman etin konulup, bir müddet bırakılmasıyla hazırlanmaktadır.[388]

Hazira

Muhammed İbnu'r-Rabî el-Ensari şöyle dedi: "Bedir Savaşı'na katılmış ve ensardan olan İtban İbni Mâlik, Resûlullah'a (a.s.m.) gelip şöyle dedi:

'Ey Allah'ın Resûlü (a.s.m.), bana gelip evimde namaz kılmanı ve orayı namazgâh edinmeyi temenni ederim.' Allah Resûlü (a.s.m.), *'Evine gelip namaz kılacağım inşallah'* dedi. ... Resûlullah (a.s.m.) oraya girip tekbir getirdi. Biz de onun arkasında saf tuttuk ve bize iki rekât namaz kıldırdı. Sonra selam verdi. Onun için yaptığımız 'hazira' yemeğini yemesi için onu alıkoyduk."

İmam Buhârî'nin hadis kitabında anlatıldığına göre; hazira yapılırken, etler küçük küçük doğranır. Bol suda haşlanır. Un eklenir ve kaynatılır. Yine Buhârî aynı eserin 450. sayfasında Nadr İbnu Şemil'den haziranın elenmiş undan, harira adlı yemeğin ise sütten yapıldığını aktarmıştır. Bu çorbayı ilk kez yapanın Süveyd b. Haremî olduğu kaynaklarda bildirilmektedir.[389]

<u>Malzemeler</u>
100 gr doğranmış yağlı koyun eti
2 yemek kaşığı tam buğday unu
1 lt su
Bir fiske tuz

<u>Hazırlanışı:</u>
Koyun eti kavrulur. Ardından tam buğday unu eklenir ve bu hâliyle kavrulur. Tencereye tuzlu su eklenerek karıştırılır. Daha sonra kaynayıp hafif koyulaşınca ocaktan alınarak servis edilir.

Hazira, daha katı şekilde et bulamacı olarak da yapılıyordu. Pişirilen haziranın üzerine bol miktarda eklenen un ile kaynatılarak koyulaştırılıyordu. Haziranın etsiz yapılan çeşidine "aside" adı verilir.[390]

---

[388] Akgün, "Hazreti Peygamber Döneminde Yemek Kültürü," 2007.
[389] Akgün, 2007.
[390] Akgün, 2007.

resûlullah'ın (a.s.m.) yediği et yemekleri ve tarifler

Hazira

...
Ayrıca Resûlullah'ın yediği et yemekleri yanı sıra burada yumurtayı vermekte de fayda görüyorum. Zira yumurta da Efendimizin sofrasında sıklıkla yer almakta olduğuna rastlamaktayız.

"Bir peygamber vücudundaki güçsüzlükten Allah'a yakındı. Allah da ona yumurta yemesini emretti."[391] Sûfi-zâde Seyyid Hulusi dışında, *Râmûz El-Ehadis*'te Gümüşhanevî tarafından aktarılmış olan bu hadis, başka herhangi bir yerde geçmemektedir. Bunun dışında diğer hadis âlimlerinin hudud bahsinde Resûlullah'ın (a.s.m.) yumurtaya nisbetle bir örnek verdiğini aktarmaları, bize yumurtanın Resûlullah (a.s.m.) tarafından kullanılan bir şey olduğunu gösteriyor. Fakat pişirdiğine, yediğine dair anlatılar sahih hadis kabul edilenler arasında bulunmamaktadır.

Yine de yiyecek içeceklerle ilgili kısımların bu konunun sosyokültürel önemi göz ardı edilerek atlanmış olabileceği zannını taşımaktayım. Çünkü muhakkak Resûlullah (a.s.m.) yedi, misafirine sofra kurdu, davet edildiği sofralarda da birtakım yiyecekler vardı. Muhakkak yumurta da onlardan biridir.

---

[391] Sûfi-zâde Seyyid Hulusi, *a.g.e.*, s. 518.

Resûlullah'ın (a.s.m.) yediği ve sözünü ettiği sebze ve meyveler

RABBİMİZ BİRÇOK AYETTE, sebze ve meyveleri anmış, onları örnek göstererek nimetlerini anlatmıştır.

"O, gökten su indirendir. Bununla her şeyin bitkisini bitirdik, ondan bir yeşillik çıkardık, ondan birbiri üstüne bindirilmiş taneler türetiyoruz. Ve hurma ağacının tomurcuğundan da yere sarkmış salkımlar,—birbirine benzeyen ve benzemeyen—üzümlerden, zeytinden ve nardan bahçeler (kılıyoruz.) Meyvesine, ürün verdiğinde ve olgunluğa eriştiğinde bir bakıverin. Şüphesiz inanacak bir topluluk için bunda gerçekten ayetler vardır."[392]

Resûlullah (a.s.m.) da kimi zaman bazı hususları açıklarken de yemekten, yiyeceklerden benzetmeler kullanmıştır. Bunlardan birini Ebu Mûsa el-Eş'arî'nin diliyle Buhârî şöyle aktarıyor:

"Allah Resûlü (a.s.m.) şöyle buyurdular:

'Kur'ân okuyan kimsenin misali tadı güzel, kokusu güzel turunçgiller gibidir. Kur'ân okumayanın misali ise lezzeti güzel ama kokusu olmayan hurma gibidir. Kur'ân okuyan facir[393] kimsenin misali de reyhan gibidir. Onun kokusu güzel, tadı ise acıdır. Kur'ân okumayan facirin misali ise ebu cehil karpuzu[394] gibidir. Onun tadı acıdır ve kokusu da yoktur.'"[395]

---

[392] En'âm sûresi, 6:99.

[393] Azan, günaha dalan, yemin ve sözünde yalancı çıkan hakikatten yan çizen kişi. Allah'ın emrinden çıkan, günahkâr, İslâm'ın emirlerini çiğneyen, dini ölçü ve prensiplere aykırı hareket eden kimse.

[394] Citrullus Colocynthidis: Kabakgillerden meyvesi çok acı ve ishal yapıcı bir bitkidir. İçeriğinde colocynthine vardır. Zehirli ve öldürücüdür. Acıhıyar olarak da bilinir.

[395] Et'ime, 8/467.

resûlullah'ın (a.s.m.) yediği ve sözünü ettiği sebze ve meyveler

Yusuf sûresinde geçen bir ayette, "Sonra bunun ardından da bir yıl gelecek ki, o yılda insanlara (Allah tarafından) yardım olunacak ve o yılda (meyve suyu ve yağ) sıkacaklar"[396] denmekte ve meyvelerden meyve suyu ve yağ elde edilmekte olduğu bildirilmektedir.

"Çardaklı ve çardaksız (üzüm) bahçeleri, ürünleri çeşit çeşit hurmaları, ekinleri, birbirine benzer ve benzemez biçimde zeytin ve narları yaratan O'dur. Her biri meyve verdiği zaman meyvesinden yeyin. Devşirilip toplandığı gün de hakkını (zekât ve sadakasını) verin, fakat israf etmeyin; çünkü Allah israf edenleri sevmez"[397] ayet-i kerimesi ile meyvelerin de bir sadakası olduğu ve israf edilmemesi gerektiği belirtilmektedir.

İmam Gazali *İhyâu Ulûmi'd-dîn* adlı eserinde, Sûfi-zâde Seyyid Hulusi de *Mecma'ul Âdâb* adlı eserinde "Beğeneceklerinden türlü meyveler, isteyeceklerinden kuş etleri ile etraflarında dolaşırlar"[398] ayetini delil göstererek meyvelerin et yemeklerinden önce yenmesinin faydalı olacağını ifade etmişlerdir.

Ebu Hureyre (r.a.) anlatıyor:

> "Resûlullah'ın (a.s.m.) ashabı, her ne zaman bir meyvesinin turfandasını elde etseler, onu hemen Resûlullah'a (a.s.m.) getirirlerdi. Peygamber Efendimiz de o turfanda meyveyi mübarek ellerine alır ve şöyle dua ederlerdi: 'Ya Rabbi! Bizim meyvelerimize, şehrimize, sâ' ve müdd tabir edilen ölçeklerimize bereket ihsan eyle! Ya Rabbi! İbrahim (a.s.) Senin kulun, dostun ve peygamberindir. Ben de, Senin kulun ve peygamberinim. O, Sana, Mekke için dua etmişti. Ben de, onun Mekke hakkında yaptığı dua kadarıyla ve hatta onun bir misli fazlasıyla, Sana Medine için dua ediyorum!' buyururlar ve sonra da, çevrede görebildiği en küçük çocuğu çağırıp, o turfanda meyveyi bu yavrucağa verirlerdi."[399]

Resûlullah (a.s.m.) kul hakkına gösterdiği hassasiyeti meyvelerle ilgili olarak da ifade etmiştir. İbni Ömer anlatıyor:

"Resûlullah (a.s.m.) buyurdular ki: *'Kim bir bahçeye girerse (meyvesinden) yesin. Ancak beraberinde götürmesin.'*"[400] Özellikle kıtlık zamanlarında ve çocuklarla ilgili olarak aktarılan hadislerde Resûlullah (a.s.m.) bu makul görülebilecek sebeplerden dolayı kişileri cezalandırmadığı, ancak nasihat ettiği görülmektedir.

İbnu Amr Rafi' anlatıyor: "Ben (küçükken) Ensarın hurmalarını taşlıyordum.

---

[396] Yûsuf sûresi, 12:49.
[397] En'âm sûresi, 6:141.
[398] Vâkı'a sûresi, 56:20-21.
[399] A. Fikri Yavuz, "İmam Et'ime'nin Derlediği Ahlak Hadisleri (Edeb-ül Müfred)," Sönmez Neşriyat, 2002, İstanbul, 1/376.
[400] Kütüb-ü Sitte, 10, hadis no:3902; Tirmizî, 2/683.

Beni yakalayıp Resûlullah'a (a.s.m.) götürdüler. *'Ey Rafi' niye başkasının hurmalarını taşlıyorsun?'* dedi.

'Açlık sebebiyle ey Allah'ın Resûlü!' dedim. O da; *'Taşlama, kendiliğinden (dibine) düşeni ye!'* deyip başımı okşadı. Ve *'Allah seni (hurmaya) doyursun ve suya kandırsın!'* buyurdu.'[401]

Abbâd İbnu Şurahbil anlatıyor:

"Kıtlığa uğradım. Bunun üzerine Medine bahçelerinden birine girdim. Başak ovup hem yedim hem de torbama aldım. Derken sahibi gelip beni yakaladı, dövdü, torbamı elimden aldı ve beni Resûlullah'a getirdi. Durumu ona anlattı. Resûlullah (a.s.m.) mal sahibine: *'Cahilken öğretmedin, açken de doyurmadın!'* dedi. Sonra emri üzerine, torbamı saldı. (Sonra Resûlullah) bana bir veya yarım sa' miktarında yiyecek verdi."[402]

...

Resûlullah (a.s.m.) *"Sofralarınızı yeşilliklerle süsleyiniz..."*[403] demiştir. Peygamber Efendimizin yediği ve hakkında bir şeyler söylediği meyve ve sebzeler şunlardır:

Acur[404]

Türk Dil Kurumu Türkçe Sözlüğü'nde acur, "Kabakgillerden, kabuğu çizgili ve tüylü, yeşil veya sarımtırak, üzeri yeşil lekeli, irice bir meyve" olarak tanımlanmaktadır. Bilimsel adı Cucumis flexuosus olan acur Kur'ân-ı Kerim'de, İsrailoğulları ile ilgili bir ayette geçmektedir:

"Hani bir zamanlar, 'Ey Musa, biz tek çeşit yemeğe asla katlanamayacağız, yeter artık bizim için Rabbine dua et de bize yerin yetiştirdiği şeylerden; sebzesinden, acurundan, sarmısağından, mercimeğinden ve soğanından çıkarsın' dediniz. O da size 'O üstün olanı daha aşağı olanla değiştirmek mi istiyorsunuz? Bir kasabaya konaklayın o vakit istediğiniz elbette olacaktır' dedi. Üzerlerine zillet ve meskenet damgası vuruldu ve nihayet Allah'tan bir gazaba uğradılar. Evet öyle oldu, çünkü Allah'ın ayetlerini inkâr ediyorlar ve haksız yere peygamberleri öldürüyorlardı. Evet öyle oldu, çünkü isyana dalıyorlar ve aşırı gidiyorlardı.'"[405]

---

[401] Kütüb-ü Sitte, 10, hadis no: 3903; Tirmizî, 2/683
[402] Kütüb-ü Sitte, 10, hadis ho: 3904; Ebu Dâvûd, "Cihad Bölümü," hadis no: 2620, 2621. (http://www.enfal.de/) Ebu Dâvûd; Nesâî, Kudat 20, (8, 240); İbn Mâce, 2012, 6/346, "Ticaret Bölüm," hadis no: 2298, 2299, 2300.
[403] Sûfi-zâde Seyyid Hulusi, *a.g.e.*, s. 497.
[404] İbn Kayyim, *a.g.e.*, s. 5, s. 73.
[405] Bakara Sûresi, 2:61.

Resûlullah (a.s.m.) acuru bizim beslenme alışkanlıklarımızdan farklı biçimde tüketmiş, örneğin yaş hurma veya bal ile birlikte tüketmiştir.[406]

Yine Hz. Aişe'den (r.anha) sıklıkla aktarılan bir anlatıda çok zayıf olduğundan dolayı yaş hurma ve acuru birlikte yiyerek şişmanladığı bildirilir. Bu konuda çokça kaynak mevcuttur. Burada konu edinilen şişmanlık, bugünkü anlamıyla şişmanlıktan ziyade, sağlıklı bir biçimde normal bir kiloya kavuşmayı ifade etmektedir. Çünkü Hz. Aişe (r.anha), anlatıldığı üzere çok zayıftır. Bu bilgiden acur ve hurmanın birlikte yendiğinde sağlıklı bir bünyeye kavuşmayı kolaylaştırdığını anlamamız daha doğrudur.

Ayva

Talha (r.a.) anlatıyor: "Resûlullah'ın (a.s.m.) yanına girmiştim. Elinde ayva vardı. Bana: *'Ey Talha! Şunu al, (ye)! Çünkü bu, kalbe rahatlık verir'* buyurdular."[407] İbn Kayyim el-Cevziyye, *Zâdul Meâd*'da ayva hakkında ciğer hastalıkları ile ilgili bilgiler vermiştir. *Zâdul Meâd*'ın bu bölümü, *Tıbbu'n Nebevi* olarak da kitaplaştırılmıştır. İmam İbn Kayyim el-Cevziyye, bu bitkiler hakkında birtakım ilaç tarifleri vermiş olsa da bunların dayandığı hadisler hakkında bilgi verilmemiştir. Muhtemelen bu bilgiler devrin tıp âlimlerince uygulanan tedavi yöntemleridir ve böyle olarak kabul edilmelidir.

Bitkilerin şifa verici özelliklerinden bahseden iki hadis âlimi vardır. Bunlardan biri Sûfi-zâde Seyyid Hulusi, diğeri İbn Kayyim el-Cevziyye'dir.

Bugün yazılan birçok şifa kitabının bu âlimlerin yazdıkları temelinde yazıldığını görüyoruz. Fakat özellikle Sûfi-zâde Seyyid Hulusi'nin aktardığı hadislerin başka bir kaynakta yer almadığının altını çizmek isterim. İslam otoritelerince kabul görmüş ve sahihliği bilinen, birçok imamın yazdığı hadis kitaplarında rastlamadığım bu hadisleri buraya koymamayı uygun buldum. Fakat çörek otu ile ilgili bir hadisin sahih olmamasına rağmen bugünün şifa kitaplarında, bitkilerle ilgilenen kimi uzmanların ifadelerinde bulduğu yer nedeniyle düzeltilmesi gerektiğini düşünüyorum.

Çörek otu

"Bu siyah tohuma önem veriniz çünkü o ölüm hariç bütün dertlere devadır."[408] İbn

---

[406] Aydüz, *Kur'ân-ı Kerîm'de Besinler ve Şifa*, Altın Burç Yayınları, İstanbul, 2006, s. 70.
[407] İbn Kayyim, *Tıbbu'n Nebevi*, s. 361.
[408] Sûfi-zâde Seyyid Hulusi, *a.g.e.*, s. 511; İbn Kayyim, *a.g.e.*, c. 5, s. 28.

Mace, İmam Müslim ve İmam Buhârî'den naklederlirken "siyah tohum" olarak yazılan bitkinin çörek otu olarak çevrilmiş olması mümkündür. Fakat Resûlullah (a.s.m.) elindeki bir tohumu göstererek "bu siyah tohuma dikkat ediniz" demiştir. Hadis aktarıcılarının bir kısmı Resûlullah'ın (a.s.m.) "siyah tohum"dan kastının çörek otu olabileceğini söyleseler de kimi hadis aktarıcılar da bunun siyah kimyon, Hint kimyonu, belki de hardal ya da butum ağacının yeşil tohumları olabileceğini ifade etmişlerdir. Genel kanaat çörek otu olsa da kesinlik ifade etmemektedir. Resûlullah (a.s.m.) çörek otunu açıkça zikretmemiş "siyah tohum" demiştir.

Çörek otu da diğer bütün bitkiler gibi her bünyeye uygun olmayabilir. Özellikle tansiyonu yüksek kişilerin, kalp damar rahatsızlığı bulunanların çörek otu kullandıklarında kan akış hızının yükselmesine bağlı olarak baş ağrısı, tansiyon yükselmesi gibi sorunlarla karşılaştığı görülmektedir. Sahih olmayan hadislere dayanarak insanları birtakım bitkileri, bunların yağlarını düzenli olarak yeme-içmeye yönlendirmek ciddi sakıncalar doğurmaktadır. Bugün anlatılan bütün bu 'bitkiler ve şifa' anlatılarında eski tıp bilimcilerinin kullandıkları yöntemler vardır. Bu yöntemlerin bazıları Resûlullah döneminde de kullanılmış olabilir. Fakat hadislerde Resûlullah'ın ancak ve yalnız telbineyi Hz. Ali'nin hastalığı sırasında tavsiye ettiğini ve onu hurma yemekten iyileşene kadar sakındırdığını öğrenmemiz mümkündür. "Filan yiyecek şu kırk derde şifadır" kabilinden anlatıların, acve hurmasının zehre ve sihre şifa oluşuna dair olan hadisler hariç, kesinliği yoktur. Bu nedenle İslami beslenme biçimini yine fıkıh üzerinden okumamız gerekir. Resûlullah'ın ifade ettiği gibi bütün hastalıkların kaynağı birbiri üstüne (üstüste ve/veya sürekli olarak) yemek, şifası ise perhizdir.

Hardal

Hardal, Kur'ân-ı Kerim'de misal olarak verilen bitkilerden biridir. Hardalla ilgili kesin olan bilindiğidir. Bilinen bir bitkinin, kullanılmış olma ihtimali de yüksektir. Fakat imamların ittifak ettiği sahih bir hadis bu bitki hakkında da bulunmamaktadır.

İlgili ayetler şunlardır: "Biz, kıyamet günü için adalet terazileri kurarız. Artık kimseye, hiçbir şekilde haksızlık edilmez. (Yapılan iş,) bir hardal tanesi kadar dahi olsa, onu (adalet terazisine) getiririz. Hesap gören olarak biz (herkese) yeteriz."[409]

Lokman, öğütlerine devamla şöyle demişti: "Yavrucuğum! Yaptığın iş (iyilik veya kötülük), bir hardal tanesi ağırlığında bile olsa ve bu, bir kayanın içinde veya

---

[409] Enbiyâ sûresi, 21:47.

göklerde yahut yerin derinliklerinde bulunsa, yine de Allah onu (senin karşına) getirir. Doğrusu Allah, en ince işleri görüp bilmektedir ve her şeyden haberdardır."[410]

Müslim'in *Sahih*'inde geçen bir hadiste şöyle buyrulmaktadır: "Kalbinde hardal tanesi ağırlığında kibir bulunan kimse cennete giremez. Kalbinde hardal tanesi ağırlığında iman bulunan kimse de cehenneme girmez."

Hurma

"Hurma mümin için ne güzel sahur yemeğidir."[411]

Resûlullah'ın (a.s.m.) hakkında en çok söz söylediği bitki hurmadır. Aynı şekilde hurma, ayetlerde de çokça anılan bir bitkidir. İşte bu ayetlerden birkaçı:

"Yeryüzünde birbirine yakın komşu kıtalar vardır; üzüm bağları, ekinler, çatallı ve çatalsız hurmalıklar da vardır ki, bunlar aynı su ile sulanır; ama ürünlerinde bazısını bazısına üstün kılıyoruz. Şüphesiz, bunlarda aklını kullanan bir topluluk için gerçekten ayetler vardır."[412]

"Böylelikle, bununla size hurmalıklardan, üzümlüklerden bahçeler-bağlar geliştirdik, içlerinde çok sayıda yemişler vardır; sizler onlardan yemektesiniz."[413]

"Hurma ve üzüm gibi meyvelerden hem içki hem de güzel gıdalar edinirsiniz. İşte bunlarda da aklını kullanan kimseler için büyük bir ibret vardır."[414]

"Veya senin bir hurma bahçen ve üzüm bağın olmalı; öyle ki, içlerinden gürül gürül ırmaklar akıtmalısın."[415]

"Ekinlerin, salkımları sarkmış hurmalıkların arasında güven içinde bırakılmayacak mısınız?"[416]

"Hurma dalını kendine doğru silkele ki, üzerine taze, olgun hurma dökülsün."[417]

Hurma, Arap Yarımadası'nda en çok bulunan meyvedir. Eğer bir evde hurma yoksa Arap Yarımadası'nda büyük bir kıtlık var demektir. Resûlullah (a.s.m.) bunu *"İçinde hurma bulunmayan bir evin halkı açtır"* buyurarak bildirmektedir.[418] Fakat hurmanın vazgeçilmez olduğunu da çıkarabileceğimiz

---

[410] Lokmân Sûresi, 31:16.
[411] Beyhaki, *a.g.e.*, 4/237; Ebu Dâvûd, 9/179.
[412] Ra'd sûresi, 13:4.
[413] Mü'minûn sûresi, 23:19.
[414] Nahl sûresi, 16:67.
[415] İsra sûresi, 17:91.
[416] Şu'arâ sûresi, 26:148.
[417] Meryem sûresi, 19:25.
[418] Müslim, 6/279; Tirmizî, 2/254; Ahmed bin Hanbel, 6/179; Ebu Dâvûd, 13/460-461; Yeniçeri, *Hz. Peygamber'in Giyim-Kuşamı-Mutfağı, Getirdiği İlkeleri ve Günümüz*, s. 129.

bu çizgide hadisleri de görmekteyiz. "Resûlullah (a.s.m.) buyurdular ki: 'İçerisinde kuru hurma olmayan bir ev, içerisinde yiyecek maddesi olmayan bir ev gibidir' hadisine göre içinde yiyecek olsa bile hurma olmayan ev hiçbir şey yokmuş gibi görülmelidir.

Hurmanın besin değeri yüksek bir gıda olduğu herkesçe biliniyor. Resûlullah'ın (a.s.m.) çoğu öğününde hurma yediği, misafirlerine hurma ikram ettiği, yani yaşamın içinde en çok bulunan meyvenin gerek taze, gerek kuru hâlde hurma olduğu nettir. Kimi kıtlık zamanlarıyla ilgili anlatılarda Resûlullah'ın (a.s.m.) ümmetine hurma dağıttığı, hurma azaldıkça miktarın da azaldığı görülmektedir.

Câbir dedi ki: "Açlık sırasında bizim beraberimizde bir büyük dağarcık hurma vardı. Ebu Ubeyde bizden her bir kimseye birer tutam vererek bizi geçindiriyordu. Sonra bizlere birer hurma verir oldu. O da tükeninice biz onun yokluğunu da hissettik."[419] Râvî Ebu'z-Zubeyr dedi ki: "Ben Câbir'e, 'O hurmalarla nasıl yapıyordunuz?' diye sordum. Câbir, 'Biz o birer hurmayı küçük çocuğun emmesi gibi emiyor, sonra da üzerine su içiyorduk da bu bize geceye kadar günlük gıdamızın yerine geçiyordu' dedi."[420]

Yine bu kıtlık zamanlarından birinde olacak ki Resûlullah (a.s.m.) hurmayı ikişer ikişer yemeyi yasaklamıştır. Ebu Bekir'in azatlısı Sa'd anlatıyor: "Resûlullah (a.s.m.) hurma yerken (açgözlülükle) ikrân yapmayı (ikişer ikişer yemeyi) yasakladı."[421]

Resûlullah (a.s.m.) hurmayı severdi. Bol bulunan bir gıda olarak hurmayla ilgili rivayet çoktur. Resûlullah (a.s.m.) hurmayı, hem taze hem de kuru olarak, bir başına ya da başka birtakım yiyeceklerle karıştırarak yemiştir. Özellikle yediği tatlıların yapımında ve düğün ziyafetlerine dair anlatılarda da hurmanın adı geçer. Hurmayı yediği gibi onun suyunu da içmiştir. Resûlullah'ın (a.s.m.) kuru hurmayı tereyağı ile birlikte yediği ve çok sevdiği;[422] yaş hurma ile salatalığı birlikte yediği[423] aktarılmaktadır. Hz. Aişe'den (r.anha) rivayet edildiğine göre Resûlullah (a.s.m.), kuru ve yaş hurmayı da birlikte yemiş ve bunu *"Yaş hurmayı kuru hurmayla birlik-*

---

[419] Müslim, 6/146-148.
[420] Müslim, 6/146.
[421] Kütüb-ü Sitte, c. 15, hadis no: 6944; Et'ime 8/ 479; Müslim, 6/278.
[422] Ahmed bin Hanbel, I/374; Ebu Dâvûd, 13/465; Tirmizî, 1/374; Olayı aktaran hadislerde Sa'd b. Ebi Vakas'ın hastalığının ne olduğuna dair herhangi bir bilgi yoktur. Konuyla ilgili bir başka hadis şöyledir: Buhârî'nin Enes'ten (r.a.) rivayet ettiği bir habere göre Resûlullah (a.s.m.) Ümmü Süleym'in yanına gitmiş o da Peygambere (a.s.m.) hurma ve yağ ikram etmiş. Bunun üzerine Resûlullah (a.s.m.), *"Yağınızı kabına, hurmanızı çuvalına geri koyunuz. Çünkü ben oruçluyum"* buyurmuş. Sonra da kalkıp evin bir kenarında nafile namaz kılıp Ümmü Süleym ve ailesi için dua etmiştir. (Ebu Dâvûd, 9/400-401.)
[423] Tirmizî, 2/266; Et'ime, 8/474.

te yiyin. Eski hurmayı yeni hurmayla beraber yiyin. Zira şeytan (böyle yapmanıza) kızar ve: 'Âdemoğlu, eskiyi yeni ile beraber yiyecek kadar (hayatta) kaldı' der"[424] diyerek tavsiye etmiştir.

Gazali bunlara ek olarak, Resûlullah'ın (a.s.m.) salatalığı hem taze hurma, hem de tuz ile yediği bilgisini herhangi bir kaynak belirtmeksizin eklemiştir.[425] Gazali'nin aktardığı bu bilgiyi diğer hadis imamları Abdullah b. Ca'fer'den aktardıkları söz ile tasdik ediyor.[426] İmam Tirmizî ise hurmayı karpuzla yediği bilgisini eserinde Peygamber Efendimizin (a.s.m.) eşine atıfla aktarıyor.[427] Diğer hadis imamları yine Hz. Aişe'ye (r.anha) atıfla "Şunun sıcağını şunun soğuğuyla, şunun soğuğunu da şunun sıcağıyla kırıyoruz" dediğini bilgiye ekliyorlar.[428]

Ebu Dâvûd da bu bilgilere Yusuf b. Abdullah b. Selâm'dan aktarılan şu bilgiyi ekliyor: Ben Peygamberi (a.s.m.), bir ekmek parçası alıp üzerine de bir hurma koymuş (olduğu) hâlde *"Bu bunun katığıdır"* derken gördüm.[429] Bir defasında Resûlullah (a.s.m.), hurmayı sağ eli ile yedi ve çekirdeklerini sol elinde topladı. Hurma çekirdeklerini bir koyuna verdi.

Resûlullah (a.s.m.) acve hurmasını severek yer, ona dua eder ve şöyle derdi: *"Bu hurma cennet meyvelerindendir. Zehir ve sihire karşı şifadır."*[430]

Ferika (hurmadan yapılan bir bulamaç)
Telbineye benzeyen ferika isimli bir bulamaç da bu dönem yemeklerinden biridir.

Sa'd b. Ebî Vakkas hastalandığında, Resûlullah'ın (a.s.m.) onu tedavi etmesi için Hâris b. Kelede'yi çağırttığı, Kelede'nin hurma ezmesi, süt ve yağ karıştırılarak bulamaç hâline getirilmiş ferika isimli bir çorbayı Sa'd b. Ebî Vakkas'a ilaç olarak içirdiği bilgisine ulaşılmıştır.[431]

<u>Malzemeler</u>
100 gr hurma
1 lt süt
2 yemek kaşığı tereyağı

---

[424] Kütüb-ü Sitte, c. 15, hadis no: 6943.
[425] Gazali, *a.g.e.*, 2/884.
[426] Buhârî, 8/474, 479, 480; Müslim, 6/277; Tirmizî, 2/266; Ahmed bn Hanbel, 1/203; Ebu Dâvûd, 13/464.
[427] Tirmizî, 2/266.
[428] Ebu Dâvûd, 13/464-465; Tirmizî, 2/266; *Kütüb-ü Sitte*, hadis no: 3917.
[429] Ebu Dâvûd, 13/460.
[430] Gazali, *a.g.e.*, 2/885; Et'ime , 8/478.
[431] TDV İslâm Ansiklopedisi, c. 16, s. 98. (http://www.ddvia.org/dia/ayrmetin.php?idno=160198)

Ferika

Hazırlanışı:

Hurma çekirdeklerinden ayrılır, ezilir. Yağ ile hurma kavrulur. (Sadece bu şekilde yendiğine dair anlatılardan yola çıkarak). Ardından üzerine süt eklenir, kaynatılır.

Nebiz (şıra)

Kuru ve taze hurmanın birlikte yenmesini tavsiye eden Resûlullah (a.s.m.) Câbir'in (r.a.) anlattığı şu hadise göre bunların, nebiz yaparken yani içecekleri hazırlarken karıştırılmasını uygun bulmamıştır: "Resûlullah (a.s.m.) kuru üzümle hurmanın, taze hurma ile hurmanın karıştırılmalarını yasakladı ve dedi ki: *'Kuru üzümle hurmayı, koruk hurma ile olgun hurmayı karıştırarak birlikte nebiz kurmayın.'*"[432]

Yine Ebu Katâde'nin (r.a.) anlattığına göre Resûlullah (a.s.m.) bu karıştırma işini yasaklamış ve *"Herbirinden ayrı ayrı nebiz yapın"*[433] demiştir.

Hadislerden nebizin kuru veya taze hâldeki üzüm, hurma gibi meyvelerin suyundan ve su ile bekletilmesinden elde edilen bir içecek olduğu anlaşılmaktadır. İbni Abbas'ın (r.a.) anlatımına göre Resûlullah (a.s.m.) için akşam vaktinde kuru-

---

[432] Buhârî ve Müslim'in ittifak ettiği hadisler, s. 766, hadis no:1294; Tirmizî, 2/280; Kütüb-ü Sitte, 7/252; Abdulbaki, ss. 556-557.

[433] Müslim, 6/204, 209-210; Tirmizî, 2/280; Buhârî, 8/575.

lan şırayı kendisi sabahtan itibaren o gün boyunca, geceleriyle beraber ertesi iki gün içmiştir. Üçüncü günün ikindi vaktine kadar bu nebiz ya da şıra bitmemişse, onu da hizmetçisine içirir yahut da ona emreder ve o şırayı döktürürdü.[434] Üç günden sonra ekşimeye başladığı anlaşılan ve içinde alkol oluşumu şüphesi bulunan nebiz hakkında Resûlullah (a.s.m.), *"Bu kaplar size keskinleşir ve kaynamaya başlayacak olursa, içindekinin sertliğini su ile kırın"*[435] demiştir. Başka bir anlatıda yine Hz. Aişe (r.anha) yukarısından bağlı ve aşağıda ağzı bulunan bir tulum içine kurulan şıranın sabah kuruldu ise akşama kadar, akşam kuruldu ise gündüze kadar içildiğini anlatmaktadır.[436] Eğer şıradan birazı artacak olursa Resûlullah (a.s.m.) onu yere dökermiş. Yahut da başka birinin içmesi için onu bir başka kaba boşaltırmış. Sabah ve akşam boşalan tulum, her seferinde yıkanır ve mayalanmaya zemin oluşturacak bütün tortulardan arındırılarak yeni nebiz için hazırlanırmış.[437]

Abdullah bin ed-Deylemî'nin babasından rivayet olunan bir olayda şıraların neden sabah kurulup akşama kadar, akşam kurulup sabaha kadar içildiği, daha fazla bekletilmediği şöyle anlatılmıştır:

> "Biz Peygambere (a.s.m.) varıp, 'Ey Allah'ın Resûlü, bizim üzümlerimiz var, onları ne yapalım?' diye sorduk.
> *'Onları kurutunuz'* buyurdu.
> (Biz), 'Kuru üzümü ne yapacağız?' dedik.
> *'Sabah kahvaltınızda şırasını çıkarınız, akşam yemeğinizde içiniz. (Yahutta) akşam yemeğinde şırasını çıkarınız, sabah kahvaltınızda içiniz. O şırayı (ince deriden veya başka bir şeyden yapılmış) su tulumlarına koyunuz, büyük küplere koymayınız. Çünkü vakti (biraz) geçince (büyük küplerde şarap olur, küçük küplerde ise) sirke olur'* buyurdu."[438]

Hz. Aişe'den (r.anha) rivayet edildiğine göre şıra yapımında ikisi birbirine karıştırılmayan hurma ve üzümün lezzeti birbirine karışsın diye şöyle bir yol izlenmiştir. Resûlullah (a.s.m.) için kuru üzümün şırası çıkarılıp içine kuru hurma atılır veya bazen de kuru hurmanın şırası çıkarılıp içine kuru üzüm atılırmış. Bu şekilde yapılan nebizi hem kendisi içer, hem de başkalarının içmesine izin verirmiş.[439]

Nebizler hakkında genel olarak Hz. Aişe'den (r.anha) bilgi alınmıştır. Bir gün

---

[434] Müslim, 6/232; Sofuoğlu, s. 232; Ebu Dâvûd, "İçecekler Bölümü", s. 32. (www.enfal.de, Erişim tarihi: 19.06.2012.)

[435] Kütüb-ü Sitte, 7/251.

[436] İmam Müslim, 6/234; Ebu Dâvûd, Eşribe 10, (3711, 3712) (www.enfal.de, Erişim tarihi: 19.06.2012); Tirmizî, 2/278; Kütüb-ü Sitte, 7/251.

[437] Ebu Dâvûd, 13/333-334, Müslim, 6/232; Kütüb-ü Sitte, 7/251.

[438] Ahmed bin Hanbel, 4/232; Ebu Dâvûd, 13/332.

[439] Ebu Dâvûd, 13/328.

Safiyye binti Atiyye, bazı kadınlarla Hz. Aişe'nin yanına gitmiş ve ona, kuru hurma ile kuru üzümü karıştırarak birlikte şıralarını çıkarmanın hükmünü sormuştur. Hz. Aişe (r.a.) bu soru karşısında Resûlullah (a.s.m.) için yaptığı şıranın tarifini vermiştir: "Ben bir tutam kuru hurmadan, bir tutam da kuru üzümden alıp onu (içinde su olan) bir kaba koyardım ve onu (parmaklarımla iyice) ezdikten sonra Peygambere (a.s.m.) içirirdim."[440]

Üzüm ve üzüm suyu

Ayetlerde üzüm, genellikle hurma ile birlikte ya da cennet tasvirlerinde anılır: "Veya senin bir hurma bahçen ve üzüm bağın olmalı; öyle ki, içlerinden gürül gürül ırmaklar akıtmalısın."[441]

Deylemliler, "Ey Allah'ın Resûlü, bizim üzümlerimiz var, onları ne yapalım?" diye sorduklarında, *"Onları kurutunuz"* buyurmuşlardır. Daha önce hep üzümden şarap yapan Hicaz halkının "Kuru üzümü ne yapacağız?" diye sorması üzerine Resûlullah (a.s.m.), *"Sabah kahvaltınızda şırasını çıkarınız, akşam yemeğinizde içiniz"* diyerek gün boyu oluşan su ihtiyacını lezzetli bir şeyle gidermenin yolunu göstermiştir. Nebiz bugünün içeceklerine de sağlıklı bir alternatiftir.

Kuru üzüm de Hz. Ali'nin (r.a.) Resûlullah'tan (a.s.m.) aktardığına göre, çok kıymetli bir besindir. Resûlullah (a.s.m.) demiştir ki: *"Kuru üzüm yemeyi ihmal etmeyin. Çünkü o aklı kuvvetlendirir, balgamı giderir, sinir sistemini kuvvetlendirir, yorgunluğu giderir, ahlakı güzelleştirir, gönlü hoş eder, kaygıyı giderir."*[442]

Resûlullah'ın (a.s.m.) genellikle su ve hurma yediği bildirilirken, süt ve hurma için *"en iyi yemeklerdir"* dediği rivayet edilmektedir. Bazen üzümü salkımı ağzına götürerek yediği rivayet edilmiştir.[443]

İslam'ın ilk yıllarında şarap yasağı henüz gelmemişti. Şarap, günlük yaşamlarının bir parçası olan Hicaz halkına hicretin dördüncü yılında ayetlerle yasaklanmıştır. Mâide sûresi 90 ve 91. ayetlerindeki "Ey iman edenler! İçki, kumar, putlar ve kısmet çekilen fal okları hep şeytanın işinden birer pisliktir ondan kaçının ki kurtuluşa eresiniz. Şüphesiz şeytan, içki ve kumarla, aranıza düşmanlık ve kin sokmak, sizi Allah'ı anmaktan ve namazdan alıkoymak ister. Artık bunlardan vazgeçtiniz, değil mi?" emrinden sonra Müslümanlar şarap içmeyi bırakmışlardır. Resûlullah da (a.s.m.) ilgili ayetleri açıklamak üzere, *"Şarap, şıradan (olduğu gibi)*

---

[440] Ebu Dâvûd, 13/329; Kütüb-ü Sitte, 7/254.
[441] İsrâ sûresi, 17:91.
[442] Suyuti, *a.g.e.*, 4/340, hadis no: 5526.
[443] Gazali, *a.g.e.*, s. 884.

kuru üzümden, kuru hurmadan, buğdaydan, arpadan ve darıdan (da olur.) Ben sizi (bunlar gibi) sarhoşluk veren her şeyden nehyediyorum"⁴⁴⁴ demiştir.

Yine İbni Ömer'den Resûlullah'ın (a.s.m.) şöyle buyurduğu rivayet olunmuştur: *"Her sarhoşluk veren şaraptır ve her sarhoşluk veren haramdır. Şarap içmeye devam ederken ölen kimse ahirette onu içemeyecektir."*⁴⁴⁵

Resûlullah'a (a.s.m.) şarabın ne kadarının haram olduğuna dair sorular da gelmiş olmalıdır ki kendisi *"Çoğu sarhoşluk verenin azı da haramdır"*⁴⁴⁶ demiştir. Bir şeyin ne zaman şarap sayılacağı konusunda da sorularla karşılaşan Resûlullah (a.s.m.), *"Kaynayan sarhoş edicilerin hepsinden az da olsa, çok da olsa kaçının"*⁴⁴⁷ buyurmuştur.

Ümmü Seleme'den (r.a.) rivayet olunduğuna göre Resûlullah (a.s.m.), sarhoş eden ve uyuşukluk veren her şeyi yasaklamıştır.⁴⁴⁸

Sirke

Üzümden elde edilen bir diğer madde de sirkedir. Daha önce bahsi geçen kaplar içerisinde kurulduğundan emin olduğumuz sirke üzümden yapıldığı gibi hurmadan da yapılıyor olmalıdır. Neden ve nasıl yapıldığına dair bir bilgi olmasa da bölgenin en çok bulunan ürünü olan hurmanın şarap yapımında kullanılmış olması sirke yapımında da kullanıldığının bir delilidir.

Resûlullah (a.s.m.) ekmeğini sirkeye banarak yemiştir. Ümmü Hânî (r.a.), Resûlullah'ın (a.s.m.) yanına gelerek kendisine yiyecek bir şey olup olmadığını sorduğunu, kendisinin de, *"Hayır hiçbir şey yok, sadece birkaç parça kurumuş ekmek ve sirke vardır"* dediğini anlatıyor.

İbni Câbir de (r.a.) buna benzer bir hadiseye şahitlik etmiş ve Ümmü Hânî'nin (r.a.) "'*Sirkesi bulunan bir ev katıktan yoksun sayılmaz*' buyurdular"⁴⁴⁹ ifadesine, "aleyhissalâtü vesselam onu istedi ve gelince yemeye başladı. Hem yiyor, hem de: '*Sirke ne iyi katık! Sirke ne iyi katık! Sirke ne iyi katık!*' diyordu"⁴⁵⁰ ifadesini eklemiştir. Resûlullah'ın (a.s.m.) *"Sirke ne güzel azıktır"*⁴⁵¹ dediğini aktaran bir başka kişi ise eşi Hz. Aişe'dir (r.anha).

---

⁴⁴⁴ Ebu Dâvûd, 13/298.
⁴⁴⁵ Tirmizî, 2/274; İbn Mâce, Eşribe 9; Ahmed bin Hanbel, 2/16, 29, 31, 105, 134, 137; Ebu Dâvûd, 13/299-300.
⁴⁴⁶ Tirmizî, 2/276; Ahmed bin Hanbel, 2/91, 167, 179, 3/343; Ebu Dâvûd, 13/303.
⁴⁴⁷ Kütüb-ü Sitte, 7/235.
⁴⁴⁸ Ebu Dâvûd, 13/308-309.
⁴⁴⁹ Tirmizî, 2/265; İbn Mâce, "yiyecekler 33 nolu hadis," Ebu Dâvûd, "yiyecekler 33 nolu hadis."
⁴⁵⁰ Müslim, 6/164-169; Tirmizî, 2/265; Ebu Dâvûd, 13/452-453; Nevevî, *a.g.e.*, 4/215.
⁴⁵¹ Tirmizî, 2/265.

Soğan ve sarımsak

"Hani bir zamanlar, 'Ey Musa, biz tek çeşit yemeğe asla katlanamayacağız, yeter artık bizim için Rabbine dua et de bize yerin yetiştirdiği şeylerden; sebzesinden, acurundan, sarmısağından, mercimeğinden ve soğanından çıkarsın' dediniz. O da size 'O üstün olanı daha aşağı olanla değiştirmek mi istiyorsunuz? Bir kasabaya konaklayın o vakit istediğiniz elbette olacaktır' dedi. Üzerlerine zillet ve meskenet damgası vuruldu ve nihayet Allah'tan bir gazaba uğradılar. Evet öyle oldu, çünkü Allah'ın ayetlerini inkâr ediyorlar ve haksız yere peygamberleri öldürüyorlardı. Evet öyle oldu, çünkü isyana dalıyorlar ve aşırı gidiyorlardı."[452]

Resûlullah'ın (a.s.m.) çiğ soğan ve sarımsak gibi kokusu belirgin ve rahatsız edici şeylerden hoşlanmadığı hepimizce bilinir. Buna dair bir anlatı Ümmü Eyyûb tarafından aktarılmıştır: "Resûlullah (a.s.m.) Medine'ye hicret edip geldiğinde onlara misafir olmuştu. Resûlullah (a.s.m.) içerisinde bu (soğan, sarımsak) sebzelerin bulunduğu ağır bir yemek yaptılar. Resûlullah (a.s.m.) yemekten hoşlanmadı ve ashabına dedi: *'Siz o yemekten yiyin. Ben sizin gibi değilim ben yanımdaki melek arkadaşımı o koku ile rahatsız edip incitmekten korkarım.'*"[453]

Resûlullah'ın (a.s.m.) bu tavrı ashabında soğan ve sarmısağın haram olabileceği kanaatini uyandırınca kendisine sormuşlar. Ebu Said el-Hudrî şöyle anlatıyor: "Resûlullah'ın (a.s.m.) yanında sarımsak ve soğandan bahsedildi. 'Ey Allah'ın Resûlü, bunların hepsinin (içinde kokusu) en fazla olanı sarımsaktır. (Artık) sen onu bize haram kılıyor musun?' diye soruldu. Peygamber (a.s.m.) de; *'Onu yiyiniz, (fakat) onu yiyen kimse kokusu kendisinden gidinceye kadar şu mescite yaklaşmasın'* buyurdu."[454]

Bugün de mescitlere gitmeden önce soğan ve sarımsak yememeye özen gösteririz. Bunun temel nedeni Resûlullah'ın da (a.s.m.) belirttiği gibi rahatsız edici bir kokuya sahip olmalarıdır. Nitekim Efendimiz bir hadisinde *"Çiğ sarımsak ye. Eğer ben meleklerle konuşmasaydım, mutlaka onu yerdim"*[455] buyurmuşlardır. Yine de Resûlullah (a.s.m.) söylediği gibi *"O ikisini kim yiyecekse, pişirerek onları öldürsün"*[456] yani kokularını yok etsin.

---

[452] Bakara sûresi, 2:61.
[453] Tirmizî, 2/252.
[454] Hz. Ali'den rivayet edildiğine göre şöyle demiştir: "Çevrenizdeki insanları rahatsız ettiği için sarımsak yemek yasaklandı. Ancak pişmiş olursa bu rahatsızlığı yapmayacağı için yenebilir." (Tirmizî, 2/251.)
Şüreyk'ten (b. Hanbel) rivayet olunduğuna göre; Ali (a.s): "Pişirilmiş olması dışında sarmısağın yenmesi yasaklanmıştır" buyurmuştur. (Ebu Dâvûd, 13/457-452.); Aydüz, *a.g.e.*, ss. 71-72.
[455] Sûfi-zâde Seyyid Hulusi, *a.g.e.*, s. 520; Aydüz, *a.g.e.*, s. 71.
[456] İbn Kayyim, *a.g.e.*, c. 5, s. 26.

Ebu Ziyâd b. Seleme'den rivayet olunduğuna göre; kendisi Aişe'ye soğanı sormuş Hz. Aişe de (r.anha), *"Resûlullah'ın (a.s.m.) yediği son yemek, içinde soğan olan bir yemekti"* cevabını vermiştir.[457]

...

Bilindiği üzere, Türk Mutfağı'nın temel yemek ögelerinden biri soğandır. Hemen her sebze ve et yemeğine doğranıp kavrularak ilave edilen soğanın kokusu pişme sırasında kaybolduğundan hadiste bahsedilen rahatsızlığı vermeleri pek mümkün görünmüyor. Ama yine Türk Mutfağı'nın vazgeçilmez sosu olan ve hamur işlerinden kızartmalara hemen her yerde kullandığımız sarımsaklı yoğurt, çiğ sarımsakla yapılmaktadır. Özellikle başka insanların sağlığı ve rahatı adına gösterilen bu inceliği sünnet olarak uygulamak ve kalabalığa girmediğimiz zamanlarda sarımsak ve soğanı çiğ tüketmek doğru bir tavır olacaktır. Resûlullah'ın (a.s.m.) bu öğüdü de zaten sağlıktan ziyade bir nezaketi sağlamak amacı gütmektedir.

Zeytin

Kur'ân-ı Kerîm'de üzerine Rabbimiz tarafından "İncire, zeytine ve Sina Dağı'na ve şu emin beldeye yemin ederim ki"[458] denilerek yemin edilmiş kıymetli bir bitki olarak zeytin, dünya halklarının kültürlerinde barışı, bereketi simgeleyen bir figür olarak da yer almaktadır. Allah, Nûr sûresinde zeytinyağı ile yanmakta olan bir kandilin nurunu örnek olarak vermiştir: "Allah, göklerin ve yerin nurudur. O'nun nurunun temsili, içinde lamba bulunan bir kandillik gibidir. O lamba kristal bir fanus içindedir; o fanus da sanki inciye benzer bir yıldız gibidir ki, doğuya da, batıya da nispet edilemeyen mübarek bir ağaçtan, yani zeytinden (çıkan yağdan) tutuşturulur. Onun yağı, neredeyse, kendisine ateş değmese dahi ışık verir. (Bu,) nur üstüne nurdur. Allah dilediği kimseyi nuruna eriştirir. Allah insanlara (işte böyle) temsiller getirir. Allah her şeyi bilir."[459]

Kur'ân-ı Kerîm'de anılan zeytin ağacının tarihi çok eskilere dayanır. Elde edilen arkeolojik veriler zeytinin ve zeytinyağının Akdeniz'den Afrika'ya birçok coğrafyada binlerce yıldır hem besin, hem de tıp ve güzellik ürünü olarak kullanıldığını göstermektedir. Kur'ân-ı Kerim, Mü'minûn sûresinde de zeytinin bu özelliği anılmaktadır: "Tur-i Sina'da da yetişen bir ağaç daha meydana getirdik ki, bu ağaç hem yağ hem de yiyenlerin ekmeğine katık edecekleri (zeytin) verir."[460]

---

[457] Ebu Dâvûd, 13/457-458.
[458] Tîn sûresi, 95:1-3.
[459] Nûr sûresi, 24:35.
[460] Mü'minûn sûresi, 23:20.

Fakat ticaret kervanlarının sık uğradığı yerler olmasına rağmen Hicaz Bölgesi'nde Resûlullah'ın (a.s.m.) kıtlık, savaş, ambargo gibi nedenlerle zeytin ve zeytinyağını çok az kullanmış olduğu söylenebilir. Ayrıca zeytin, Resûlullah (a.s.m.) yaşadığı bölgede az miktarda bulunan bir ağaçtır. Sofrasında az bulunmuş olmasının bir nedeni de bu olmalıdır.[461]

Resûlullah'a (a.s.m.) zeytinyağı ikram edildiğine dair tek sahih hadis Enes bin Mâlik'ten (r.a.) rivayet edilmiştir: Peygamber (a.s.m.), Sa'd b. Ubâde'ye (misafir olarak) gelmiş. (Sa'd da) kendisine ekmek ve zeytinyağı ikram etmiş. Peygamber (a.s.m.) bunları yedikten sonra dua etmiştir.[462]

Bu hadis dışında Ebu Hureyre (r.a.) ve Ömer bin Hattab (r.a.) gibi sahabelerden "Zeytinyağını yiyin ve onu (bedeninize) sürünün. Çünkü o, mübarektir"[463] gibi hadisler aktarılmaktadır.

Kabak

Resûlullah (a.s.m.) kabağı çok severdi.[464] Bu hadis âlimlerince de tekrar tekrar vurgulanmış bir bilgidir. Fakat hadislerde bu kabağın hangi cins bir kabak olduğu anlatılmamaktadır. Kap kacak yapımında su kabağının kullanılıyor olması yenen kabağın da bu olduğunu düşündürüyor. Zaten kesinlik arz eden tek kabak çeşidi de budur.

Resûlullah'ın (a.s.m.) kabağı sevdiğine dair bir anlatı İshak bin Abdullah bin Ebi Talha'dan rivayet edilmiştir. Kendisi, Enes bin Mâlik'i (r.a.) şöyle derken işittiğini söylemektedir: "Bir terzi, Resûlullah'ı (a.s.m.) hazırlamış olduğu bir yemeğe çağırmıştı. Bu yemeğe Resûlullah (a.s.m.) ile birlikte ben de gittim. Resûlullah (a.s.m.) bir arpa ekmeğiyle içinde kabak ve pastırma[465] 'kurutulmuş et' bulunan bir çorbayı benim önüme yaklaştırdı. Ben (yemek esnasında) Resûlullah'ın (a.s.m.), (yemek içerisinde bulunan) kabakları araştırmakta olduğunu gördüm. O günden itibaren kabağa olan sevgim devam etmektedir."[466]

Resûlullah (a.s.m.), yemeğin miktarını artırmak amacıyla çorbalara, et yemek-

---

[461] Yeniçeri, 2009, s. 131.
[462] Ebu Dâvûd, 13/483.
[463] *Kütüb-i Sitte*; Tirmizî, 2/270; Suyuti, *a.g.e.*, 5/43, hadis no: 6390.
Bu hadisin başlangıç kısımları aynı olmakla beraber bitiş kısımlarında farklılıklar olan iki aktarımı daha vardır. Onları bu dipnot bölümüne eklemeyi uygun buldum: "Zeytinin yağına dikkat gösterin. Onu yiyin, onunla yağlanın, çünkü basur hastalığına iyi gelir." *(Sûfi-zâde Seyyid Hulusi, a.g.e., s. 519).* "Zeytinyağını yiyin. Onunla yağlanın. Çünkü cüzzam dâhil tam yetmiş derde devadır." *(Sûfi-zâde Seyyid Hulusi, a.g.e., s. 519; Suyuti, a.g.e., 5/43, hadis no: 6392).*
[464] Ebu Dâvûd, 13/410.
[465] *Sahih-i Et'ime*'de pastırma yerine 'kurutulmuş et' denmektedir.
[466] İmam Et'ime, 8/437-462, 470, 472, 473; Tirmizî, 2/269; Ebu Dâvûd, 13/410.

lerine kabak doğratmıştır. Câbir (r.a.) bir gün Resûlullah'ın (a.s.m.) evinde huzurlarına çıkmış ve onun (a.s.m.) yanında gördüğü kabağı göstererek "Bu nedir?" diye sormuştur. Resûlullah da (a.s.m.) Câbir'e (r.a.), *"Bu kabaktır, biz bununla yemeğimizi artırıyoruz"* buyurdular.[467] Resûlullah'ın (a.s.m.) eşi Hz. Aişe'nin (r.anha) rivayetiyle; Resûlullah (a.s.m.), *"Ya Aişe, tencere kaynattığınız zaman oraya fazla kabak koyun, zira kabak kalbi takviye eder"* buyurmuştur.[468]

KUR'ÂN-I KERİM'DE BAHSEDİLEN DİĞER MEYVELER

Nar

"Gökten suyu indiren O'dur. Onunla her çeşit bitkiyi çıkardık, o bitkiden bir yeşillik çıkardık, ondan da birbiri üzerine binmiş taneler; hurmanın tomurcuğundan sarkan salkımlar, üzüm bağları, zeytin ve nar (bahçeleri) çıkarıyoruz. (Bunların) kimi birbirine benzer, kimi benzemez. Bunlar meyvelendikleri zaman meyvelerinin olgunlaşmasına bakın! Bunlarda inanan bir toplum için ibretler vardır."[469]

"Çardaklı ve çardaksız (üzüm) bahçeleri, ürünleri çeşit çeşit hurmaları, ekinleri, birbirine benzer ve benzemez biçimde zeytin ve narları yaratan O'dur. Her biri meyve verdiği zaman meyvesinden yeyin. Devşirilip toplandığı gün de hakkını (zekât ve sadakasını) verin, fakat israf etmeyin; çünkü Allah israf edenleri sevmez."[470]

Ahmed bin Hanbel tarafından aktarılan ve Hz. Ali'ye (r.a.) isnad edilen bir hadise göre Resûlullah (a.s.m.) narı beyaz zarı ile birlikte yemeyi öğütlemiştir.[471] Resûlullah (a.s.m.) nar yediği aktarılmasa da, kendisine cennette meyve olup olmadığını soran bir Yahudi'ye Rahman sûresi 68. ayeti okuması ve cennette hurma ile nar olduğunu bildirmesine dair bir anlatı vardır. Resûlullah (a.s.m.) narı biliyordu fakat yediğine dair bir rivayet ulaşmamıştır. Daha çok Hz. Fâtıma'nın (r.anha) hamileliği sırasında nar aşermesi ile ilgili bir anlatı yaygındır ve kabul görür.

...

Ayrıca Resûlullah (a.s.m.) meyveler arasında en çok yaş hurmayı, üzüm, kavun

---

[467] *Kütüb-i Sitte;* Yeniçeri, *Hz. Peygamber'in Giyim-Kuşamı-Mutfağı, Getirdiği İlkeleri ve Günümüz* adlı eserinde Resûlullah'ın (a.s.m.), kabağı sevdiğini söylüyor ve evinde kabağın, miktarı artırmak maksadıyla yemeklere ilave edildiğini belirtiyor.
[468] Gazali, *a.g.e.*, s. 885.
[469] En'âm sûresi, 6:99.
[470] En'âm sûresi, 6:141.
[471] Aydüz, *a.g.e.*, s. 213.

ve karpuzu severdi. Karpuzu şeker ve ekmekle yerdi. Kavun ve karpuzu iki eli ile muhtemelen dilim hâlinde tutarak yerdi. Bunlarla beraber Resûlullah'ın (a.s.m.) semizotu ve kevinin otu(?) sevdiği de kaynaklarda ifade edilmiştir.[472]

İncir

Üzerine "İncire, zeytine ve Sina Dağı'na ve şu emin beldeye yemin ederim ki"[473] ayetiyle Rahman tarafından yemin edilmiş olan incir ile ilgili üç farklı kaynakta geçen tek bir hadis-i şerif vardır. Bu hadis Ebu Zerr'den (r.a.) rivayetle şöyledir: *"İncir yiyiniz. Eğer cennetten inen bir meyve vardır dersem, onun incir olduğunu söylerim. Çünkü basuru iyileştirir, nikris hastalığına da iyi gelir."*[474] Nikris hastalığı fazla miktarda protein alımından kaynaklanan, gut hastalığı olarak kaynaklarda yer almaktadır. O çağda, hele ki Resûlullah'ın (a.s.m.) çevresinde insanların bu hastalığa tutulma ihtimali çok az olsa da hadisin aktarıcısı olan Ebu Zerr (r.a.) olduğundan buraya eklemeyi sakıncalı bulmadım.

Kiraz(?) ağaçları

"Yüklü dalları bükülmüş kiraz (ağaçları). Üst üste dizili meyveleri sarkmış muz ağaçları. Yayılıp-uzanmış gölgeler. Durmaksızın akan su(lar). Ve (daha) birçok meyveler arasında. Kesilip-eksilmeyen ve yasaklanmayan (meyveler)..."[475] şeklinde cennet tasvirinde kirazın adı geçtiği rivayet edilmektedir. Ayet bu çevirisiyle birçok kitapta yer alsa da kimi Kur'ân çevirilerinde "sidrin" kelimesi sedir ağacı olarak da çevrildiğinden ve ilgili ayette "dikenli, dikensiz" dendiğinden, kiraz ağacı denmesi tam olarak doğru bir ifadede sayılmamalıdır.

Ayetlerin kelime kelime çevirisi şu şekildedir: *fî* (içinde, arasında) *sidrin* (sedir ağaçları) *mahdûdin* (dikenleri alınmış, dikensiz)...

Mercimek

Mercimekle ilgili olaraksa Kur'ân-ı Kerîm'de, daha önceden de zikrettiğimiz, şu ayet-i kerîme yer alır:

"Hani bir zamanlar, 'Ey Musa, biz tek çeşit yemeğe asla katlanamayacağız,

---

[472] Gazali, *a.g.e.*, s. 885.
[473] Tîn sûresi, 95:1-3.
[474] Sûfî-zâde Seyyid Hulusi, *a.g.e.*, s. 516; Suyuti, *a.g.e.*, 5/43, hadis no: 6393; İbn Kayyim, *a.g.e.*, c. 5, s. 25.
[475] Vâkı'a sûresi, 56:28-33.

yeter artık bizim için Rabbine dua et de bize yerin yetiştirdiği şeylerden; sebzesinden, acurundan, sarmısağından, mercimeğinden ve soğanından çıkarsın' dediniz. O da size 'O üstün olanı daha aşağı olanla değiştirmek mi istiyorsunuz? Bir kasabaya konaklayın o vakit istediğiniz elbette olacaktır' dedi. Üzerlerine zillet ve meskenet damgası vuruldu ve nihayet Allah'tan bir gazaba uğradılar. Evet öyle oldu, çünkü Allah'ın ayetlerini inkâr ediyorlar ve haksız yere peygamberleri öldürüyorlardı. Evet öyle oldu, çünkü isyana dalıyorlar ve aşırı gidiyorlardı."[476]

Muz

Muz meyvesiyle ilgili Vâkıa sûresinde şöyle bir ayet geçer:
"Meyveleri salkım salkım dizili muz ağaçları..."[477]

Zencefil

Zencefil İnsan sûresinde "Orada, karışımı zencefil olan bir kâseden içirirler"[478] şeklinde yer alır.

Mantar

Ayetlerde adı geçmeyen ama bir hadiste anıldığı söylenen mantarı da bu başlık altında anmak gerekir.

Said b. Zeyd'den rivayetle Resûlullah (a.s.m.) buyurdular ki: *"Dolaman mantarı, İsrailoğulları'na gönderilen kudret helvası cinsindendir. Suyu da göze şifadır."*[479]

---

[476] Bakara sûresi, 2:61.
[477] Vâkı'a sûresi, 56:29.
[478] İnsan sûresi, 76:17.
[479] Abdulbaki, s. 567.

Bahsi geçen tahıllar

Buğday (başak), arpa

"YUSUF DEDİ Kİ: 'Yedi sene âdetiniz üzere ekin ekersiniz. Sonra da yiyeceklerinizden az bir miktar hariç, biçtiklerinizi başağında (stok edip) bırakınız.'"[480] Hz. Yusuf'un (a.s.) kıssasının bir parçasından bahseden bu ayette buğdayla sınanan ve rütbesi artan Hz. Yusuf'un (a.s.) buğdayı stokladığını öğrenmekteyiz.

Mısır Uygarlığı döneminde yaşamış olan Hz. Yusuf'tan (a.s.) önce de tahıllar insan hayatında önemli bir besin kaynağı olarak bulunuyorlardı. Tarihi ilk insana kadar ulaşan buğdaya, Habil ve Kabil'e dair anlatılarda da rastlamak mümkündür. Yine Rabbimiz, Enbiya sûresinde "biçilmiş ekinlerden" bahsetmektedir: "Biz, onları biçilmiş bir ekin ve bir yığın kül hâline getirinceye kadar hep sözleri bu feryad olmuştur."[481] Bu da buğdayın tarıma alındığının bir işareti olarak karşımızda durmaktadır.

Cenâb-ı Allah, "Muhammed Allah'ın elçisidir. Onun yanında bulunanlar da kâfirlere karşı çetin, kendi aralarında merhametlidirler. Onları rükûa varırken, secde ederken görürsün. Allah'tan lütuf ve rıza isterler. Yüzlerinde secdelerin izinden nişanları vardır. Bu, onların Tevrat'taki vasıflarıdır. İncil'deki vasıfları da şöyledir: Onlar filizini yarıp çıkarmış, gittikçe onu kuvvetlendirerek kalınlaşmış, göv-

---

[480] Yûsuf sûresi, 12:47.
[481] Enbiyâ sûresi, 21:15.

bahsi geçen tahıllar

desi üzerine dikilmiş bir ekine benzerler ki bu, ziraatçıların da hoşuna gider. Allah böylece onları çoğaltıp kuvvetlendirmekle kâfirleri öfkelendirir. Allah inanıp iyi işler yapanlara mağfiret ve büyük bir mükâfat vaad etmiştir"[482] ayeti ile müminleri ekine benzeterek övmüştür.

...

Hadislerde, tahıl olarak sıklıkla arpanın adı geçer. Az miktarda buğday ve çavdardan bahsedildiği de görülse de Resûlullah'ın (a.s.m.) günlük beslenmesini oluşturan en önemli tahıl arpadır. Arap Mutfağı'na dair kaynak kitaplarda, buğday ununun Cahiliye Dönemi'nde de sık kullanıldığını, hurma ve buğday unundan yapılan ekmeklerin Araplar tarafından çok sevildiği bilgisi vardır.[483]

Fakat Resûlullah (a.s.m.), buğdaydan ziyade arpanın hâkim olduğu bir beslenme biçimi geliştirmiş, arpa, çavdar unlarından yapılmış ekmekler yemiştir. Hatta bir aktarıma göre kendisi ailesinin geçimi için Yahudi tüccarlardan zırhını rehin bırakarak ekmek yapımında kullanılmak üzere çavdar satın almıştır.

Buhârî'nin nakline göre Hz. Enes (r.a.) şöyle demiştir:

"Resûlullah (a.s.m.) Medine'de bir Yahudi'ye zırhını rehin bırakıp ondan ailesi için çavdar aldı. Ben o sırada Peygamberin şöyle dediğini duydum: *'Muhammed ailesinde bir sa' buğday ve bir sa' çavdar bir gece kalmıyor. Şüphesiz onun yanında dokuz hanımı var.*'"[484]

Hesaplandığında kişi başına yarım kilogramlık bir tahıl payı düştüğü görülse de on kişilik bu hanenin hizmetkârları ve misafirleri, evden eksik olmayan eş ve dostlar dâhil edildiğinde ekmeğe ayrılan payın daha da ufaldığı görülecektir.

İbni Abbas'ın (r.a.) anlattığına göre; Resûlullah (a.s.m.) yemek yemeksizin peşpeşe birkaç gün aç olarak gecelerdi. Ailesi de yiyecek akşam yemeği bulamazdı. Çoğu zaman ekmekleri arpa ekmeği idi."[485]

Hz. Aişe (r.anha) İbn Abbas'ı (r.a.) doğrular şekilde şöyle demiştir: "Muhammed'in (a.s.m.) ailesi, onun vefat ettiği ana kadar, iki gün arka arkaya arpa ekmeğiyle karnını doyurmadı."[486]

Yine Resûlullah'ın (a.s.m.) hizmetkârı Enes'in (r.a.), "Nebi (a.s.m.) vefatına kadar kibir sofrası üzerine yemek yemedi. Yine o, vefat edinceye kadar katıksız un-

---

[482] Fetih sûuresi, 48:29.
[483] Muhammed b. el Kerim, *Kitâbü't-Tabih*, "Pery'nin Giriş Notlarından," çev. Nazlı Pişkin, Kitap Yayınevi, İstanbul, 2009.
[484] Yeniçeri, *a.g.e.*, 2007, ss. 215-216.
[485] Nevevî, *a.g.e.*, 3/288, Yeniçeri, *a.g.e.*, ss. 123,124,125; Suyuti, *a.g.e.*, 5/199, hadis no: 6960.
[486] Et'ime, 8/473; Benzeri bir başka hadis şu şekildedir; Müslim'in rivayeti şöyledir: "Muhammed'in (a.s.m.) aile efradı Medine'ye geldiği günden vefat ettiği ana kadar, üç gün arka arkaya buğday ekmeğiyle karnını doyurmadı." *(Nevevî, a.g.e., 3/247, 288; Yeniçeri, a.g.e., s.123.)*

dan yapılmış (ince yufka) ekmek de yemedi. Hz. Peygamber, kızartılmış bir koyunu gözüyle hiç görmedi. (veya Buhârî'de geçtiği şekli ile 'ne buğday ununda yapılmış ince yufka ekmek ne de kızartılmış koyun kebabı yedi')[487] dediği rivayet edilmektedir.

Sehl bin Sa'd'ın (r.a.) bu konuda detaylı bir anlatısına da rastlarız:

"Resûlullah (a.s.m.), Allah'ın kendisini peygamber olarak gönderdiği andan vefat ettiği zamana kadar elekten elenmiş has un görmedi." Sehl'e "Resûlullah (a.s.m.) (zamanında siz elek kullanmaz mıydınız?" diye sorulduğunda, "Resûlullah (a.s.m.), Allahu Teâlâ'nın kendisini peygamber gönderdiği andan vefat ettiği ana kadar elek görmedi" demiştir. Sehl b. Sa'd'a, "Elenmemiş arpa ununu nasıl yiyordunuz?" diye sorulduğunda ise, bunun detayını anlatmış ve "Biz arpayı öğütür ve savururduk. Kepeğin uçanı uçardı; kalanı da ıslatıp hamur yapardık" demiştir.[488]

Ümmü Eymen'in anlattığına göre;

"Kendisi bir unu eleyip ondan Peygamber (a.s.m.) için ekmek yapmıştır. Resûlullah (a.s.m.), *'Bu nedir?'* diye sormuş, o da, 'Bu bizim diyarda yaptığımız bir yiyecektir. Ben ondan sizin için bir ekmek yapmak arzu ettim' demiştir. Resûlullah (a.s.m.) da, *'Şu eleyip ayırdığın kepeği, öbürüne (un kısmına) geri kat, sonra yoğur (ve ekmek yap)'* buyurmuştur."[489]

Kütüb-ü Sitte'den aktarılan bu hadiste, kepeğin undan ayrılmaması gerektiği ifade edilmiştir. Bugün bütün beslenme uzmanlarının hemfikir olduğu biçimde tam tahıl unları tüketmek sağlık açısından çok daha faydalıdır. Bu bakımdan bu hadis, bu bölümde çok önemli bir yer edinmektedir.

---

[487] Nevevî, *a.g.e.*, 3/251; Et'ime , 8/442-443.
[488] A.g.e., 3/254; Et'ime, 8/457, 459; Nevevî, *a.g.e.*, 3/254; *Kütüb-ü Sitte*; Et'ime, 8/457, 459; Tirmizî, Zühd 38, (2365).
[489] Kütüb-ü Sitte, hadis no: 6946.

Ekmekten yapılan yemekler ve ekmek yerine geçen yiyecekler

"KIYAMET GÜNÜNDE yer tandırda pişirilen bazlama ve pide gibi olur. Allahu Teâlâ onu (düzelinceye kadar) çevirir, altüst eder. (Bu ekmek) cennetlikler için (sefer) azığı olarak hazırlanır."[490]

Yukarıda kıyamet zamanı dünyanın hâlini ekmeğe benzeterek, eşsiz bir biçimde anlatan Resûlullah (a.s.m.), ekmeğe hurma kadar önem verirdi. Hz. Aişe (r.anha) bu konuda bir anısını şöyle anlatmaktadır: "Resûlullah aleyhissalâtu vesselam hücreme girmişlerdi. Atılmış bir ekmek parçası gördüler. Hemen onu alıp silerek yediler ve: *'Ey Aişe! Kerim olana ikram et! (Yani kıymetli olan ekmeğe hürmet et!) Zira şu ekmek, bir kavme nefret edip kaçmışsa bir daha dönmemiştir'* buyurdular."[491]

Yine birçok sahabeden, ekmeğe saygı duyulması gerektiği hususunda hadisler aktarılmıştır. Çünkü ekmek tek başına bir besindir ve katığa ihtiyaç duymaz.[492]

Arpa ekmeği

Resûlullah'ın (a.s.m.) beslenmesinde büyük yer tutan ekmek genellikle *arpa ekmeği* idi. Hadislerde yer alan bilgiler ve Arap Mutfak Kültürü ışığında bu ekmeğin bazlama şeklinde yapılmış kepekli bir ekmek olduğu düşünülmelidir. Bütün bu bilgilere göre tarifi şu şekilde olmalıdır:

---

[490] İbn Kayyim, *Tıbbu'n Nebevi*, s. 378. (Et'ime'den alıntılandığı bilgisi eklenerek verilmiştir.)
[491] Kütüb-ü Sitte, hadis no: 6952.
[492] İbn Kayyim, *Tıbbu'n Nebevi*, s. 379; Suyuti, *a.g.e.*, 2/92, hadis no: 1424.

Arpa ekmeği

<u>Malzemeler</u>
1 kg tam arpa unu
Su
Tuz
Ekşi maya

<u>Hazırlanışı:</u>
Un elenmeksizin su, tuz, maya ilave edilerek hamur hâline getirilir. Üzeri örtülerek mayalandırılır. Daha sonra hamur yassılanarak şekil verilir ve tandırda pişirilir.

Yukarıdaki malzemelerle yapılan bir diğer arpa ekmeği tarifi şudur:

Hazırlanışı: Arpa irice öğütülür. Su, maya, tuz eklenerek yoğrulur. Üzeri örtülerek mayalandırılır. Yuvarlak ekmek şekli verilir, tandırda pişirilir.

Yukarıda anlatılan yöntemlerle, arpa yerine çavdar kullanarak yine Resûlullah'ın arpadan sonra en çok tükettiği çavdar ekmeğini de yapmak mümkündür. Bu nedenle ayrıca bir çavdar ekmeği tarifine yer verilmemiştir.

Ekmek tiridi, serid

Yağla ıslanmış ekmek anlamındadır. Hz. Enes (r.a.), Resûlullah (a.s.m.) ile gittiği

ekmekten yapılan yemekler ve ekmek yerine geçen yiyecekler

terzinin yemek davetinde kendilerine serid yemeği ikram edildiğini, Peygamberin bu yemek içinde kabakları seçtiğini anlatmıştır. Zeyd b. Sabit'in anlatımıyla da Hz. Peygamberin Medine'ye geldiğinde ilk aldığı hediye Zeyd'in annesinin yaptığı yağ ve ekmekle yapılmış bir sini dolusu tirittir. Bazen de tiritin üzerine telbine bulamacının döküldüğü görülmektedir.[493] Seride, ğut da denilir. Eğer serid mayalanmamış ekmekten yapılırsa buna *haniz*, seridin kalan suyuna da *sürtüm* denilirdi.

Züheyr bin Muâviye şöyle anlatıyor:

> "Hz. Ömer, bir gün bir cerîb (bir çeşit ölçek) un getirilmesini emretti. Getirilen bir cerîb un yoğuruldu ve hamur hâline getirildi. Sonra ekmek yapıldı. Daha sonra zeytinyağı ile karıştırılarak serîd adı verilen bir çeşit yemek yapıldı. Hz. Ömer, hazırlanan bu yemeğe 30 kişiyi davet etti. Bu yemeği sabah yediler ve doydular. Akşam olunca yine aynı miktardaki yemeğin tamamını otuz kişiye verdi. Yemek tam otuz kişiye yetince, Hz. Ömer şöyle buyurdu: 'Her insana ayda iki cerîb zahire yetmektedir.' Hâl böyle olunca Hz. Ömer, kadın, erkek ve köle farkı gözetmeksizin her insana, ayda iki cerîb zahire tahsisat verirdi."

Ekmek tiridi, serid

---

[493] Akgün, "Hazreti Peygamber Döneminde Yemek Kültürü," 2007.

Abdullah b. İkrâş b. Züeyb babasından naklediyor:

"Kavmim Benî Mürre b. Abid, benimle mallarının sadakasını Resûlullah'a (a.s.m.) gönderdi. Medine'ye gelince onu (a.s.m.) Muhacir ve Ensar'ın arasında oturmuş buldum. Elimden tutup beni Ümmü Seleme'nin evine götürdü. Varınca, *'Yiyecek bir şey var mı?'* diye sordu. Bize içerisinde bolca serid ve (kuşbaşı) et parçaları olan bir tepsi getirildi..."[494]

İbni Abbas'tan (r.a.) rivayetle; "Hz. Peygamberin (a.s.m.) çok sevdiği yemek, ekmekten yapılan tirid ile hays tirid idi."[495]

"Resûlullah (a.s.m.), *'Ey Ümmü Süleym yanında olanları getir'* buyurdu. O da bu ekmeği getirdi. Resûlullah (a.s.m.) emredip ekmekleri parçalattı. Ümmü Süleym, yağ tulumunu sıkarak o ekmek parçaları üzerine yağ sürdü..."[496]

Hadislerde, yağ ve çekirdeği çıkartılmış hurma, ekmek ve et karıştırılması ile elde edilen yemeklerin hepsi "tirid" adıyla anılmış. Parçalanan ekmeklerin bir şekilde başka başka maddelerle karıştırıldığı bilgisi satır aralarında gizlidir. Buna göre ekmek yer yer, yukarıdaki hadiste görüldüğü gibi parçalanmış ve yağ ile karıştırılmıştır. Buna da et ilave edilmemesine rağmen "tirid" denmektedir. Seridin sözlük karşılığı "yağla ıslanmış ekmek"tir. Terid de denmektedir. Yine tiridin bir çeşidi olarak karşımıza çıkan seridde, ekmeği ıslatmak için yağ kullanılmaktadır. Arap Yarımadası'nda kullanılan yağ daha çok hayvansal olduğundan, ekmeği ıslatmada eritilmiş tereyağı ya da iç yağı kullanılmış olmalıdır. Buna göre bir serid tarifi şu şekilde yazılabilir:

Malzemeler
200 gr ekmek
200 gr tereyağı

Hazırlanışı:
Ekmekler doğranır ve yayvan bir kaba yerleştirilir. Tereyağı eritilir. Eritilmiş yağ, ekmek parçaları üzerinde gezdirilerek servise alınır.

Sevik

Süveyd b. Nu'man şöyle dedi: "Biz Resûlullah'ın (a.s.m.) beraberinde Hayber'e doğru sefere çıktık. Sahba'ya ulaştığımızda Allah Resûlü (a.s.m.) erzakı istedi. Kendisine sevik (kavrulmuş buğday, arpa unu) getirildi. Onu su ile karıştırıp bulamaç yaptık ve ondan yedik..."[497]

---

[494] Tirmizî, 2/268; İbn Mâce, Et'ime 11, (3274).

[495] İbn Kayyim, *a.g.e.*, c. 5, s. 33.
İbn Kayyim bu hadiste haysı "hurma ve yağın karıştırılmasından yapılan" olarak açıklıyor.

[496] Nevevî, *a.g.e.*, 3/247; İmam Et'ime, 8/439-440.

[497] Et'ime, 8/442, 445.

ekmekten yapılan yemekler ve ekmek yerine geçen yiyecekler

Sevik

Ebu İbrahim Abdullah ibn Ebu Evfa şöyle haber vermiştir:

"Biz Resûlullah (a.s.m.) ile beraber bir seferde bulunduk. O oruçlu idi. Güneş battığı zaman oradakilerden birine *'Ey filan! Haydi (bineğinden) in de bize sevik karıştır'* buyurdu. O zat, 'ey Allah'ın Resûlü! Keşke geceyi bekleseydin' dedi. Resûlullah (a.s.m.) tekrar: *'Haydi in de bizim için sevik karıştır'* buyurdu. O kimse (devesinden) indi ve sevik bulayıp Peygambere (a.s.m.) getirdi. Hz. Peygamber de (a.s.m.) ondan içti ve sonra eliyle işaret ederek: *'Güneş şuradan (batı tarafından) battığı ve gece de şuradan (doğu cihetinden) geldiğinde oruçlunun iftar vakti girmiştir'* buyurdu."[498]

Riyazu's-Salihin'de "sevik" yemeği kavrulmuş unun, su veya sütle pişirilmesinden elde edilen çorba olarak tarif edilmektedir.

Tarifini verecek olursak:

<u>Malzemeler</u>

3 yemek kaşığı kavrulmuş tam buğday unu

4 su bardağı su

1 çay kaşığı tuz

<u>Hazırlanışı:</u>

Kavrulmuş buğday unu ve soğuk su karıştırılır. Ocağa koyulur. Koyulaşana dek karıştırılarak kaynatılır.

...

---

[498] Sahih-i Müslim, hadis no: 1842, Nevevî, *a.g.e.*, 5/508-509.

Bir diğer sevik tarifi ise şöyledir:
<u>Malzemeler</u>
3 yemek kaşığı kavrulmuş tam buğday unu
2 su bardağı su
2 su bardağı süt
1 çay kaşığı tuz
<u>Hazırlanışı:</u>
Kavrulmuş buğday unu ve soğuk su ve soğuk süt karıştırılır. Ocağa koyulur. Koyulaşana dek karıştırılarak kaynatılır.

Beşi'

Enes (r.a.) anlatıyor: "Resûlullah (a.s.m.) yün (elbise) giydi, yamalı papuç giydi." Ve Enes (r.a.) şunu da ilave etti: "Resûlullah (a.s.m.) beşi' yemeği yedi ve sert elbise giydi."

Enes'in (r.a.) râvîsi Hasen'e soruldu: "Beşi' dediğin yemek nedir?" O şu cevabı verdi: "Arpanın iri öğütülmüşüdür, ağızdaki lokmayı kişi, ancak bir yudum su ile yutabilirdi."[499]

Beşi' adı verilen bu yiyeceğin bir çeşit arpa kırması olduğu görülmektedir. Muhtemelen arpanın bozulmadan saklanabilmesi için işlem görmüş ve kurutulmuş olmalıdır. Sefer zamanlarında tüketildiğine dair bilgiler bulunan beşi' için bir darlık besini de denilebilir.

Kavut

Anadolu'nun özellikle kuzey doğusunda bir tatlı olarak yapılan kavutun temel malzemesi bir çeşit tahıldır. Karadeniz'e doğru gidildikçe mısır, Doğu ve Orta Anadolu'da buğday, kimi yerlerde de nohut kavut yapmakta kullanılmıştır. Kısırlık bulgur iriliğinde dövülen tahıl kavrularak saklanır. Daha sonra yöreye göre değişmek üzere pekmez, şeker, susam vb. malzemeler eklenerek lapası yapılır ve üzerine kızdırılmış yağ gezdirilerek servise alınır.

Türk Dil Kurumu'nun Yöresel Ağızlar Sözlüğü'ne göre kavut: "(1) Kavrulmuş ve dövülmüş tahıl ununun şeker ya da tatlı yemişle karışımı, helva, (2) kavrulduktan sonra öğütülen tahıl unu, (3) kurutulmuş armuttan çekilerek elde edilen un, (4) ince bulgur, (5) kavrulmuş buğday, (6) bulgur kepeği" anlamlarında kullanılmaktadır.

Resûlullah'ın (a.s.m.) sofrasındaki kavut genel olarak bu özelliği taşısa da hadiste sadece su ile ıslatıldığı bilgisi bulunmaktadır. Süveyd bin Nu'man (r.a.) anlatıyor:

---

[499] Kütüb-ü Sitte, hadis no: 6949.

ekmekten yapılan yemekler ve ekmek yerine geçen yiyecekler

"Hayber Seferi'ne Resûlullah (a.s.m.) ile birlikte ciktik. Hayber yakinlarinda olan Sahba'ya vardigimiz zaman Resûlullah (a.s.m.) ikindi namazını kıldı. Namaz bitince yiyecek getirilmesini ferman buyurdu. Sadece kavut getirilmişti. Bunun su ile ıslatılmasını emir buyurdu."[500]

Kavutun saklanması kolay bir yiyecek olduğundan savaşlarda erzak olarak kullanılmış, gerektiğinde su, bal, hurma ezmesi ile karıştırılarak değişik yiyecekler elde edilmiştir.[501]

Tarifini verecek olursak:

Malzemeler
1 su bardağı dövülmüş ve kavrulmuş buğday veya arpa
2 su bardağı su

Hazırlanışı:
Buğday veya arpa kırıkları sıcak su ile bir saat ıslatılır.

Kavut, beşi' gibi yemeğin yanında servise alınan bir temel tahıl ürünüdür. Muhtemelen saklanması ve kolayca ıslanıp yumuşayabilmesi için hafifçe kırılmıştır.

...

Avrupalı araştırmacıların, Resûlullah'ın (a.s.m.) beslenmesi üzerine yaptıkları çalışmalarda yapılan hadis çevirilerinde Türkçe çevirilerden farklı anlamlar içeren ya da farklı detaylara yer veren açıklamalara rastlamak mümkündür. Bunlardan bir tanesi 21 hadiste bahsi geçtiği ifade edilen arpa dövmesidir. Arpa dövmesi, kırıklanmış arpa anlamında da açıklanabilir. Resûlullah (a.s.m.) döneminde yaşlıca bir kadının pancar ve dövme arpadan bir yemek yaptığı, camiden çıkan cemaatin bunu severek alıp yediği İngilizce kaynaklarda da yer alan bir bilgidir.[502] Öğütülmüş arpanın Resûlullah (a.s.m.) ile Safiyye annemizin düğününde de yenen bir yemeğin yapımında kullanıldığı da anlatılmıştır. Tirmizî ve İbn Mâce, bu yemeği anlatırken düğün davetinde "hurma ve iri öğütülmüş arpa içeren bir şeyler sunulduğu" bilgisini aktarmakta; Buhârî ise bu yemeğin arpa unu, arpa kırığı ve hurmadan yapılan bir tatlı olduğunu aktarmaktadır.

İmam Gazali, *İhyâu-Ulûmi'd-dîn* adlı kitabının ikinci cildinde, herhangi bir kaynak kişi belirtmeksizin Resûlullah'ın (a.s.m.) elenmiş arpa unundan pişen ekmeği yediğini ve sirkeye doğranmış ekmeği sevdiğini ifade etmiştir.[503] Sûfi-zâde Seyyid Hulusi ise *Mecma'ul Âdâb* adlı eserinde yer verdiği bir hadiste bereket olan üç şey sayılırken "arpayı buğdayla karıştırmak"tan da bahsedildiğini ifade ediyor.

---

[500] Kütüb-ü Sitte, hadis no: 3659; Et'ime, 8/442, 445.
[501] Akgün, "Hazreti Peygamber Döneminde Yemek Kültürü", 2007.
[502] Buhârî, c. 2, kitap 13, sayı 60; c. 3, kitap 39, sayı 539; c. 7, kitap 65, sayı 315; c. 8, kitap 74, sayı 265.
[503] Gazali, *a.g.e.*, 2/884-885.

Yapılan çorbalar

Arpa ve arpa unundan yapılan çorba

ARPANIN ÇORBALARI, ekmeği yapıldığı gibi kimi yerlerde et yemeklerine, hatta bir anlatıda pancar kökünden yapılan bir yemeğe ilave edildiği de görülmektedir. Resûlullah (a.s.m.) arpadan un yapıldığında bunu kepeği ile tüketmeyi tercih etmiştir. Elenmemiş hâli ile ekmek, irice elekten geçirilmiş hâli ile

Arpa çorbası

yapılan çorbalar

çorba yapıldığı ifade edilmektedir. Kendisinden sonra da bölgedeki hekimlerin arpa suyu ve çorbasını hastalıkları tedavi etmede kullandıkları bilinmektedir.

Hatta bugün tarhana adıyla bildiğimiz malzemenin, suda kaynatılmış arpadan yapılan bir ürünle bağlantılı olduğunu gözlemlemek mümkündür. Arap Mutfağı'nda "kişk, kişka, kişkab" adlarıyla bahsedilen arpa suyunun bir türevi olan "keşk'üş şa'ir" Farsça karşılığı "terhine"dir. Zamanla arpadan yapıldığı gibi buğdaydan da yapılan terhine, "tarhvana" adını alan koyu kıvamlı bir çorbaya dönüşmüştür.[504]

Telbine[505]

Hz. Aişe'den (r.anha) nakledildiğine göre, Hz. Peygambere "Falanın ağrısı var, yemek yiyemiyor" denilince: *"Size telbineyi tavsiye ederim. Ona bundan yedirin"* derdi. Ayrıca, *"Nefsim kudretinde olan Allah'a yemin olsun ki, telbine, birinizin yüzündeki kiri yıkaması gibi karnınızı yıkar"* buyururdu. Hz. Aişe, bir ölünün yakınları için telbine pişirilmesini söylemiş, çömlek içinde telbine bulamacı pişirilmiş, tiriti yapılıp telbine tiride dökülmüş ve yenilmiştir. Telbine, kepekli arpa unundan yapılan süt kıvamında ince çorba/bulamaçtır. Telbine ile arpa çorbası arasındaki fark, arpa çorbasının arpa öğütülmeden; telbinenin ise arpanın öğütülerek pişirilmesidir. Telbine, arpa çorbasına göre daha koyu kıvamlı ve hazmı daha kolay bir çorbadır. Telbine çorbası; arpa unu, yağ, su ile yapılan bir çorbadır, bazen tatlandırıcı olarak bal da katılır.

Tarifini verecek olursak:
<u>Malzemeler</u>
1 yemek kaşığı sade yağ
2 yemek kaşığı tam arpa unu
1 lt su
Bir fiske tuz
İsteğe bağlı olarak bal
<u>Hazırlanışı:</u>
Yağ eritilir. Tam arpa unu ilave edilir, kavrulur. Soğuk su eklenir, karıştırılır. Tuz eklenir, karıştırılır. Servise alınırken istenirse bal eklenebilir.

---

[504] Tapper; Zubaida, *a.g.e.*, s. 112. (Çorbalar konusunda terhine ile ilgili detaylı bilgi verilecektir.)
[505] Ahmed bin Hanbel, VI, 79, 152; Et'ime, Tıbb 8, Et'ime 24; Müslim, Selam 90, (2216), İbn Mâce, Tıbb 5. Telbine: Arpa bulamacı, öğütülmüş arpa suyu bulamacı. (*İbn Kayyim, a.g.e.*, c. 5, s. 25.)

Telbine

Bahsi geçen telbine tekniği ile yapılan 'arpa çorbası' için ise şöyle bir tarif yazılabilir.

<u>Malzemeler</u>
1 yemek kaşığı sade yağ
1 çay bardağı tane arpa
1 lt su
Bir fiske tuz

<u>Hazırlanışı:</u>
Yağ eritilir, arpa kavrulur. Tuzlu su ilave edilir, kaynatılır.

Harira

Adına harira dedikleri ve arpa ezmesinden oluşan bir un çorbası yapılıyor, çorbanın unu süt içinde pişiriliyordu.[506]

Tarifini verecek olursak:

<u>Malzemeler</u>
3 yemek kaşığı arpa
1 lt süt
½ lt su

---

[506] Arman Kırım, *Hürriyet* gazetesi, 16 Ekim 2005.

yapılan çorbalar

Harira

Hazırlanışı:
Arpa kaynatılır, kurutulur, ezilerek un hâline getirilir. Su ve süt ilave edilerek kaynatılır.

Nasa[507]

Zâdul Meâd'da arpa suyunun yapılışı, İbn Kayyim el-Ceziyye tarafından şöyle anlatılmaktadır: 1 ölçek kırılmış arpa ile 5 ölçek su karıştırılır, su ¾ oranına gelene kadar kaynatılır ve karışımın rengi sütlü olur. Tanelerinden ayrılarak tatlandırılır. Servise alınır.[508] Bu tarifteki arpa suyu daha çok hastalık zamanlarında içilen arpa çorbasını ifade etmektedir.

Bir başka tarif verecek olursak:
Malzemeler
1 kâse arpa yarması (dövme)
5 kâse su
Hazırlanışı:
Arpa yarması (dövmesi) yıkanır. Su ile karıştırılır. Kısık ateşte, arpa iyice eriyip suya rengini verene dek kaynatılır. Ardından servise alınır.

[507] İbn Kayyim, *a.g.e.*, c. 5, s. 54; İbn Kayyim, *Tıbbu'n Nebevi*, s. 359.
[508] İbn Kayyim, *a.g.e.*, c. 5, s. 54.

Nasa

Keşk

On birinci yüzyıl Arap Mutfak Kültürü'nde, kesilmiş süte "kaşk," arpa ile yapılmış, kesilmiş süt ürününe "kaşkin," top top kurutulmuş ayran tortusuna ise "kaşka" deniyordu. Türk Mutfağı'nda bizim, "keş" dediğimiz şey, tam da bu kurutulmuş top top, kesilmiş süt ürünüdür.

Keşk tariflerini okurken tarhananın bu üründen türetilmiş bir yeni tahıllı süt türevi olduğunu gözlemliyoruz. İbn Meymun'a göre arpalı keşk bir ilaç karışımıdır. Daha sonraları "terhine" adını alan koyu bir tahıl çorbası olmuştur.

Eski Mekke Mutfağı okumalarında ara satırlarda, "tarf" adında bir yiyecekten bahsedildiği görülmektedir. Zemahşerî'ye göre tarf; "rahbin" sözcüğünün karşılığıdır. Rahbin; ekşimiş süt, yayıktan arta kalan ayran ya da bunlarla tatlandırılmış herhangi bir şey ekşi ya da taze sütle yapılmış bir yemek olarak tarif edilmektedir. Vuller'e göre tarf; peynir, un ve süt asidinden yapılan rengi siyaha dönüşmüş bir yemektir. Tarf beyaz da olabilir. Koyulaşmış ekşi süt kışın kullanılmak üzere güneşte kurutulur.[509]

Bu, Türk Mutfağı'nda "tarhana" olarak adlandırılan yiyeceğin bir çeşididir.

---

[509] Ortadoğu Mutfak Kültürleri, ss. 111.

yapılan çorbalar

Tarhananın evrimine ve Resûlullah'ın (a.s.m.) içtiği, içilmesini tavsiye ettiği arpa çorbası ile olan bağına dikkat etmekte fayda vardır.

Arpa çorbası ya da arpa suyu çorbası yapılırken üç gün suda ıslatılan kabuksuz tahıl öğütülür ve una dönüştürülür. Bu coğrafyada yine bu, "keşk" adıyla bilinen bir üründür. Lübnan mutfak literatüründe, Arapça "kişk-i şami," kişk katılmış taze sebze yemekleri anlamında kullanılan bir tamlamadır. Kişk-i şami yapılırken, buğday iri öğütülür temizlenir, kaynatılır, kurutulur. Kepeğinden ayrılır. Su ilave edilerek yoğrulur. Maya eklenerek hamura dönüştürülür. Geceleri üstü örtülerek altı gün güneşte bekletilir. Bu ekşi hamura ince kıyılmış pırasa, taze kişniş, sedef otu, soğan, patlıcan, kabak, lahana, ekşi küçük erik gibi sebzeler ve koruk suyu katılır. Tekrar yoğrulur ve güneşte beş gün bırakılır. Yassı yuvarlak parçalar yapılarak pişirilir. Kimi tariflerde su yerine ekşi süt, sebze yerine nane ve kereviz kullanıldığı kaydedilmiştir.[510]

Başka bir kişk tarifinde, buğday irice dövüldükten sonra kaynatılır. Kuruyunca tekrar dövülüp nohut eklenir ve 15 gün ekşimeye bırakılır. Güneşte bırakılan nohut buğday karışımı iyice kuruyunca ekşi süt eklenir. Tuz, nane, kereviz, semizotu, sedef otu, kişniş, kabak hamura eklenir. Yassı yuvarlak şekil verilip güneşte kurutulur.

Zubaida ve Tapper, edite ettikleri Sallenave'nin yaptığı çalışmaya dayanarak "kişk" yemeğinin izini sürmüşlerdir. Sallenave, makalesinde *k'aşken* kelimesinin Arpa ekmeği demek olduğunu, Arapça'da tahıl ve sütten yapılan dayanıklı yiyecek anlamına da geldiğini ifade etmiştir.[511]

Doğumundan sonra ilk çocukluk çağını Bedevilerle yaşamış olan Resûlullah (a.s.m.) çöl mutfak kültüründen beslenmiş ve muhakkak değişik süt ürünleri tüketmiştir. Bunlardan birinin kişk olduğu ise kesindir. Çünkü kişk saklanabilir bir yiyecektir ve kış ayları için çok uygun olmasıyla birlikte hastalıkları tedavi etmekte kullanıldığından sıklıkla yapılmış olmalıdır. Kişk çeşitleri çorba, hamur işi ve omlet yapımında kullanılır. Dağ köylerinde kavrulmuş et ve sarımsakla kışın tüketilir.

Kişk kelimesini, Orta Doğu boyunca izlendiğimizde, karşımıza yine tarhanayla, hatta tarhananın hem arpa hem de buğdayla yapılan değişik çeşitleriyle karşılaşıyoruz. Zenker, 1866 yılında kişk için "arpa ya da buğday ve et suyuyla yapılmış çorba ya da lapa" tanımını yapmış, Kelekian, 1911'de küçük küçük kesilmiş etle kaynamış lapa olduğunu kaydetmiştir. Suriye'de, Halep'te ise "kişkah" adı verilen

---

[510] Tapper; Zubaida, *a.g.e.*, s. 108-130.
[511] A.g.e., s. 110-130.

bir yemek karşımıza çıkmaktadır. Kişkah; dövülmüş buğday, damla sakızı, tarçın, kurfa, zeytinyağı ve susam ile hazırlanan yemeğe verilen addır.

Muharrem ayında "aş-ı halim" adı verilen bir tür çorba yapılırdı. İran'da yapılan bu çorbaya et, buğday, kaşk katılırdı.

Harira tarifi:
Malzemeler
1 avuç arpa tarhanası (kişk)
1 lt su
Hazırlanışı:
Arpa kaynatılır, yoğurt eklenerek yoğrulur. Birkaç gün sıcak ortamda mayalanır, bekletilir kişk yapılır. Su ile ıslatılır, kaynatılır. (Hariranın yapımında kişk kullanıldığı için bu tarifi verildi. Ayrıca "arpa tarhanası" kişk ve bahsedilen diğer türevlerinin ortak tanımıdır.)

Deşişe

Resûlullah'ın (a.s.m.) adıyla anılan, deşişe çorbası, "deşişe-i Resûlullah" Harameyn'de fakir insanlar için pişirilen bir çorba olarak bugüne kadar varlığını sürdürmüştür. Osmanlı döneminde özel bir önem verilen deşişe çorbasının fakirlere dağıtılması için buğday tarlalarının tahsis edildiğine dair bilgiler aktarılmaktadır. Deşişe, iri parçalar hâlinde dövülerek öğütülen buğday ve arpadan yapılmaktadır. Tariflerde iri parçalar hâlindeki arpa ya da buğday dövmesine et ya da hurma ya da her ikisinin de katıldığı bilgisi aktarılmaktadır.[512] Buna göre deşişe, birbirinden farklı en az dört şekilde yapılıyor olmalıdır. Resûlullah'ın (a.s.m.) beslenmesindeki en önemli tahılın arpa olduğu bilgisinden hareketle bu çorba için yazılacak en iyi ve sıhhatli tarifin arpa dövmesi, hurma ve/veya et ile yapılanı olduğu kanısına sahibim.

Tarifi verecek olursak:
Malzemeler
1 su bardağı arpa dövmesi
100 gr çekirdekleri çıkartılmış hurma
1 lt su

---

[512] Akgün, "Hazreti Peygamber Döneminde Yemek Kültürü," 2007; Fatma Toksoy, "Peygamberimizin Sofrası-1," *Milli Gazete*, 13 Nisan 2013.

yapılan çorbalar

Deşişe

<u>Hazırlanışı:</u>
Arpa dövmesi bir gece önceden ıslatılır. Suyu ile beraber tencereye koyulur. Hurma ezilir ve karışıma eklenir. Arpa yumuşayıncaya kadar kaynatılır.

Arpa ve arpa ürünlerinden yapılan yemekler

Arpalı pancar yemeği

ÜMMÜ'L-MÜNZİR BİNTİ KAYS (r.anha) anlatıyor:
"Beraberinde Ali (r.a.) olduğu hâlde Allah Resûlü (a.s.m.) yanıma girdi. Ali (r.a.) bu sırada (geçirdiği bir hastalığın) nekâhet devresinde idi. Evimizde busr (hurma çağlası) salkımları asılı idi. Resûlullah (a.s.m.) ondan yemeye başladı. Ali de yemek üzere kalktı. Resûlullah (a.s.m.) Ali'ye yönelerek *'Ağır ol! Ağır ol! Sen daha nekâhet dönemindesin!'* dedi ve Ali bırakıncaya kadar tekrarladı."

Ümmü'l-Münzir anlatmaya devam ederek "Ben arpa ve çöğender (kırmızı pancar) otundan yemek pişirip getirdim. Resûlullah (a.s.m.), *'Ey Ali!'* buyurdular, *'bundan al, bu sana daha faydalı'* dedi."[513]

Arpalı pancar yemeğinin tarifini verecek olursak:
Malzemeler
3 adet kırmızı pancar yaprağı
1 çay bardağı arpa dövmesi
1 yemek kaşığı sade yağ

---

[513] Kütüb-ü Sitte, hadis no: 3995; Ebu Dâvûd, Tıbb 2, (3856); Tirmizî, Tıbb 1, (2038).
Hadiste adı geçen 'çöğender' için İbn Kayyim 'deniz pancarı' demiştir ve pazı başlığı altında bahsetmiştir. 'Savtal' adı ile de bilinen bu pancarın kırmızı havuç olduğu da söylense de yapraklarının da pişirildiği ifadelerinden bugünkü Türkçe adıyla 'kırmızı pancar' olma ihtimali daha yüksektir.

arpa ve arpa ürünlerinden yapılan yemekler

Arpalı pancar yemeği

<u>Hazırlanışı:</u>
Arpa yağ ile kavrulur. Üzerine su eklenir çektirilir. Kırmızı pancar yaprakları el ile parçalanır. Pancar yaprakları eklenir, kısık ateşte on dakika pişirilir.

* * *

Sehl bin Sa'd (r.a.) anlatıyor:
"Biz cuma günü olunca sevinirdik. Çünkü bizim yaşlı bir kadın akrabamız vardı. Pazı kökü bulur, tencereye koyar, üzerine de arpa öğütüp ilavede bulunurdu. Vallahi, bunun içinde ne kuyruk yağı ne de iç yağı olurdu. Cuma namazını kıldık mı, mescitten ayrılır, o ihtiyar kadına selam verip hanesine girerdik. O da mezkûr yemeği önümüze koyardı. İşte bu sebeple biz cuma olunca sevinirdik."[514]

Bu yemeğin tarifi şöyleydi:
<u>Malzemeler</u>
3 adet kırmızı pancar
½ su bardağı arpa dövmesi
Su

---

[514] Et'ime 17, Cuma 40, 41, Hars 21, İsti'zan 16, 39; Müslim, Cuma 30, 32, (859, 860).

resûlullah'ın (a.s.m.) sofrası

Arpalı pancar yemeği 2

<u>Hazırlanışı:</u>

Arpa az su ilavesi ile haşlanır. Bir toprak tencereye kırmızı pancarlar doğranarak koyulur. Pancarlar kendi suyunu salıp çekene kadar kısık ateşte pişirilir. Ve sonra üzerine haşlanmış arpa ilave edilip birkaç dakika daha pişirilir. Ardından servise alınır.

Arpalı düğün yemeği

Arpalı düğün yemeği

Arpalı düğün yemeği de arpadan yapılan bir tür yemek çeşididir. Bu yemeğin tarifini verecek olursak:

<u>Malzemeler</u>
5-6 adet hurma
1 su bardağı arpa dövmesi
2 yemek kaşığı arpa unu
4 su bardağı su

<u>Hazırlanışı:</u>
Arpa dövmesi, kaynatılmış iki bardak su ile bir saat ıslatılır. Hurmaların çekirdekleri çıkartılır ve ezilir. Ezilen hurma ve arpa dövmesi un ilave edilerek yoğrulur, şekillendirilerek servise alınır.

Ümmü Süleym yemeği

Enes bin Mâlik (r.a.) şöyle dedi:

"Annesi Ümmü Süleym bir müd ölçek arpayı alarak kalınca un şeklinde öğüttü ve ondan bir kısmını süt bulamacı yaptı. Bunun üzerine de yanındaki yağ tulumundan bir miktar yağ sıktı. Sonra beni Allah Resûlü'nün (a.s.m.) yanına geldi-

Ümmü Süleym yemeği

ğimde o mescitte ashabı ile oturmakta idi...⁵¹⁵ Resûlullah (a.s.m.): *'Ey Ümmü Süleym yanında olanları getir'* buyurdu. O da bu ekmeği getirdi. Resûlullah (a.s.m.) emredip ekmekleri parçalattı. Ümmü Süleym, yağ tulumunu sıkarak o ekmek parçaları üzerine yağ sürdü..."⁵¹⁶

Ümmü Süleym yemeğinin tarifini verecek olursak:

<u>Malzemeler</u>

1 çay bardağı kalınca öğütülmüş tam arpa unu
2 su bardağı süt
1 yemek kaşığı zeytinyağı

<u>Hazırlanışı:</u>

Tam arpa unu süt ile bulamaç hâline getirilir. Üzerine zeytinyağı gezdirilerek servise alınır.

---

⁵¹⁵ Et'ime, 2/481.
⁵¹⁶ Nevevî, *a.g.e.*, 3/247; Et'ime, 8/439-440.

Sütler ve süt ürünleri

Anne sütü

ANNE SÜTÜ, BEBEK BESLENMESİNİN temelini oluşturur. En az altı ay emzirilmesi gerektiğini bildiğimiz bebeklerin altıncı aydan itibaren anne sütü ile birlikte ek besinlere başlamaları uygundur. Bebeğin ne kadar süre emzirileceğine dair bugün de annelerin aklında karışıklık oluşturabilecek bilgiler verilmektedir. Açık bir şekilde Rabbimiz ayetle bebeğin iki yıl emzirilmesini buyurmuştur. Hakkında ayet olan herhangi bir şey için şüpheye düşmeye de gerek yoktur: "Biz insana anne ve babasını (onlara iyilikle davranmayı) tavsiye ettik. Annesi onu, zorluk üstüne zorlukla (karnında) taşımıştır. Onun (sütten) ayrılması, iki yıl içindedir. Hem bana, hem anne ve babana şükret, dönüş yalnız Bana'dır."[517]

Hayvan sütleri

Resûlullah'ın (a.s.m.) Miraç gecesi kendisine ikram edilen iki tas dolusu içecekten bahsedilmektedir. Birinde şarap, birinde süt olan bu iki kaptan süt dolu olanı alan Resûlullah (a.s.m.) ümmeti için içecek olarak sütü tercih etmiştir.[518] Sütte ayetlerde bir nimet olarak anılmıştır: "Kuşkusuz sizin için hayvanlarda da büyük bir ibret vardır. Zira size, onların karınlarındaki fışkı ile kan arasından

---

[517] Lokmân sûresi, 31:14.
[518] İmam Müslim, 6/238; Abdulbaki, s. 771, hadis no: 1308.

(gelen), içenlerin boğazından kolayca geçen halis bir süt içiriyoruz."[519]

"Görmediler mi ellerimizin yaptıklarından kendilerine nice hayvanlar yarattık ta kendileri onlara mâlik olmaktadırlar. Onları kendilerine boyun eğdirdik. İşte binekleri onlardandır ve onlardan yiyorlar. Kendileri için onlarda daha birçok faydalar ve içecekler var. Hâlâ şükretmiyorlar mı?"[520]

Resûlullah'ın (a.s.m.) içtiği sütlerle ilgili birçok bilgi edinmekteyiz. Örneğin, Berâ b. Âzib'den aktarılan "... Allah Resûlü (a.s.m.) susamıştı. O esnada oraya bir çoban uğradı. Ebu Bekir dedi ki: 'Ben bir kap aldım ve bir miktar süt sağdım. Allah Resûlü (a.s.m.) bu sütten içti ve ben de bundan razı oldum'"[521] hadisinde Resûlullah'ın (a.s.m.) bir hayvandan sağılmış sütü hemen içtiği bilgisi yer almaktadır. Sağılır sağılmaz içinde herhangi bir mikroorganizma oluşmamış olan sütün içilmesi bugün de tavsiye edilmektedir. Resûlullah (a.s.m.) bunu binlerce yıl önce uygulamış ve bize bu konuda da örnek olmuştur.

Bir hayvanın doğum yaptıktan sonra salgıladığı ilk süt olan ağzın da Safvan bin Ümeyye tarafından Resûlullah'a (a.s.m.) bir miktar süt, ceylan yavrusu eti ve ufak cins salatalık ile beraber gönderildiği bilgisi de vardır.[522] Laktoz oranı normal süte göre düşük, fakat mineral, vitamin, protein ve yağ değerleri daha yüksek olan ilk süt, bağışıklık sistemini güçlendirmesi nedeniyle çok değerlidir.

İbni Ömer, Resûlullah'ın (a.s.m.) bir gün *"Keşke şimdi yanımda esmer buğdaydan, tereyağı ve süte banılmış beyaz bir ekmek olsa"* buyurduğunu anlatır.[523] Bu hadisten Resûlullah (a.s.m.) sütle ıslatılmış, süte banılmış ekmeği arzuladığı o gün olmasa da daha önceki bir zamanda yemiş olduğunu anlarız. Hayatı boyunca yeryüzünde bir bolluğa uğramamış olan Efendimiz (a.s.m.) muhtemelen bu şekilde buyurduğu zaman da yiyeceği yok denebilecek kadar azdı, belki de yoktu... Nitekim sütle ilgili hadislere bakıldığında çoğunun açlık zamanlarına dair anlatıları içerdiğini görmek mümkündür.

Hz. Mikdat bin Esved'den aktarılan olay şöyledir:

> "Ben ve arkadaşım (bir yerden) geldik. Açlıktan nerede ise gözlerimiz, kulaklarımız gidiyordu. Hemen halka maruzatta bulunmağa başladık. Fakat bizi kimse kabul etmedi. Nihayet Peygambere (a.s.m.) geldik. Bizi evine götürdü. Bir de baktık üç tane keçi! Peygamber (a.s.m.): *'Bu sütü aranızda paylaştırın'* buyurdu."[524]

---

[519] Nahl sûresi, 16:66.
[520] Yâsîn sûresi, 36:71-73.
[521] Müslim 6/237; Abdulbaki, ss. 559, 771, hadis no:1307.
[522] İbn Kayyim, *a.g.e.*, c. 2, ss. 425-426.
[523] A.g.e., c. 5, s. 33.
[524] Ahmed Davudoğlu, *Sahih-i Müslim Tercüme ve Şerhi*, 8/446; Ebu Dâvûd, 13/376-377.

Ebu Hureyre'den (r.a.) rivayet edilen başka bir olayda şöyledir:

"Bana şiddetli bir açlık isabet etmişti. ... Ömer'in evinden fazla uzaklaşmadan bitkinlik ve açlıktan dolayı yüzüstü düştüm. Birdenbire Allah Resûlü'nü (a.s.m.) başucumda ayakta durur bir hâlde gördüm. Bana *'Ey Ebu Hureyre!'* diye seslendi. Ben de 'Buyur ey Allah'ın Resûlü emrine amadeyim' dedim. Bunun üzerine Allah Resûlü (a.s.m.) elimden tuttu ve bendeki bu durumun açlık nedeniyle olduğunu anladı. Beni evine götürdü. Hemen benim için büyük bir bardak süt emretti. Ben ondan içtim. Sonra Resûlullah (a.s.m.) bana: *'Tekrar iç ey Ebu Hureyre'* buyurdu. Ben bir bardak daha içtim. Sonra Resûlullah'ın (a.s.m.) *'Bir daha iç'* buyurdu. Ben de içtim ve açlığım tamamen gitti..."[525]

Açlık hâllerinde Hicaz halkı, otlamakta olan hayvanların sütlerini sahiplerinden izinsiz almaya başlayınca Resûlullah (a.s.m.), bu konuda bir şeyler söyleme ihtiyacı duymuştur.

Semüre b. Cündeb anlatıyor:
"Resûlullah (a.s.m.) buyurdular ki: *'Sizden biriniz sağmalı hayvanların bulunduğu bir sürüye uğradığında, sahibi orada ise izin alsın, izin verirse süt sağıp içsin, sürü başında kimse yok ise, üç sefer seslenip sahibini arasın, cevap veren olursa ondan izin alsın, hiç kimse cevap vermezse sağsın ve içsin, fakat kabına doldurup götürmesin.'*"[526]

Resûlullah'ın (a.s.m.) beslenmesinde süt büyük bir yer tutmaktadır. Ümmü Seleme'den (r.anha) rivayet edilen bir cümlede "Resûlullah (a.s.m.) ile beraber geçimimizin büyük bir kısmını süt oluştururdu" sözü bu tespiti destekler niteliktedir.[527]

Hz. Aişe (r.anha) "Resûlullah (a.s.m.), kendisine süt sunulduğu vakit: *'(Süt) bir berekettir'* veya *'(Süt) iki berekettir'* derdi"[528] buyuruyor. Resûlullah (a.s.m.) sütü genel olarak su ile karıştırıp içmiştir. Kendisine içerisine bal ilave edilmiş bir kap süt ikram edildiğinde bunu kabul etmemiştir. Bu tavrı insanların gözünde bal ilave edilmiş sütün haram olduğu kanısını oluşturmasın diye "*Bu haramdır demiyorum... ben tevazuyu severim*" demiş, et ve yağın birleştirilmesi ile ilgili kanaatine benzer bir biçimde bir kapta iki yemeğin ve iki içeceğin olmayacağını söylemiştir.

---

[525] İmam Et'ime, 8/434-435. Konu ile ilgili bir başka hadis şöyledir: İbni Ömer anlatıyor: "Resûlullah (a.s.m.) buyurdular ki: *'Kimse kardeşinin hayvanını, iznini almadan sağmasın. Sizden kim, odasına başkalarının girip hazinelerini kırmasından, yiyeceklerini saçıp dağıtmasından hoşlanır? Tıpkı bunun gibi, hayvanlarının memeleri de onlar için yiyeceklerinin hazineleri durumundadır. Öyleyse kimse izin almadan başkasının hayvanını sağmasın.'*" [Tirmizî, 1/687; Et'ime, Lukata 8; http://www.enfal.de/Et'ime /index.htm, Erişim tarihi: 23.11.2014. Müslim, Lukata 13, (1726).]
[http://www.enfal.de/muslim/muhtelif/indexana.htm, Erişim tarihi: 23.11.2014; Ebu Dâvûd, Cihad 93, (2619); http://www.enfal.de/ebudavud/cihad/index.htm, Erişim tarihi: 23.11.2014.]

[526] Ebu Dâvûd, Cihad 93, (2619); http://www.enfal.de/ebudavud/cihad/index.htm, Erişim tarihi: 23.11.2014. Tirmizî, 1/687.

[527] Yeniçeri, *a.g.e.*, 2009, s. 130.

[528] Kütüb-ü Sitte, hadis no: 6941.

...

Bugün beslenme uzmanı ve diğer bilim adamlarının görüşleri sıcak süte bal ilave etmenin besin değerini olumsuz etkilediği yönündedir. Özellikle suda eriyen B grubu ve C vitaminlerinin ısının etkisiyle yok olduğunu biliyoruz. Sadece lezzet sağlamak adına balı süte sıcakken karıştırmak yerine yine Resûlullah'ın (a.s.m.) *"yiyeceği soğutunuz"* tavsiyesine de uyarak yenebilir, içilebilir ısıdaki ılık süte bal eklemek, hem bilimsel hem de dinî anlamda daha uygundur, doğrudur.

Peynir, yağ ve yoğurt

Hadislerde kuru peynirin, kurutulmuş yoğurdun ve tereyağının adı geçer. Ayrıca İbni Abbas'tan (r.a.) aktarılan bir olayda teyzesinin Resûlullah'a (a.s.m.) kimi kaynaklarda keş olarak da çevrilmiş olan süzme peynir gönderdiği, Resûlullah'ın da (a.s.m.) kendisine hediye edilen bu peynir ve beraberindeki tereyağından yediği anlatılmaktadır.[529]

Küçükbaş hayvan ve deve yetiştiriciliğinin yapıldığı bir coğrafyada peynir ve yoğurdun yapılmadığını düşünmek olanaksızdır. Arap Mutfak Kültürü'nün peynir açısından zengin olduğunun delilleri görünse de bu konuda kaynağa rastlamak neredeyse mümkün değil...

Hellim, labne, akıt ya da ekit adı verilen lor gibi peynirlerin Arap Mutfak Kültürü'nde bulunduğu, keş gibi kurutulmuş yoğurt çeşitlerinin yapıldığı, Resûlullah'ın da (a.s.m.) benzeri ürünleri tükettiği değişik kaynaklarda ifade edilmektedir.[530] Yine Resûlullah'ın (a.s.m.) düğünlerinden edindiğimiz bilgiye göre hays yemeğinin de süzme yoğurt ya da süzme peynirden yapıldığı bilinmektedir.[531]

İbni Ömer'den rivayet olunan Tebük Seferi'ne dair bir anlatıda Resûlullah (a.s.m.) getirilen bir parça peyniri bıçakla kestiği ifade edilmektedir. Yiyeceklerin kesilmemesine dair yaygın kanıyı etten sonra peyniri de keserek bozan Resûlullah'ın (a.s.m.) bu tavrı inşallah bugüne de örnek oluşturur ve kemikleşmiş fikirleri değiştirir.[532]

Enes (r.a.) şöyle dedi: "Resûlullah (a.s.m.) Safiyye binti Huvey'i azat etti ve onunla evlendi. Azat edilmesini onun mehri kıldı. Velime olarak da hurma, süzme yoğurt ve yağdan yapılan hays yemeği verdi."[533]

---

[529] İmam Müslim, 6/161; Et'ime ve Müslim'in ittifak ettiği hadisler, s. 754, hadis no: 1274; İmam Et'ime, 8/453.
[530] Yeniçeri, *a.g.e.*, 2009, s. 130.
[531] İmam Et'ime, 8/272, 453.
[532] Ebu Dâvûd, 13/452; İbn Kayyim, *a.g.e.*, c. 5, s. 28.
[533] Tirmizî aktarımına göre yemek kavut ve hurmadandır. *(1/570; İmam Et'ime, 8/272.)*

Ümmü Seleme (r.anha) annemize haber gönderip on dirhem istedi. Gelen parayı Hz. Ali'ye uzattı ve: "Ya Ali! Bir miktar hurma, biraz tereyağı biraz da yoğurt al gel" buyurdu.

Hz. Ali siparişleri alıp huzura getirdi. İki Cihan Güneşi Efendimiz hurmaları bir kaba boşaltıp mübarek elbisesiyle ezdi. Biraz un, yoğurt ve tereyağı ile karıştırarak tatlı bir düğün yemeği yaptı. Arapların meşhur "hays" adını verdikleri bu yemeği tabaklara koydu.[534]

Hays (heys')[535] tarifini verecek olursak;

Malzemeler

400 gr kuru ekmek

130 gr çekirdeksiz taze hurma

100 gr dövülmüş badem

66 gr susam yağı

100 gr bal

Hazırlanışı:

Kuru ekmek ezilir ve taze hurma ile yoğrulur. Badem eklenir ve yoğrulmaya devam edilir. Üzerine içinde baharat kızartılıp rafine edilmiş susam yağı eklenip yoğrulur ve top top yapılır. Üzerine bal ilave edilir.

...

Hays, hurma, ekıt ve de tereyağının karıştırılmasından oluşturulan yemeklerdir. Ekıt, yağı alınmış ve kurutulmuş koyun ya da keçi yoğurdu demektir. Hz. Peygamberin Safiyye ile evlenmesinden bahseden rivayette bu malzemelerin deri sofralar üzerinde karıştırılıp, düğün yemeği olarak ikram edildiği anlatılmıştır. Hays yemeği Hz. Peygamberin Safiyye'den (r.anha) başka Zeynep binti Cahş, Meymune binti Hâris (r.anha) ile de evliliği sırasında verdiği düğün yemeğidir.[536]

Hadislerden elde edilen bilgiye göre ise hays, şu şekilde yapılmaktadır:

Hays

Malzemeler

Yağı alınıp kurutulmuş koyun ya da keçi yoğurdu

Hurma

Un

Tereyağı

---

[534] http://www.biriz.biz/sahabiler/peykiz4.htm, kaynak: Mustafa Eriş, *Altınoluk dergisi,* Erişim tarihi: 10.07.2014.

[535] el Kerim, *Kitâbü't-Tabih,* ss. 165-166. (Bu esas alınarak hadislere ve o günün koşullarına göre yeniden düzenlenmiş tariftir.)

[536] Akgün, "Hazreti Peygamber Döneminde Yemek Kültürü," 2007.

Hays

Hazırlanışı:
Malzemeler bir kapta karıştırılarak, temiz bir bez veya el ile yoğrulur.

ŞİFA KAYNAĞI OLARAK BAL

Yukarıda zikredilen yiyecekler dışında balı da burada zikredelim istedik. Bu bağlamda ayet ve hadislerde de bal hakkında bir şeylerin söylendiğine rastlamak mümkün.

Öyle ki; Resûlullah'ın (a.s.m.), *"İki şifa kaynağını elden bırakmayın: Bal ve Kur'ân"*[537] diyerek Kur'ân-ı Kerim ile birlikte andığı bal hakkında şöyle bir ayet bulunur: "Rabbin bal arısına vahyetti: Dağlarda, ağaçlarda ve onların kurdukları çardaklarda kendine evler edin. Sonra meyvelerin tümünden ye, böylece Rabbinin sana kolaylaştırdığı yollarda yürü-uçuver. Onların karınlarından türlü renklerde şerbetler çıkar, onda insanlar için bir şifa vardır. Şüphesiz düşünen bir topluluk için gerçekten bunda bir ayet vardır."[538]

---

[537] Suyuti, 4/342, hadis no: 5534.
[538] Nahl sûresi, 16:68-69.

Kaynaklarda, Resûlullah'ın (a.s.m.) eşleri arasında bal şerbetinin de vesile olduğu bir kıskançlık vakası yer alır. Resûlullah'ı (a.s.m.) çok üzmüş olan bu olay kendisinin hanımı Zeyneb binti Cahş'ın (r.anha) yanında, orada içtiği bal şerbeti[539] nedeniyle biraz uzunca kalmasının Hz. Aişe'nin (r.anha) bu durumu kıskanması sonucu yaşanmıştır. Hz. Aişe'den (r.anha) rivayet olunduğuna göre Resûlullah (a.s.m.) helvayı ve balı severdi.[540]

Fâlüzec (bal helvası)

İbni Abbas (r.a.) anlatıyor:

"Fâlüzeci ilk işitmem şöyle oldu: Cebrail aleyhisselâm Resûlullah'a (a.s.m.) gelip: 'Ümmetine yeryüzü açılacak. O zaman onlara dünyalık bol bol akacak. Öylesine akacak kifâlüzec bile yiyecekler' dedi. Bunun üzerine aleyhissalâtu vesselam: '*Fâlüzec nedir?*' diye sormuş, Cebrail aleyhisselâm: 'Yağ ve balı karıştırıp yapılan helva' diye açıklamıştır. Resûlullah (a.s.m.) bu haber karşısında hıçkıra hıçkıra ağlamıştır."[541]

Fâlüzec (bal hevası)

---

[539] Ebu Dâvûd, 13/336-337.
[540] Ebu Dâvûd, http://www.enfal.de/, Erişim tarihi: 19.06.2012; Tirmizî, 2/261; Et'ime, 8/469.
[541] Kütüb-ü Sitte, hadis no: 6948.

Enes bin Şirin (r.a) dedi ki:

Enes bin Mâlik'e faludhaj (un ve bal yapılmış bir tatlı) bir gümüş kap içerisinde getirildiği zaman Enes (r.a.) onu almadı. Adama kap değiştirmesi söylendi. Adam kabı değiştirip tekrar getirdiğinde Enes (r.a.) onu aldı.[542]

Taberânî'de yer alan Abdullah b. Sellâm'a dayandırılan rivayette ise Peygamber (a.s.m.) yağ, bal, halis unla yüklü deveyle gelen Osman b. Affan'ı karşılamış ve çömlek içinde un, yağ ve balı karıştırıp pişirmiş, oradakiler tarafından yenilmiş, Peygamber de yemiş ve bu tatlının İranlıların habis dedikleri tatlı olduğunu söylemiştir.[543] Bütün kaynaklarda bal, un ve yağdan yapıldığı ifade edilen faludhaj ya da fâlüzec için şöyle bir tarif yazılması Resûlullah'ın (a.s.m.) yaşadığı döneme en uygun olanı olacaktır.

Malzemeler

5 yemek kaşığı tereyağı

6 yemek kaşığı tam buğday unu

1,5 çay bardağı bal

Hazırlanışı:

Yağ eritilir. Un eklenir, kokusu değişene dek kavrulur. Bal hafifçe sulandırılarak kavrulmuş una eklenir. Ocak iyice kısılır ve bal çektirilir.

Harira tatlısı

Deniz Gürsoy Anadolu'da yaşayan Arapların mutfağında yer alan harirayı şu şekilde tarif etmiştir. Muhakkak ki yemek, aradan geçen yıllar ve değişen coğrafyada tüketilen yiyeceklerden etkilenerek Resûlullah'ın (a.s.m.) yediğinden daha farklı bir hâl almıştır.

Malzemeler

1 su bardağı pekmez

1 su bardağı tam buğday unu

1 su bardağı toz şeker

5 su bardağı su

Ceviz, tarçın

Hazırlanışı:

Pekmez, un ve şeker karıştırılır. Soğuk su eklenir, karıştırılır. Ocağa koyulup kaynatılana kadar karıştırmaya devam edilir. Beş dakika kaynatılır, tarçın ilave edilir. Servis edileceği kaplara alınır, ceviz eklenir.[544]

---

[542] *Riyazu's-Salihin*'den, sunnah.com, Erişim tarihi: 20.12.2014.

[543] Akgün, "Hazreti Peygamber Döneminde Yemek Kültürü," 2007.

[544] Deniz Gürsoy, *Yöresel Mutfağımız*, İstanbul, 2001. s. 572.

Harira tatlısı

Ayrıca kavrulmuş undan oluşan ve hazır hâlde bulunan, misafir yemeği olarak adlandırılan sevikten de helva yapılırdı. Özellikle misafire seviğe bal ya da hurma katılır ve tatlı hazırlanırdı.[545]

---

[545] Akgün, "Hazreti Peygamber Döneminde Yemek Kültürü," 2007.

Kaynakça

Kur'ân-ı Kerim.
Abdulbaki Muhammed Fuad, *Müttefekun Aleyh Hadisler,* Hüner Yayınları, Konya, 2007.
_____, *El-Lü-'Lüü Vel-Mercan,* Sağlam Yayınevi, İstanbul, 2011.
Ahmed Ferid, *Resûlullah'ın (a.s.m.) Hayatından İmani Dersler,* Guraba Yayınları, İstanbul.
Hanbel Ahmed bin, *Müsned,* Ocak Yayıncılık, İstanbul, 2013.
Alan Hüseyin, *Hz. Peygamber Öncesi Mekke ve Arabistan,* Beyan Yayınları, İstanbul, 2014.
Al-Hasan Al-Aidaros, Faridahwati Mohd. Shamsudin&Kamil Md. İdris, "İslami Açıdan Etik ve Kuramları," *İslami Düşünce* dergisi, cilt 4, Aralık 2013.
Altuntaş Halil; Karagöz İsmail, *Oruç İlmihali,* Diyanet İşleri Başkanlığı Yayınları, Ankara, 2010.
Akgün Demir Sevim, "Hazreti Peygamber Döneminde Yemek Kültürü," Sakarya Üniversitesi, İslam Tarihi ve Sanatları Anabilim Dalı Yüksek Lisans Tezi, Sakarya, Ekim 2007.
Aydın Prof. Dr. Ahmet "Günde Kaç Öğün Yemeliyiz," http://beslenmebulteni.com/beslenme/?p=1099, Erişim tarihi: 11.03.2015.
Aydüz Prof. Dr. Davut, *Kur'ân-ı Kerîm'de Besinler ve Şifa,* Işık Yayınları, İstanbul, 2013.
Akıncı Ahmet Cemil, *Hz. Fatıma,* Bahar Yayınları, İstanbul, 2014.
Bebel August, *Hz. Muhammed ve Arap-İslam Kültürü Dönemi,* Arya Yayıncılık, İstanbul, 2011.
İmam Buhârî, *Sahih-i Buhârî,* Sağlam Yayınları, İstanbul, 2009.
Canan İbrahim, *Kütüb-ü Sitte,* Akçağ Yayınları, İstanbul.
_____, *Hz. Peygamberin Sünnetinde Terbiye,* Işık Akademi Yayınları, İstanbul, 2012.

kaynakça

Efe Mehmet, "Kur'ân'da Ritüellerin Arka Planı," Ankara Üniversitesi Sosyal Bilimler Enstitüsü Temel İslam Bilimleri (Tefsir) Anabilim Dalı Doktora Tezi, Ankara, 2007.

Ebu Dâvûd, www.enfal.de/, Erişim tarihi: Temmuz-Kasım, 2014.

Eş-Şerif Er-Radi, *Hz. Ali Nehcü'l Belağa (Hz. Ali'nin Konuşmaları, Mektupları, Hikmetli Sözleri)*, Beyan Yayınları, İstanbul, 2009.

İmam Gazali, *Kimyâ-yı Saâdet*, Hikmet Yayınları, İstanbul, 2004.

_____, *İhyâu Ulûmi'd-dîn*, cilt 3, Bedir Yayınları, İstanbul, 1973.

Güler Zekeriya, *Hz. Peygamber Toplum ve Aile*, Ensar Yayınları, İstanbul, 2010.

Günaltay Şemseddin, *İslam Öncesi Araplar ve Dinleri*, Ankara Okulu Yayınları, Ankara, 2013.

Hofmann Bülben, *Doğudan-Batıdan İslam Mutfağı*, Çağrı Yayınları, İstanbul, 2000.

Işık Hüseyin Hilmi, *Tam İlmihâl*, Hakikat Yayınları, İstanbul, 1981.

İbn Mâce, www.enfal.de/, Erişim tarihi: Temmuz-Kasım, 2014

İbn Kayyim el-Cevziyye, *Zâdul Meâd*, İklim Yayınları, İstanbul, 1990

_____, *Tıbbu'n Nebevi*, İstanbul, 2007.

İmam Müslim, *Sahih-i Müslim*, İrfan Yayıncılık, İstanbul, 2003.

el-Hasen eş-Şeybani İmam Muhammed b., *Kitab-ül Asıl* (www.enfal.de/).

İmam Nevevî, *Riyazu's-Salihin*, Erkam Yayınları, İstanbul, 2011.

Jabbari Mohammad Rıza, Eating and Drinking Conduct of Prophet Muhammad, link: http://www.messageofthaqalayn.com.

Karataş Mustafa, "Hz. Peygamber'in Yerleşim ve Şehirleşmeye Yönelik Çabaları: Medine Örneği," *İstanbul Üniversitesi İlahiyat Fakültesi Dergisi*, 2013, 28.

Kaya Murat, *Hazreti Ebû Bekir'den 111 Hâtıra*, Erkam Yayınları, İstanbul, 2006.

Kazancı Ahmet Lütfi, *Peygamberler Tarihi*, Nil Yayınları, İstanbul, 1997.

Khan İmran, "Quranic Shifa, the hidden secrets & Prophetic Medicine," Losangeles, Mekke, 2010. (http://curehealth.weebly.com/)

Landsberger Ord. Prof. Dr. Benno, "Mezopotamya'da Medeniyyetin Doğuşu," *Ankara Üniv. Dil Tarih-Coğrafya Fakültesi Dergisi*, c. 2, sayı:3.

Lings Martin, *Hz. Muhammed'in Hayatı*, İnsan Yayınları, İstanbul, 2006.

el-Kerim Muhammed b., *Kitâbü't-Tabih*, Kitap Yayınevi, İstanbul, 2009.

Nurrulhidayah A. Fadzlillah, Yaakob B. Che Man, Mohammad Aizat Jamaludin, Suhaimi Ab. Rahman and Hassan A. Al-Kahtan, "Halal Food Issues from Islamic and Modern Science Perspectives," 2. Uluslararası Beşeri Bilimler Konferansı, Tarihi ve Sosyal Bilimler, cilt 17, Singapur. (http://www.ipedr.com).

Özbek Prof. Dr. Metin, *Beslenme Kültürü ve İnsan*, Alter Yayıncılık, Ankara, 2013.

Paksu Mehmed, *Peygamberimizin Ramazan'ı ve Oruçları*, Nesil Yayınları, İstanbul, 2005.

Kolektif, *Uluslararası Gastronomi*, Ed. Sarışık Mehmet, Detay Yayıncılık, Ankara, 2013.

Sûfi-zâde Seyyid Hulusi, *Mecma'ul Âdâb*, Sağlam Yayınları, İstanbul, 2007.

Geylânî Abdülkâdir, *Gunyetü't Talibin*, Saadet Yayınevi, İstanbul, 2008.

Temiz Prof. Dr. Mustafa, "Peygamber Efendimiz ve Haticet'ül Kübra" (http://www.pamukkale.edu.tr/).

Tez Prof. Dr. Zeki, *Lezzetin Tarihi,* Hayy Kitap, İstanbul, 2012.

Yeniçeri Prof. Dr. Celal, *Hz Peygamber'in Tıbbı ve Tıbbın Fıkhı,* Çamlıca Yayınları, İstanbul, 2013.

_____, *Kutsal Kesim Kurbana Yeniden Bakış ve Hz. Peygamber'in Kurbanları,* Çamlıca Yayınları, İstanbul, 2009.

_____, *Hz Peygamber'in Giyimi-Kuşamı-Mutfağı, Getirdiği İlkeleri ve Günümüz,* Çamlıca Yayınları, İstanbul, 2009.

_____, *Hz. Muhammed, Yaşadığı ve Yön Verdiği Hayat,* Marmara Üniversitesi İlahiyat Fakültesi Vakfı Yayınları, İstanbul, 2007.

Khan Dr. Imran, "Quranic Shifa, the hidden secrets & Prophets Medicine" (curehealth. weebly.com, Erişim tarihi: 20 Eylül 2014).

Yıldız Azze, *Arap Mutfağı,* Oğlak Yayıncılık, İstanbul, 2009.

Tapper Richard-Zubaida Sami, *Ortadoğu Mutfak Kültürleri,* Tarih Vakfı Yurt Yayınları, İstanbul, 2000.

İmam Tirmizî, *Sünen-i Tirmizî,* Konya Kitapçılık, İstanbul, 2007.

Toprak Muhsin, "Rızık Nedir?", yeniümit.com.tr, Erişim tarihi: 30.01.2015.

Toksoy Fatma, Peygamberimizin (s.a.v.) Sofrası-3, *Milli Gazete,* 25 Nisan 2013. (http://www.milligazete.com.tr/koseyazisi/Peygamberimiz_savin_sofrasi_-_3/14681#.VND4tJ2sUzQ)

Özer Kemal, *Şeytan Ye Diyor,* Hayy Kitap, İstanbul, 2013.

_____, *Müslüman'ın Diyeti,* Hayy Kitap, İstanbul, 2013.

Güzel Ragıp; Özpınar Ahmet, *Kur'ân'da Adı Geçen Besinler,* Çelik Yayınevi, İstanbul, 2006.

Reza Jabbari Dr. Mohammad, "Eating and Drinking Conduct of Prophet Muhammad," Message of Thaqalayn, *Üç Aylık İslam Araştırmaları Dergisi,* 2013, sayı: 15.

Anonymous Andalusian Cookbook, italophiles.com/andalusian_cookbook.pdf, Erişim tarihi: 15.09.2014.